지혜는 생명나무라

지혜는 생명나무라
― 히브리어 원문으로 읽는 잠언

2024년 1월 15일 처음 찍음

지은이   조용현
펴낸곳   도서출판 동연
펴낸이   김영호
등록   제1-1383호(1992. 6. 12.)
주소   서울시 마포구 월드컵로 163-3
전화/전송   (02)335-2630 / (02)335-2640
이메일   yh4321@gmail.com
인스타그램   https://www.instagram.com/dongyeon_press

ISBN 978-89-6447-967-4 03230

지혜는
생명나무라

עץ־חיים היא למחזיקים בה

히브리어 원문으로 읽는 잠언

조용현 지음

동연

추천의 글

　잠언이 대표하는 이스라엘의 지혜는 인간의 모든 경험을 주요 소재로 삼고 있으며, 인간의 삶을 포함한 우주 만물 속에 일정한 질서와 원칙이 있다는 신념을 기본적인 전제 사항으로 가지고 있다. 이스라엘 사람들은 이 질서가 하나님에 의해 주어진 것으로서 인간의 이성 활동에 의하여 탐구될 수 있는 것이라고 보며, 이상적인 삶은 그 질서에 복종하는 데 있다고 본다. 잠언은 바로 그러한 지혜의 가르침들을 모아놓은 책이다. 달리 말해서 잠언은 세상을 성공적으로 살아가는 데 필요한 실제적인 교훈을 수집해 놓은 책이라 할 수 있다.

　그러나 잠언에는 이러한 내용만이 있는 것이 아니다. 잠언은 또한 인간의 지혜가 가진 한계를 긍정하면서 하나님을 경외하는 것이 최고의 지혜임을 강조한다. 더 나아가 잠언은 지혜를 의인화하며 지혜가 본래 하나님께 속한 것이라고 말한다. 이것은 결국 이스라엘 사람들이 주변 세계에서 흔히 발견되는 지혜 작품들과는 달리, 지혜라는 보편적인 현상을 야웨 하나님께 대한 신앙고백의 차원에서 이해하고 있음을 뜻하는 바, 저자는 이처럼 중요한 잠언의 가르침을 "생명나무"라는 키워드로 압축하여 전달하고자 한다. 참된 지혜의 근본을 야웨 경외로 규정하는 잠언의 구체적인 가르침들을 잘 따르고 순종하는 자들에게는 하나님께로부터 생명이 선물로 주어진다는 얘기다.

이러한 기본 인식을 바탕으로 하여 저자는 히브리어 본문이 들려주는 잠언의 다채로운 목소리들을 세밀하게 들어보고자 하며, 본문 이해를 돕기 위해 다양한 번역본들과 저자 자신의 사역까지 소개하는 친절함을 보여준다. 그리고 마지막으로는 설교를 위한 적용점을 요약 진술함으로써, 잠언 본문들이 가르쳐주는 구체적인 삶의 원리들이 무엇인지, 그리고 그러한 원리들을 실천하기 위해서는 어떠한 삶을 살아야 하는지를 잠언의 지혜 교사(wisdom teacher)와 마찬가지 방식으로 상세하게 알려준다. 저자의 오랜 학문적인 여정을 담고 있는 본서는 히브리어 본문 중심의 해설, 다양한 번역본들의 소개, 설교를 위한 적용점 등의 삼단 구조로 되어 있다는 점에서 이제까지 나온 다른 잠언 주석들과 구별되는 특징을 가지고 있다. 잠언 공부를 통하여 생명나무에 이르는 길을 찾고자 하는 모든 이들에게 본서는 중요한 길잡이가 되어 줄 것이다. 본서의 일독을 적극 권한다.

강성열 박사
(호남신학대학교 구약학 교수)

추천의 글

조용현 박사의 『지혜는 생명나무라』 출판을 환영합니다. 원어에 어려움을 느끼는 목회자들이 쉽게 원전에 접근하여 설교할 수 있도록 돕는 친절한 안내서입니다. 조용현 박사는 신학생 시절부터 남달리 구약 원전을 열심히 읽었으며, 학위를 마친 이후에는 한국성서학연구소에서 목회자들을 위하여 잠언을 원전으로 가르치고 「성서마당」에 기고해 왔으며, 호남신학대학교에서 학생들을 위하여 구약 원전을 가르쳤습니다. 그렇게 원전에 대한 해박한 지식과 오랜 연구에 기초하여 이 책이 탄생하였습니다. 조용현 박사는 단지 히브리어 원어만 아니라, 잠언 연구에 새로운 길을 연 전문가입니다. "지혜는 생명나무"(잠 3:18)라는 말씀을 통하여 지혜는 그것을 가진 사람에게 생명력을 주고 그 사람을 풍성하고 복되게 한다는 원리에 따라 모든 본문에 대한 설교를 위한 적용점을 제공하여 원어에서 설교에 이르는 과정의 기쁨을 체험하도록 도와줍니다. 학창 시절부터 한결같이 경건과 학문의 균형을 이루며 사람들을 향한 따뜻한 성품으로 목회해 온 조용현 목사가 잠언 연구로 시작한 성서 연구의 지평을 확장하여 말씀으로 한국교회를 섬기기를 기대합니다.

배정훈 박사
(장로회신학대학교 구약학 교수, 한국성서학연구소장)

머리말

이 책은 필자가 한국성서학연구소에서 2019년 3월 14일부터 5월 20일까지 매주 월요일, 총 열 차례에 걸쳐 진행된 제23회 원전읽기마당 <잠언: 지혜는 생명나무라>의 강의안을 다듬고 내용을 보충한 것이다. 특히 한국성서학연구소의 원전읽기마당은 성경을 원어로 읽고 연구하여 설교와 성경 연구가 본문에 충실할 수 있도록 돕기 위해 마련되었기에 기존의 강의안은 히브리어 본문과 각종 번역본, 히브리어 문법에 대한 자세한 설명으로 구성되었다. 이 강의안이 잠언 설교를 준비하는 목회자와 잠언을 원어로 심도 있게 연구하기를 원하는 독자들을 위해서는 충분히 제 기능을 할 수 있었다. 그러나 히브리어에 대한 전문적인 지식은 없지만 잠언에 관심이 있는 목회자, 성도, 일반 독자들을 위해서는 부적합해 보였다. 이런 이유로 필자는 잠언에 관심이 있는 목회자, 성도, 일반 독자들이 읽기에 불편함이 없도록 기존의 강의안을 다듬어 책으로 내게 되었다. 특히 필자는 이 책을 집필하면서 다음 세 가지에 주안점을 두었다.

첫째, 히브리어 단어나 문구를 한글로 음역하여 < >안에 표시함으로써 히브리어를 모르더라도 한글로 어떻게 발음되는지 알 수 있도록 하였다. 이를 통해서 한글로 음역한 히브리어 단어나 문구를 소리 내어 천천히 읽어 말씀을 묵상하는 기쁨을 독자에게 주고자 한다. 둘째, 절마다 교회에서 사용하는 개역개정판을 비롯하여 새번역, 공동번역 개정판의 한글 번역본과 *The New Revised Standard Version, Jewish Publication Society Tanakh* 등의 영어 번역본을 제공하여 각 번역본을 서로 비교할 수 있도록 하였다. 필요에 따라서는 히브리어 성경의 헬라어 번역본인 칠십인역(The Septuagint) 본문과 그에 대한 사역도 제공하여 히브리어 본문과 비교하면서 연구할 수 있도록 하였다. 번역 마지막에는 필자의 사역을 넣었는데 원문의 느낌을 살리고자 직역하였다. 셋째, 잠언의 히브리어 본문에 대한 분석을 설교에 적용할 수 있는 부분을 각 장의 마지막에 첨부하였다. 이 부분을 통해 잠언에 대한 본문 연구가 설교에 적용되어 교회 현장에서 선포될 수 있도록 목회자에게 도움을 주고자 한다. 이 세 가지의 수정 및 보완으로 잠언에 관심 있는 목회자와 성도가 잠언을 히브리어 본문으로 읽고 해석하면서 말씀의 깊은 의미를 얻는 데 도움 주기를 기대한다. 또한 잠언에 관심이 없는 독자도 이 책을 통해 잠언에 관심을 가지며 잠언의 말씀을 삶에 적용하는 기쁨을 얻는 데 조금이나마 도움이 되기를 바란다.

필자는 2009년 미국의 드류대학교 대학원 수업에서 잠언 3장 18절의 "지혜는 생명나무라"라는 구절로 통찰력을 얻은 바 있다. 그전에 지혜와 생명의 관계를 깊이 생각해 본 적이 없었는데 잠언 3장 18절을 통해서 지혜는 그것을 가진 사람에게 생명력을 주고 그 삶을 풍성하고 복되게 한다는 의미를 깨달았다. 그 후 필자는 박사과정에서 잠언을 전공하였고 오늘에 이르기까지 계속 잠언을 연구하고 있다. 필자가 잠언에 대해 갖고 있는 지식이 지혜가 되어 많은 사람에게 생명력을 주기를 기도한다. 그래서 원전읽기마당의 강의 이름과 책 제목을 모두 『지혜는 생명나무라』로 지었다.

필자에게 도움을 주신 많은 분이 계셨기에 이 책이 나올 수 있었다. 먼저, 원전읽기마당에서 잠언을 강의할 기회를 주셨던 당시 한국성서학연구소 장흥길 소장(현 장로회신학대학교 신약학 명예교수)님과 잠언 연구에 관심을 가져주시고 「성서마당」에 기고했던 원고가 이 책에 사용될 수 있도록 허락해 주신 현 한국성서학연구소 배정훈 소장(현 장로회신학대학교 구약학 교수)님께 감사를 드린다. 원전읽기마당에서 잠언을 함께 공부했던 수강생들과 잠언의 말씀으로 함께 은혜를 나누었던 여러 교역자와 성도들에게도 감사를 드린다. 또한 강의실에서 잠언의 히브리어 본문을 함께 읽고 해석하며 학업에 정진하였던 호남신학대학교의 학생들에게도 감사를 드린다. 마지막으로 오랜 기간 공부하는 자녀를 위해 늘 기도해 주신 양가 부모님(조수완, 배달연, 이종찬, 김옥순), 좋은 동역자요 가족인 이세영 목사 가정과 윤경수 목사 가정 그리고 사랑하는 아내 이영원과 아들 은우에게 고마움을 전한다.

2024년 1월
호남신학대학교 양림동산에서
조용현 씀

목 차

일러두기

1. 히브리어 단어나 문구를 한글로 음역하여 < > 안에 표기하였다. 한글 음역 방식은 박동현의 "개역한글판 히브리어 고유명사 한글 음역 방식과 히브리어 한글 음역 시안"(「성경원문연구」제8호[2001. 2.], 106-157쪽)을 참고하였다. 다만, 이 책은 고유명사뿐만 아니라 대부분의 히브리어 단어나 문구를 한글로 음역하면서 앞선 글에서 제시된 한글 음역 방식과 몇 가지 다른 점이 있음을 밝힌다. 이 책에서는 유성 <쉐와>(ְ)를 'ㅔ'로, 알파벳 ו를 <봐브>로 음역하였으며, 음가가 없는 묵음인 <알렙>(א)과 완전한 묵음은 아니지만 음가가 거의 없는 <아인>(ע)은 음역하지 않았다. 또한 개역개정판에서 '여호와'로 번역된 히브리어 단어 <아도나이>(יהוה)는 칠십인역의 전통을 따른 새번역 및 대부분의 영어 번역본과 같이 '주님'으로 번역하였다.

2. 이 책은 히브리어 성경 비평본인 *Biblia Hebraica Stuttgartensia*(약어 'BHS'로 표기)와 *Biblia Hebraica Quinta*(약어 'BHQ'로 표기)가 기본 본문으로 채택하는 레닌그라드 사본(The Leningrad Codex)을 히브리어 본문으로 선택하였다. 또한 히브리어 본문에 대한 번역을 비교하기 위해서 다음의 성경을 사용하였다. 한글 성경으로는 개역개정판 제4판(약어 '개정'), 새번역, 공동번역 개정판(약어 '공동')이며, 영어 성경으로는 The New Revised Standard Version (약어 'NRSV'), Jewish Publication Society Tanakh (약어 'TNK')이다. 특히 TNK는 운문의 경우, 첫 행이 끝난 후 마침표 없이 둘째 행이나 이후 행의 첫 글자를 대문자로 사용하고 있어서 독자에게 혼란을 줄 수도 있기에 사선(/)으로 행을 표시하였음을 밝힌다. 또한 필요에 따라서 칠십인역(약어 'LXX')과 The New Jerusalem Bible(약어 'NJB'), The New English Translation(약어 'NET')을 참고하였다. 번역본마다 차이가 있을 경우 해당 부분의 글자를 고딕체로 표시하여 눈에 띄도록 하였다(예: 잠 1:1의 공동번역 개정판 "**다윗의 아들, 이스라엘 왕 솔로몬의 금언집**").

3. 이 책에서 구약성경을 인용할 경우 특별히 사역이라고 밝히지 않는 한, 개역개정판 제4판을 사용하였다.

4. 히브리어 사전을 참조할 경우, 처음에만 제목을 완전히 밝히고 다음부터는 약어를 사용하였다. 아울러 이 책에서는 *HALOT* 사전을 주로 사용하였다.

1) *HALOT*: Ludwig Köhler and Walter Baumgartner. *The Hebrew and Aramaic Lexicon of the Old Testament*. Translated by M. E. J. Richardson. Leiden: Brill, 1994.

2) *BDB*: Francis Brown, S. R. Driver, and Charles A. Briggs. *The New Brown, Driver, Briggs, Gesenius Hebrew and English Lexicon: With an Appendix Containing the Biblical Aramaic*. Peabody: Hendrickson Publishers, 1979.

3) *DCH*: David J. A. Clines. ed. *The Dictionary of Classical Hebrew*. Sheffield: Sheffield Academic Press, 1993.

5. 이 책의 제2장: 지식의 근본(잠 1:1-7)과 제4장: 나 지혜는(잠 1:20-33; 3:13-20; 8:1-36; 9:1-18)의 일부분은 발췌 및 수정되어 각각 한국성서학연구소에서 발행되는 계간지 「성서마당」의 제133호(2020. 3)의 "원어로 성경읽기: 구약편 잠언 1:1-7"(128-143쪽)과 제138호(2021. 6)의 "원어로 성경읽기: 구약편 잠언 3:13-18"(119-129쪽)에 실렸음을 밝힌다.

제1장

잠언 개론

1. 잠언의 책 제목

히브리어 성경에서 잠언의 책 제목은 1장 1절의 첫 단어와 동일한 <미쉘레>(מִשְׁלֵי)이다.[1] 이 히브리어 명사는 <마샬>(מָשָׁל)의 남성 복수 연계형이며 <마샬>은 구약성경에서 '다양한 형태와 장르의 격언'[2] 혹은 '평행법(parallelism)으로 구성된 문장들의 격언이나 비유'를 뜻한다.[3] 따라서 히브리어 성경에서 잠언의 책 제목인 <미쉘레>는 형식상으로는 짧은 문장으로 이루어진 격언의 모음집이라는 점과, 내용상으로는 교훈을 전해준다는 점을 동시에 나타낸다.[4]

한편, 헬라어로 기록된 칠십인역(LXX)에서 잠언의 책 제목은 <파로이미아이>(παροιμίαι)이다. 히브리어 성경의 잠언 책 제목 <미쉘레>와 마찬가지로 칠십인역의 잠언 책 제목 <파로이미아이> 역시 복수형이며 이것의 기본 단수형 <파로이미아>(παροιμία)는

---

1 브루스 왈트키(Bruce K. Waltke)가 설명하듯이, 책 제목을 따로 정하지 않고 첫 단어로 제목을 정하는 방식은 히브리어 성경에만 있는 고유한 방식이 아니라 고대 근동의 문화에서 성행하던 방법이었다. Bruce K. Waltke, *The Book of Proverbs: Chapters 1-15*, The New International Commentary on the Old Testament (Grand Rapids: William B. Eerdmans Pub., 2004), 1.

2 Ludwig Köhler and Walter Baumgartner, *The Hebrew and Aramaic Lexicon of the Old Testament*, trans. M. E. J. Richardson (Leiden: Brill, 1994), 648.

3 Francis Brown, S. R. Driver, and Charles A. Briggs, *The New Brown, Driver, Briggs, Gesenius Hebrew and English Lexicon: With an Appendix Containing the Biblical Aramaic* (Peabody: Hendrickson Publishers, 1979), 605.

4 레이몬드 밴 리우웬(Raymond C. Van Leeuwen)이 제안하듯이, 명사 〈마샬〉은 구약성경에서 격언뿐만 아니라 문학적 금언, 조롱의 노래, 풍유 등의 다양한 의미와 형식을 나타내기도 한다. Raymond C. Van Leeuwen, *The Book of Proverbs: Introduction, Commentary, and Reflections*, The New Interpreter's Bible (Nashville: Abingdon Press, 1997), 20.

'간결한 격언'을 뜻한다.[5] 제롬(Jerome)이 히브리어 성경을 라틴어로 번역한 불가타(The Vulgate)에서 잠언의 책 제목은 <프로버비아>(*Proverbia*)이며 이 라틴어 제목에서 잠언의 영어 제목 '(The Book of) *Proverbs*'가 유래하였다.

우리말의 책 제목 '잠언'은 '경계 잠'(箴)과 '말씀 언'(言)의 한자로 이루어진 낱말로서 '경계(警戒)의 말씀'을 뜻한다.[6] 여기서 경계(警戒)란 "옳지 않은 일이나 잘못된 일들을 하지 않도록 타일러서 주의하게 함"을 의미한다.[7] 따라서 잠언을 이루는 한자, '경계 잠'(箴)과 '말씀 언'(言)을 풀이하면 '(잘못을 저지르지 않도록) 타이르고 주의시키는 혹은 그렇게 하도록 기록된 말씀'이다. 한편 우리말 사전에 따르면 잠언이란 "가르쳐서 훈계가 되는 말"[8] 또는 "사람이 살아가는 데 훈계가 되는 짧은 말"[9]을 뜻한다. 그러므로 우리말의 책 제목 '잠언'은 가르치는 교훈의 성격과 타일러 주의시키는 훈계의 성격을 모두

---

5 Johan Lust, Erik Eynikel, and Katrin Hauspie, *Greek-English Lexicon of the Septuagint*, Rev. ed. (Stuttgart: Deutsche Bibelgesellschaft, 2003), 472–473; Walter Bauer, *A Greek-English Lexicon of the New Testament and Other Early Christian Literature*, ed. William Arndt, Frederick W. Danker, and F. Wilbur Gingrich, 3rd ed. (Chicago: University of Chicago Press, 2000), 779–780.

6 김정우는 한자 '잠'(箴)을 "대나무 '죽'(竹) 자와 '함'(咸) 자를 합성한 것"으로 풀면서 "떨어진 옷을 깁거나 자루를 꿰맬 때 대나무로 만든 바늘을 사용한 것에 기원하며, 대바늘은 인생이 낡아 해지거나 구멍이 날 때 잘못을 고쳐 잡는 말씀"의 역할을 한다고 설명한다. 김정우, 『성서주석 19 잠언』(서울: 대한기독교서회, 2007), 39.

7 "경계," 『표준국어대사전』, https://stdict.korean.go.kr/search/ searchView. do?word_no=392925&searchKeywordTo=3. (2023.7.1. 최종접속)

8 "잠언," 『표준국어대사전』, https://stdict.korean.go.kr/search/ searchView. do?word_no=476434&searchKeywordTo=3. (2023.7.1. 최종접속)

9 "잠언," 『고려대한국어대사전』, https://ko.dict.naver.com/#/entry/koko/042827 3fc2cf4723bd68c29f4950845f. (2023.7.1. 최종접속)

가지고 있다.

2. 구약성경에서의 위치

각 종파(유대교, 개신교, 가톨릭, 정교회)마다 정경으로 인정하는 범위
에 차이는 있지만 잠언은 기본적으로 시편, 욥기와 함께 성문서(<케
투빔>[כְּתוּבִים], The Writings)에 속한다.[10] 각 종파의 정경에서 공통으
로 잠언이 시편, 욥기와 함께 성문서에 속하는 이유는 세 권의
책이 독특한 히브리어 강세 체계를 이루며 '시가서'(poetical books)
의 형식을 갖고 있기 때문이다.[11] 다만, 각 종파의 정경마다 잠언이
위치하는 순서는 조금씩 다르다. 잠언은 유대교 성경에서는 시편과
욥기 다음에, 개신교와 가톨릭 성경에서는 시편과 전도서 사이에,
정교회 성경에서는 욥기와 전도서 사이에 위치한다.

잠언은 우리말로 번역된 성경(개역개정판, 새번역, 공동번역 개정판
등)에서 욥기, 시편, 전도서, 아가와 함께 성문서로 분류된다. 우리말
로 번역된 성경에서 성문서는 율법서(창세기~신명기), 역사서(여호수
아~에스더) 다음에 그리고 예언서(이사야~말라기) 전에 위치한다. 이러
한 잠언의 위치와 순서는 우리말로 된 구약성경이 정경의 범위는
히브리어 성경을 따르되, 정경의 순서는 칠십인역을 따른 데서

---

10 유대교의 히브리어 성경은 보통 〈타나크〉(תָּנַ)라고 불리는데 〈타나크〉는 성경을 이루
   는 율법서인 〈토라〉(תּוֹרָה, 창세기~신명기), 예언서인 〈네비임〉(נְבִיאִים, 여호수아~ 말
   라기), 성문서인 〈케투빔〉(כְּתוּבִים, 시편~역대기)의 히브리어 앞 세 글자(ת, נ, ק)를 조
   합하여 만든 이름이다.

11 Michael V. Fox, *Proverbs 1-9: A New Translation with Introduction and
   Commentary*, The Anchor Bible 18A (New York: Doubleday, 2000), 4.

비롯된다. 마이클 폭스(Michael V. Fox)는 잠언이 칠십인역에서 전도서, 아가와 함께 성문서에 속하면서 그 안에 배치되는 이유를 이 세 권의 책이 솔로몬의 저작으로 인정되기 때문이라고 설명한다.[12] 반면, 잠언이 히브리어 성경에서 전도서나 아가와 함께 성문서에 속하되 이 두 책과 인접하지 않는 이유는 룻기, 아가, 전도서, 애가, 에스더가 하나의 묶음으로 구성되어 있기 때문이다.[13]

성문서는 다시 시가서와 지혜문학으로 나뉜다. 시가서에는 아가와 시편이 속하며 그 형식이 시라는 데에 공통점이 있다. 반면, 지혜문학에는 욥기, 잠언, 전도서가 속하며 근본적으로 지혜에 대한 관심이 두드러진다는 특징을 갖고 있다.

3. 저자

잠언을 기록한 저자는 전통적으로 솔로몬이라고 간주되어 왔다.[14] 솔로몬의 잠언 저작권을 지지하는 내적 증거는 잠언의 표제들이다. 먼저 잠언 전체의 제목에 해당하는 1장 1절의 "다윗의 아들 이스라엘 왕 솔로몬의 잠언이라"에서 솔로몬이 잠언의 저자로 명시

---

12 위의 책.

13 다섯 권의 묶음은 '두루마리'를 뜻하는 히브리어 〈메길롯〉(מְגִלּוֹת, Megillot)이라고 불린다. 비교적 짧은 아가, 룻기, 애가, 전도서, 에스더의 다섯 권의 책이 하나의 묶음으로 형성된 이유는 각 책이 유대인의 절기마다 사용되기 때문이다. 아가는 유월절에, 룻기는 칠칠절에, 애가는 성전이 파괴된 것을 기념하는 아브월 9일에, 전도서는 초막절에, 에스더는 부림절에 읽는다. John J. Collins, *Introduction to the Hebrew Bible and Deutero-Canonical Books*, Second Edition (Minneapolis: Fortress Press, 2014), 500.

14 Roland E. Murphy, *Proverbs*, Word Biblical Commentary 22 (Waco: Word Books, 1998), xx.

된다. 또한 1장 1절을 잠언 전체의 제목으로 보지 않고 9장 18절까지로 구성되는 단락의 표제로 본다고 해도, 10장 1절의 "솔로몬의 잠언이라"와 25장 1절의 "이것도 솔로몬의 잠언이요"라는 표제는 솔로몬이 적어도 잠언을 구성하는 여러 부분을 기록한 저자이거나 편집하는 데 관여했다는 점을 시사한다.[15] 솔로몬이 잠언을 기록했다는 주장을 지지하는 외적 증거로는 열왕기상 1-11장에 기록된 솔로몬에 관한 이야기이다. 특히 솔로몬이 하나님에게 구하여 받은 지혜로 현명한 재판을 내렸다는 열왕기상 3장은 솔로몬이 잠언을 기록할 만큼 지혜로웠다는 점을 보여준다. 또한 열왕기상 4장 29-34절은 솔로몬과 지혜를 긴밀하게 연결하며 솔로몬이 잠언을 말했다고 한다(왕상 4:32, "그가 잠언 삼천 가지를 말하였고 그의 노래는 천다섯 편이며").[16] 따라서 잠언의 표제와 열왕기상 1-11장의 솔로몬 이야기는 솔로몬이 적어도 잠언의 여러 부분을 혹은 전체를 기록했다는 점을 뒷받침한다.

한편, 유대 전통에서는 시편을 다윗의 저작으로, 오경을 모세의 저작으로 인정하듯이 잠언과 전도서와 같은 지혜문학을 솔로몬의 저작으로 인정한다.[17] 칠십인역에서는 히브리어 성경 10장 1절의

---

15 Richard J. Clifford, *Proverbs: A Commentary,* The Old Testament Library (Louisville: Westminster John Knox Press, 1999), 3.

16 스코트(R. B. Y. Scott)는 열왕기상의 본문이 신화적인 특징과 더불어 후대의 언어적 특징을 보여주기 때문에 본문의 정확성과 역사성을 신뢰하기 어렵다고 주장한다. R. B. Y. Scott, "Solomon and the Beginnings of Wisdom in Israel," *Wisdom in Israel and in the Ancient Near East,* ed. Martin Noth and D. Winton Thomas, Supplements to Vetus Testamentum, v. 3 (Leiden: Brill, 1955), 266-269.

17 폭스가 지적하듯이 솔로몬은 포로기 이후의 많은 유대 저작물(아가, 시편 72, 솔로몬의 송시[The Odes of Solomon], 솔로몬의 시편[The Psalms of Solomon], 지혜서

표제인 "솔로몬의 잠언이라"가 없다. 또한 칠십인역에는 히브리어 성경 30장 1절의 "야게의 아들 아굴의 잠언이니"와 31장 1절의 "르무엘 왕이 말씀한 바"라는 표제 역시 없다. 그러므로 칠십인역에서 잠언 1장 1절은 1-9장뿐만 아니라 잠언 전체의 제목으로 기능하기 때문에 잠언 전체에 대한 솔로몬의 저작권이 더욱 강조된다.

그러나 솔로몬의 저작권을 잠언 전체로 확대하는 것은 다음과 같은 이유로 큰 지지를 받지 못한다. 첫째, 솔로몬이 잠언 3,000개를 말하였다는 열왕기상 4장 32절이 솔로몬이 잠언 전체를 기록했다는 점을 직접적으로 뒷받침하지는 않는다. 둘째, 솔로몬이 잠언을 언제, 어떻게 기록했는지에 대한 내적 증거(잠언)과 외적 증거(구약성경)가 없다. 셋째, 잠언에는 "솔로몬의 잠언"(1:1; 10:1)이라는 표제 외에도 25장 1절의 "유다 왕 히스기야의 신하들이 편집한 것"이라는 표제가 등장한다. 솔로몬이 주전 10세기 중반 통일왕국 이스라엘을 통치한 반면, 히스기야(참고. 왕상 18-20장; 대하 29-32장)는 주전 715년부터 687년까지 분열 왕국의 남유다를 통치했다. 따라서 솔로몬이 자신의 통치 당시에 잠언을 기록했는지와 상관없이 잠언 내에서 잠언 전체를 기록하거나 편집한 저자가 솔로몬 한 명이 아니라 여러 명이며 그들의 활동 연대 역시 약 200~300년의 시간 차가 존재함을 이미 전제한다. 잠언 25장 1절에서 우리말로 '편집'이라고 번역된 히브리어 동사 <아테크>(pnw)는 '(기존의 자료를 다른 기록 형태로) 바꾸

등)의 저자로 여겨진다. 그러나 솔로몬이 이 책들을 기록했다는 역사적 증거는 없다. Fox, *Proverbs 1-9*, 56. 솔로몬의 사후 수백 년이 지난 시점에 기록된 작품들에 솔로몬이 언급된 이유는 구약성경에서 솔로몬이 갖고 있는 상징성과 유명세를 이용해 당대 사람들의 관심을 끌거나 정경으로서의 권위를 인정받기 위해서였다.

다'(transcribe) 혹은 '그대로 옮겨 적다'(copy)를 뜻하기 때문에 히스기야의 신하들이 솔로몬의 이름으로 기록되거나 수집된 초기의 잠언 자료를 옮겨 적거나 기존의 자료에 새로운 내용을 추가했다는 점을 알려준다.[18] 넷째, 잠언에는 또 다른 저자나 편집자를 언급하는 표제가 존재한다. 30장 1절의 "야게의 아들 아굴의 잠언"과 31장 1절의 "르무엘 왕이 말씀한 바 곧 그의 어머니가 그를 훈계한 잠언"이라는 표제가 바로 그것이다. 야게, 아굴, 르무엘에 대한 정확한 정보를 알 수는 없지만, 분명한 점은 잠언에는 솔로몬이나 히스기야의 신하들 외에도 다른 인물들이 기록하거나 편집한 부분이 존재한다는 것이다.

또한 유대교 전승인 바벨론 탈무드 *Baba Batra* 15a(주후 약 500~600년)에는 이사야, 잠언, 아가, 전도서를 기록한 사람은 솔로몬이 아니라 히스기야와 그의 신하들이라고 기록되어 있다.[19] 그러나 바벨론 탈무드의 기록이 솔로몬의 잠언 저작권을 완전히 부정하는 것은 아니다. 오히려 폭스의 주장처럼, 바벨론 탈무드와 같은 유대교 전승에서 저작권의 개념은 개별 격언을 기록한 사람보다는 최종 혹은 현재 형태의 잠언 전체를 기록하고 편집한 사람이나 사람들에게 적용된다고 볼 수 있다.[20] 따라서 유대교 전승은 히스기야와

---

18 폭스는 〈아테크〉(עתק)의 어원이 '옮기다'라는 점에 근거해서 히스기야 신하들의 활동을 단순히 자료를 복사하는 데서 그쳤기보다는 다양한 자료를 모으고 내용을 추가하는 등의 편집으로 간주하여야 하며, 이러한 편집 활동은 한 명의 서기관이 아닌 여러 명의 신하가 할 수 있던 일이라고 주장한다. Michael V. Fox, *Proverbs 10-31: A New Translation with Introduction and Commentary*, The Anchor Yale Bible 18B (New Haven: Yale University Press, 2009), 777.

19 https://www.sefaria.org/Bava_Batra.15a.2?lang=bi. (2023. 7. 1. 최종접속)

20 Fox, *Proverbs 1-9*, 58.

그의 신하들이 현재 형태의 잠언을 기록하고 완성했다고 이해한다.

구약학계에서는 19세기에 처음으로 솔로몬의 잠언 저작권에 관한 의문이 제기되었으며, 이러한 경향은 현재까지 지속되고 있다.[21] 그래서 잠언을 연구하는 많은 학자는 솔로몬이 잠언 전체를 기록했다고 보지 않으며 솔로몬을 잠언 전체의 저자로 간주하지도 않는다. 그런데 앞서 언급한 바와 같이 이런 구약학계의 경향은 잠언이 오늘과 같은 형태로 형성되는 데 있어서 솔로몬의 역할을 완전히 배제하는 것에 초점이 맞춰져 있지는 않다. 롤랜드 머피(Roland E. Murphy)가 제안하듯이, 고대의 개별 잠언이 본질상 일반 대중 사이에서 회자되고 그 과정에서 발전되는 성격을 지닌 격언이었기 때문에 저자가 누구인지에 대한 관심은 자연스럽게 줄어들 수밖에 없었다는 점을 고려해야 한다.[22]

그러므로 구약성경의 내적 증거와 외적 증거에 근거할 때 잠언은 솔로몬이라는 한 저자가 왕정 시대(주전 10세기경)에 기록한 책이라기보다는 왕정 시대로부터 시작해 수백 년 동안 한 명 이상의 여러 저자와 편집자를 거쳐서 기록되고 편집된 격언들의 모음집으로 간주하는 것이 바람직하다.

---

21 Katharine J. Dell, "Proverbs," *The Oxford Encyclopedia of the Books of the Bible*, ed. Michael D. Coogan, vol. 2 (New York: Oxford University Press, 2011), 184.

22 Murphy, *Proverbs*, xx.

4. 연대

잠언의 연대와 관련된 문제는 근본적으로 저자의 문제와 관련된다. 잠언 전체를 솔로몬의 저작으로 인정하면 솔로몬이 활동하던 주전 10세기에 잠언을 오늘과 같은 형태로 기록했다고 볼 수 있다. 그러나 앞서 저자와 관련된 논의에서 자세히 살펴보았듯이 잠언은 솔로몬 한 사람이 아니라 솔로몬을 포함한 여러 명의 저자들이 기록한 격언을 모으고 그것을 편집한 일종의 격언 모음집이라고 간주하면, 잠언을 구성하는 여러 부분은 각기 다른 시대에 기록되고 편집되었다고 볼 수 있다.

일반적으로 잠언 1-9장과 10-31장은 서로 다른 시기에 기록되거나 편집되었다고 추측된다. 이렇게 두 부분의 연대를 다르게 설정하는 이유로는 먼저 1-9장과 10-31장 간에 구별되는 언어적인 특징이 있기 때문이다. 리차드 클리포드(Richard J. Clifford)에 따르면, 구약성경에서 사용된 히브리어는 바벨론 포로기(주전 6세기) 이전의 '성서 히브리어'와 바벨론 포로기 이후의 '후기 성서 히브리어'로 구분된다.[23] 대체로 잠언 10-31장에서는 '성서 히브리어'의 특징이 발견된다. 예를 들면, 잠언 10-31장에서 부정어 <발>(בַּל; 10:30; 12:3; 19:23; 22:29; 23:7; 23:35[×2]; 24:23), 동사 <파알>(פָּעַל; 10:29; 16:4; 20:11; 21:6, 8, 15; 24:12, 29)이나 명사 <게베르>(גֶּבֶר; 20:24; 24:5; 28:3, 21; 29:5) 와 같은 고어(古語)가 주로 사용된다.[24] 또한 관계사

---

23 Clifford, *Proverbs*, 4.
24 위의 책.

<아셰르>(אֲשֶׁר; 2:15; 3:12; 6:7; 17:8; 21:1; 22:28; 23:1; 25:1, 7, 28; 31:1)가 상대적으로 덜 사용되는 것 또한 잠언 10-31장에서 발견되는 '성서 히브리어'의 특징이다.[25] 또한 10-31장에서는 주로 두 줄로 이루어진 격언이 사용되는 반면, 1-9장에서는 강의의 형식이나 시문이 주로 사용된다. 잠언 전체의 구성적인 면에서 볼 때도, 첫 번째 부분인 1-9장은 잠언 전체의 서론적인 역할을 하기에 나머지 부분보다 더 늦게 기록되었다고 본다.[26]

　　잠언의 각 부분이 정확하게 언제 기록되고 편집되었는지, 그 연대를 설정하는 문제는 매우 어렵지만, 대체적으로는 다음과 같은 단계를 거쳐 현재 형태의 잠언이 되었을 것으로 추측할 수 있다. 첫째, 10-22장에서 발견되는 상당수의 격언은 구전 형태로 회중 사이에서 회람되다가 솔로몬 시대에 수집되고 기록되었을 것이다. 소위 '솔로몬의 계몽주의 시대(A Solomonic enlightenment)'라고 불렸던 주전 10세기는 고대 이스라엘의 왕정이 확립되면서 주변국과의 국제 교역과 문화 교류가 활발히 이루어지던 시대였기 때문에, 많은 잠언이 '솔로몬의 잠언'이라는 표제 하에 수집되고 편집되었을 것이다.[27] 그러나 주전 10세기보다 주전 8~7세기에 더 많은 문서 자료가 발견되는 것으로 미루어 볼 때, 10-22장의 저작 및 편집 활동이 솔로몬 시대에 시작되었다고 하더라도 히스기야 시대에

---

25 위의 책.

26 Fox, *Proverbs 1-9*, 6.

27 Eric W. Heaton, *Solomon's New Men: The Emergence of Ancient Israel as a National State* (London: Thames and Hudson, 1974); Gerhard von Rad, "The Beginnings of Historical Writing in Ancient Israel," in *The Problem of the Hexateuch and Other Essays* (New York: McGraw-Hill, 1966), 166-204.

가서 활발히 이루어졌을 것이다. 둘째, 히스기야 시대에 히스기야 신하들의 편집 활동을 통해 25-29장의 부분이 추가되었을 것이다. 셋째, 22장 17절-24장 22절의 소위 '지혜 있는 자의 말씀' 또한 고대 이집트의 지혜문학 자료인 『아멘엠오페의 교훈(*Instructions of Amenemope*)』과 밀접한 유사성을 보이고 있기에 고대 이집트와의 교역이 활발했던 왕정 시대에 기록되었을 것으로 본다. 넷째, 1-9장은 기존에 형성된 10-29장의 서론 형식으로 기록되고 편집되었을 것인데, 그 시기는 바벨론 포로기나 포로기 이후인 주전 6~4세기로 추측된다. 다섯째, 30-31장이 기존의 1-29장을 마무리하는 격으로 추가되었을 것이며 잠언의 마지막 편집도 함께 이루어졌을 것으로 본다.[28]

5. 구조

잠언은 잠언 내에 존재하는 표제(1:1; 10:1; 22:17; 24:23; 25:1; 30:1; 31;1, 10)에 따라 크게 여덟 개의 단락이나 부분으로 나뉠 수 있다. 혹자는 잠언의 부분을 가리키는 데 '모음집'(collection)이라는 용어를 사용하기도 하지만, 폭스의 지적처럼 '모음집'은 1-9장과 31장 10-31절에는 어울리지 않는다.[29] 왜냐하면 1-9장과 31장 10-31절은 단순히 개별적인 잠언을 한데 모아놓은 모음집이 아니기 때문이다.[30] 따라서 모음집은 잠언을 구성하는 개별 단락보다는 잠언

---

28 Dell, "Proverbs," 184.
29 예를 들면 Waltke, *Proverbs 1-15*, 9.
30 Fox, *Proverbs 1-9*, 4.

전체를 가리키는 용어로 사용되는 것이 바람직하다. 그러므로 이 책에서 잠언 전체를 가리킬 때는 '모음집'을, 잠언의 여러 부분을 표현할 때는 '단락'을 사용한다. 잠언의 여덟 개의 표제와 그에 따른 여덟 단락은 다음과 같다.

1. 솔로몬의 잠언(1:1-9:18): "다윗의 아들 이스라엘 왕 솔로몬의 잠언이라"(1:1)

2. 솔로몬의 잠언(10:1-22:16): "솔로몬의 잠언이라"(10:1)

3. 지혜 있는 자의 말씀(22:17-24:22): "너는 귀를 기울여 지혜 있는 자의 말씀을 들으며"(22:17)

4. 지혜로운 자들의 말씀(24:23-34): "이것도 지혜로운 자들의 말씀이라"(24:23)

5. 히스기야의 신하들이 편집한 솔로몬의 잠언(25:1-29:27): "이것도 솔로몬의 잠언이요 유다 왕 히스기야의 신하들이 편집한 것이니라"(25:1)

6. 아굴의 잠언(30:1-33): "이 말씀은 야게의 아들 아굴의 잠언이니 그가 이디엘 곧 이디엘과 우갈에게 이른 것이니라"(30:1)

7. 르무엘의 어머니의 잠언(31:1-9): "르무엘 왕이 말씀한 바 곧 그의 어머니가 그를 훈계한 잠언이라"(31:1)

8. 현숙한 여인을 위한 노래(31:10-31): "누가 현숙한 여인을 찾아 얻겠느냐"(31:10)

위에서 살펴볼 수 있듯이 잠언의 각 단락을 구분하는 표제는 기본적으로 해당 단락을 기록하거나 편집한 인물의 '이름'과 '잠언'(혹은 '말씀')으로 구성된다. 첫째, 둘째, 다섯째, 여섯째, 일곱째 단락이 시작되는 첫 구절에서는 해당 단락의 잠언을 기록하거나 편집한 사람들의 이름이 나오는 데 비해, 셋째와 넷째 단락의 표제에서는 '지혜 있는 자'나 '지혜로운 자들'이라는 별칭이 사용된다. 또한 여덟째 단락의 표제에는 '현숙한 여인'이라는 별칭만 나올 뿐 '잠언'이나 '말씀'이 사용되지 않는다. 그래서 잠언 31장 10절은 한 단락을 나타내는 표제의 형식을 뚜렷하게 담고 있지 않다. 그러나 잠언 31장 10-31절은 첫 10절부터 히브리어의 첫 알파벳 <알렙>(א)으로 시작해서 절마다 차례대로 진행되어 마지막 31절은 히브리어의 마지막 알파벳 <타브>(ת)로 끝나면서 일명 '알파벳 시'라는 뚜렷한 형태를 지니고 있다. 그러므로 31장 10-31절은 뚜렷한 표제의 형식을 갖추고 있지는 않지만, 독립적인 단락으로 간주된다.[31]

6. 사본과 역본

잠언 전체를 보존하고 있는 유일한 히브리어 본문은 마소라 본문이며 이것은 레닌그라드 사본(Leningrad Codex)에 잘 보존되어 있다.[32] 이 레닌그라드 사본은 주후 1008년에 기록된 것으로 추정되며 잠언의 히브리어 본문을 잘 보존하고 있어서 BHS(*Biblia Hebraica Stuttgartensia*), BHQ(*Biblia Hebraica Quinta*)와 같은 히브리어 성경 비평본에서 본문으로 사용된다.[33] 다만, 레닌그라드 사본이 잠언을 기록

---

31 Christine R. Yoder, *Proverbs,* Abingdon Old Testament Commentaries (Nashville: Abingdon Press, 2009), xxiii.

32 Fox, *Proverbs 1-9,* 5.

33 Waltke, *Proverbs 1-15,* 2.

한 가장 오래된 사본은 아니다. 잠언을 기록한 히브리어 사본 중 가장 오래된 사본은 쿰란 제4동굴에서 발견된 두 개의 사본이다. 하나는 4QProvᵃ(=4Q102)로 잠언 1장 27절부터 2장 1절까지 포함하고 있으며 헤롯시대 초기(주전 약 30-1년) 형태의 글씨로 기록되었다.[34] 다른 하나는 4QProvᵇ(=4Q103)로 잠언 13장 6-9절, 14장 5-10절, 12-13절, 14장 31절-15장 8절, 15장 20-31절을 포함하고 있으며 헤롯시대 후기(주후 약 50년) 형태의 글씨로 기록되었다.[35] 브루스 왈트키(Bruce K. Waltke)가 지적한 바와 같이 이 두 개의 사본은 레닌그라드 사본을 기초로 하는 마소라 본문과 비교해 볼 때 주로 철자상의 이형(異形, variants)을 가지고 있을 뿐 의미상의 큰 차이를 보이지 않는다.[36]

한편, 주전 2세기경에 히브리어 성경을 헬라어로 번역한 칠십인역 잠언은 마소라 본문과 비교할 때 큰 차이를 보인다. 폭스가 발견했듯이 칠십인역 잠언은 마소라 본문의 잠언에는 없는 130행과 30개의 부분적인 문장을 더 가지고 있다.[37] 요한 쿡(Johann Cook)이 설명했듯이 칠십인역 잠언은 주어와 목적어의 차이, 단수형과 복수형의 차이부터 시작해서 단락의 배열까지 마소라 본문의 잠언과 차이를 보인다.[38] 마소라 본문의 잠언과 칠십인역 잠언 간 단락의

---

34 Clifford, *Proverbs*, 28.

35 위의 책.

36 Waltke, *Proverbs 1-15*, 2.

37 Fox, *Proverbs 1-9*, 363.

38 Johann Cook, *The Septuagint of Proverbs: Jewish and/or Hellenistic Proverbs?: Concerning the Hellenistic Colouring of LXX Proverbs*, Supplements to Vetus Testamentum 69 (Leiden; New York: Brill, 1997), 1.

배열과 순서에 관한 차이는 다음과 같다.

마소라 본문의 잠언	단락	칠십인역 잠언
(1) 1:1-9:18	솔로몬의 잠언	(1) 1:1-9:18
(2) 10:1-22:16	솔로몬의 잠언	(2) 10:1-22:16
(3) 22:17-24:22	지혜 있는 자의 말씀	(3) 22:17-24:22
(4) 24:23-34	지혜로운 자들의 말씀	(6) 30:1-14
(5) 25:1-29:27	히스기야 신하들이 편집한 솔로몬의 잠언	(4) 24:23-34
(6) 30:1-14	아굴의 잠언	(7) 30:15-33
(7) 30:15-33	아굴의 수 잠언	(8) 31:1-9
(8) 31:1-9	르무엘의 어머니의 잠언	(5) 25:1-29:27
(9) 31:10-31	현숙한 여인을 위한 노래	(9) 31:10-31

왈트키가 주장하듯이, 칠십인역 잠언이 보여주는 단락 배열은 잠언 전체가 솔로몬의 저작인 것처럼 보이게 하려는 의도를 전달한다.[39] 일단, 칠십인역 잠언에서는 1장 1절과 25장 1절의 '솔로몬의 잠언'이라는 표제가 있지만, 24장 23절의 '지혜로운 자들의 말씀'이라는 표제, 30장 1절의 '아굴의 잠언,' 31장 1절의 '르무엘 어머니의 잠언'이라는 표제가 발견되지 않는다. 따라서 칠십인역 잠언은 크게 솔로몬의 잠언(1-24장)과 히스기야 신하들이 편집한 솔로몬의 잠언(25-29장; 31:10-31)으로 구성되면서 결과적으로 솔로몬의 잠언 저작권을 강조한다. 이러한 표제 및 순서의 차이가 마소라 본문과 칠십인

---

39 Waltke, *Proverbs 1-15*, 4.

역이 각각 다른 저본(底本, Vorlage)에 기초하고 있어서 생긴 결과일
수도 있고 아니면 칠십인역 잠언을 번역한 사람(들)의 성향에 기인하
여 생긴 결과일 수도 있다.

주후 2세기에 시리아어로 번역된 페쉬타(Peshitta)의 잠언은 폭스
가 발견하듯이 히브리어 본문을 문자적으로 번역하는 경향을 보여
주며 히브리어 본문의 읽기가 어려운 경우에 칠십인역을 따르는
경향을 보여준다.[40] 또한 페쉬타 잠언은 24장 22절 이후의 순서도
히브리어 본문을 따른다. 페쉬타의 다른 책들은 구약성경의 아람어
번역본인 탈굼(Targum)의 영향을 받았지만, 잠언은 독특하게 탈굼
이 페쉬타의 영향을 받았다.[41] 따라서 탈굼 잠언은 페쉬타 잠언과
마찬가지로 히브리어 본문을 문자적으로 번역하지만, 종종 번역과
해석에 있어서 페쉬타 잠언에 의존한다.[42]

한편, 제롬(Jerome)은 불가타에서 잠언을 라틴어로 번역할 때
다양한 형태의 칠십인역을 참고하였으며 헥사플라, 고대 라틴어역,
시리아역 등도 참고하였다.[43]

7. 문학적 특징

잠언에서 사용되는 대표적인 두 가지 문학 양식은 훈계와 격언이

---

40 Fox, *Proverbs 1-9*, 365.

41 위의 책.

42 탈굼 잠언에 대해서는 주전 3세기부터 주후 8세기까지 다양한 저작 연대가 제시된다.
   Clifford, *Proverbs*, 29.

43 Murphy, *Proverbs*, xxvii.

다. 훈계는 주로 '~을 하라'라는 긍정 명령과 '~을 하지 마라'라는 금지 명령으로 이루어져 있다. 잠언 전체를 훈계라고 해도 과언이 아닌데, 왜냐하면 머피가 주장하듯이 경험에 기초한 고찰도 객관적이고 중립적인 지식을 전달하는 것과 더불어 그에 맞는 행동을 권면하기 때문이다.[44] 이러한 훈계는 가정에서 부모가 자녀에게 도덕적 삶의 양식을 권면하는 잠언 1-9장에서 많이 발견되며, 22장 17절부터 24장 35절까지의 단락에서도 많이 사용된다.

반면, 격언은 주로 두 문장으로 이루어져 있는 짧은 잠언이다. 주로 10장 1절부터 22장 16절에서 사용되는 형식이며, 한 주제에 대해 서로 반대되는 개념을 비교하거나 서로 비슷한 개념으로 그 주제를 강조한다. 하나의 격언에서 두 문장을 연결하는 문학 양식을 가리켜 보통 평행법(parallelism)이라고 부른다. 머피에 따르면, 평행법은 동의적(synonymous) 평행법, 반의적(antithetic) 평행법, 종합적(synthetic) 평행법으로 분류된다.[45] 동의적 평행법은 한 주제에 대해 둘째 행이 첫째 행을 단순히 반복하지 않고 그 의미를 더욱 강조하고, 반의적 평행법은 둘째 행이 첫째 행과 반대되는 개념을 통해 주제를 선명하게 드러내며, 종합적 평행법은 둘째 행이 첫째 행의 의미를 반복하거나 대조하기보다는 완성하거나 보강한다.[46] 특별히 격언에서 사용되는 평행법의 중요한 특징은 주부(主部)와 술부(述部)가 '~이다' 같은 연결사 없이 나란히 나열된다는 점이다.[47] 우리말로

---

44 위의 책, xxii.
45 롤랜드 머피·엘리자베스 휴와일러, 『잠언 전도서 아가』, 전의우 옮김(서울: 성서유니온선교회, 2015), 21.
46 위의 책.

매끄럽게 번역하기 위해서는 '~이다'와 같은 연결사를 넣어야 하지만 히브리어 격언에 담긴 병행법의 의미가 퇴색되지 않도록 주의할 필요가 있다.

잠언에는 훈계와 격언 이외에도 교훈 형식의 시가 23장 29-35절, 30장 1-9절, 31장 10-31절에서 사용된다.[48]

8. 잠언의 주제

잠언은 독자에게 어떻게 하면 행복하고 성공한 인생을 살 수 있는지에 대한 성찰과 교훈을 전해주는 책이다. 잠언은 지혜를 통해서 행복하고 성공한 인생을 살 수 있다고 강조한다. 클리포드에 따르면, 잠언에서 지혜는 세 가지 차원의 의미를 갖는다: "현실을 아는 것으로서의 지식적 차원, 옳은 일을 하는 것으로서의 윤리적 차원, 하나님이 창조한 세계 질서에 따라 사는 신앙적 차원."[49] 따라서 지혜는 인간이 현실을 제대로 인식하며, 그 현실 속에서 정의를 실천하고, 하나님의 창조 질서에 순종하는, 전인적(全人的)인 수준의 삶을 말한다. 이런 지혜와 반대되는 어리석음은 단순히 무식(無識)을 뜻하지 않고 비도덕적이며 하나님께서 창조하신 세계 질서에 따르지 않는 삶을 의미한다.

잠언은 지혜의 길과 어리석음의 길을 서로 대비하여 보여주면서 독자에게 지혜의 길을 선택하고 그 길로 걸어가라고 권면한다.

---

47 위의 책, 22.
48 김정우, 『성서주석 잠언』, 61-62.
49 Clifford, *Proverbs*, 19-20.

특별히 잠언은 지혜를 선택했을 때의 결과와 어리석음을 선택했을 때의 결과를 자주 비교한다. 따라서 선한 행동을 하면 그에 따른 보상을 받고 악한 행동을 하면 그에 따른 벌을 받는, 소위 '행동-결과의 인과 관계'(act-consequence nexus)가 잠언에서 확립된다.[50] 잠언은 이러한 행동과 그에 따른 결과 간의 긴밀한 관계를 강조하면서 하나님이 창조한 세계 질서에 따라 선한 행동을 하라고 권면한다. 행동에 따른 결과에 대한 원리를 강조하기 위해 잠언은 두 개의 대비되는 인물들을 사용한다. 그러므로 잠언에서는 지혜로운 사람과 어리석은 사람이 주로 비교되며, 의로운 사람과 악한 사람, 근면한 사람과 게으른 사람, 부유한 사람과 가난한 사람도 함께 비교된다. 특별히 잠언의 많은 격언은 어리석은 사람이나 악한 사람의 행동 방식을 변화시키기 위해 기록되기도 했지만 주로 의롭고 경건한 사람을 격려하고 고무시키기 위해 기록되었다.

---

50 '행동-결과의 인과 관계'라는 개념은 클라우스 코흐(Klaus Koch)가 "구약성경에 보복 사상이 있는가?"라는 논문에서 *"Tun-Ergehen Zusammenhang"*이라는 용어를 사용하면서 처음으로 제안되었다. Klaus Koch, "Gibt es ein Vergeltungsdogma im Alten Testament?," *Zeitschrift für Theologie und Kirche* 52(1955): 1-42. 이 논문은 다음의 책에서 영어로 번역되었다. Klaus Koch, "Is There a Doctrine of Retribution in the Old Testament?," *Theodicy in the Old Testament,* ed. James L. Crenshaw, trans. T. H. Trapp, Issues in Religion and Theology 4 (Philadelphia: Fortress Press, 1983), 57-87. 코흐에 따르면, '행동-결과의 인과 관계'는 잠언에서 자주 발견된다(1:18, 19; 4:17, 18; 5:22, 23; 10:3, 6, 16; 12:21, 26, 28; 14:32, 34; 16:31; 21:21).

9. 설교를 위한 적용점

1) 잠언을 공부해야 하는 이유

그동안 잠언, 욥기, 전도서와 같은 지혜문학의 책들은 교회에서 많은 관심이나 주목을 받지는 못했다. 여러 가지 이유 중 하나는, 예수 그리스도의 구원 및 복음과 직접적으로 관련되지 않기 때문이다. 또한 여타의 구약성경 책들과는 다르게 잠언, 욥기, 전도서에는 예수님에 관한 예언도 등장하지 않는다. 창세기, 출애굽기와 같은 책들은 이스라엘의 역사와 신앙에 대해 기록하면서 성경을 구속사적으로, 즉 예수 그리스도의 구원을 중심으로 볼 수 있게 도와준다. 그런데 잠언, 욥기, 전도서에서는 고대 이스라엘의 역사나 신앙에 대한 언급을 찾아보기 힘들다. 이러한 이유로 우리는 잠언, 욥기, 전도서와 같은 지혜문학이 이스라엘의 역사를 이해하고 더 나아가 예수님을 믿는 데 큰 관련이 없다고 생각할 수 있다. 그러나 잠언, 전도서, 욥기의 지혜문학은 고대 이스라엘이라는 특수한 상황보다는 보편적인 인간의 경험과 삶에 관심을 둔다. 더욱이 잠언, 전도서, 욥기의 지혜문학은 우리가 하나님께서 창조하신 세상에서 진실하게, 복되게 살아가도록, 즉 지혜롭게 살아가도록 도와준다. 따라서 잠언은 우리가 어떻게 살아야 하는지에 대한 방법과 실천적인 지침이 들어있는 책이라는 데 그 의의가 있다. 이런 이유로 구약성경이라는 정경에 잠언을 비롯한 지혜문학이 포함되었다.

2) 지혜란 무엇인가?

지혜는 알 지(知) 혹은 지혜 지(智), 슬기로울 혜(慧)의 한자로 이루어져 있다. 알 지(知)는 입 구(口)와 화살 시(矢)가 합쳐진 말로 화살처럼 말이 빨리 나간다는 뜻을 합하여 지적 능력을 가리키는 '알다'를 뜻한다. 만약 지혜를 지혜 지(智), 슬기로울 혜(慧)의 지혜(智慧)로 이해한다면 조금 더 포괄적인 뜻을 가진다. 지혜 지(智)는 알 지(知)에 세상을 두루 밝게 안다는 뜻의 날 일(日)이 합쳐져 단순히 잘 아는 지적 능력뿐만 아니라 세상의 이치를 잘 알고 분별하는 능력을 뜻한다.

그런데 구약성경에서 지혜는 지적 능력이나 분별력보다 훨씬 더 포괄적인 뜻을 갖고 있다. 구약성경에서 지혜를 가리키는 히브리어 단어는 <호크마>로 일반적인 지혜의 의미, 즉 지적 능력을 뜻한다.

> **하나님이 솔로몬에게 지혜와 총명을 심히 많이 주시고 또 넓은 마음을 주시되 바닷가의 모래 같이 하시니(왕상 4:29).**

여기에서 '지혜'로 번역된 단어가 <호크마>인데 하나님께서 지적 능력을 솔로몬에게 주셨다는 뜻이다. 그런데 <호크마>는 특정한 분야에 대한 전문적인 기술과 능력을 뜻하기도 한다.

> **너는 무릇 마음에 지혜 있는 모든 자 곧 내가 지혜로운 영으로 채운 자들에게 말하여 아론의 옷을 지어 그를 거룩하게 하여 내게 제사장 직분을 행하게 하라 (출 28:3).**

여기서 '지혜'는 제사장의 옷을 만드는 데 필요한 전문적인 기술이나 능력을 의미한다. 마지막으로 <호크마>는 경험이나 상식에 기초한 판단력 혹은 분별력을 의미한다.

> 이에 여인이 그의 지혜를 가지고 모든 백성에게 나아가매 그들이 비그리의 아들 세바의 머리를 베어 요압에게 던진지라 이에 요압이 나팔을 불매 무리가 흩어져 성읍에서 물러나 각기 장막으로 돌아가고 요압은 예루살렘으로 돌아와 왕에게 나아가니라(삼하 20:22).

지혜를 가진 여인은 살아왔던 경험이나 상식에 기초하여 그 상황에 맞는 결정을 내렸다. 이처럼 <호크마>는 어떤 일이나 상황에 대한 현명한 판단을 내리거나 자신의 경험에 비추어 삶의 여러 문제를 해결하는 능력을 뜻한다. 종합해 보면, 구약성경에서 지혜를 뜻하는 <호크마>는 지식, 전문적인 기술, 경험을 바탕으로 한 삶에 대한 통찰력을 뜻한다.

3) 잠언과 모자이크

'잠언'으로 번역된 히브리어 단어 <마샬>은 대중이 많이 사용하는 경구, 문학적인 형태의 금언, 풍유, 수수께끼 등 다양한 형태의 속담과 격언을 뜻한다. 속담이나 격언은 갑자기 저절로 생겨나거나 누군가에 의해 인위적으로 만들어지지 않고 사람들이 오랫동안 경험해 온 공동의 전통에 기초한다. 따라서 잠언은 대부분 경험에 기초한 실제적이고 실용적인 지혜를 담은 속담이나 격언이다. 또한 잠언은 하나님께서 창조하신 이 세상에서 고대 이스라엘 사람들이 오랜 기간 경험하면서 깨달은 이치를 실제 삶에 적용할 수 있는 교훈이다. 이러한 잠언을 솔로몬 이외에도 여럿이 기록하거나 편집했기 때문에, 잠언을 솔로몬 한 사람이 지은 작품으로 보기보다는 솔로몬을 비롯한 여러 사람이 지은 잠언을 한데 모아놓은 모음집으로 이해하는 것이 바람직하다.

이것은 오늘 우리가 읽고 있는 형태의 잠언이 제안하는 바이기도 하다. 잠언에는 각 단락의 제목을 뜻하는 표제가 여덟 개 있다. 1장 1절의 "솔로몬의 잠언이라", 10장 1절의 "솔로몬의 잠언이라", 22장 17절의 "지혜 있는 자의 말씀", 24장 23절의 "이것도 지혜로운 자들의 말씀이라", 25장 1절의 "이것도 솔로몬의 잠언이요 유다 왕 히스기야의 신하들이 편집한 것", 30장 1절의 "이 말씀은 야게의 아들 아굴의 잠언이니", 31장 1절의 "르무엘 왕이 말씀한 바 곧 그의 어머니가 그를 훈계한 잠언이라", 31장 10절의 "누가 현숙한 여인을 찾아 얻겠느냐"이다. 잠언은 여덟 단락으로 구성되어 있고 단락마다 누가 지었는지를 명확하게 밝히므로 여덟 개의 단락을 중심으로 각각의 특징을 살펴보며 처음부터 끝까지 읽는 것이 좋다. 그러나 잠언을 처음부터 끝까지 순서대로 읽기가 쉽지 않은데, 잠언에는 뚜렷한 이야기의 흐름도 없고 더군다나 시문의 형식으로 이루어져 있기 때문이다. 또한 잠언에는 교훈들이 일정한 주제별로 나열되지 않고 뒤섞여 있다.

잠언이 무작위로 나열된 것처럼 보이지만 잠언 전체가 주는 메시지는 지혜에 초점이 맞춰져 있다. 그래서 팀 켈러(Timothy J. Keller)와 캐시 켈러(Kathy Keller)는 『팀 켈러, 오늘을 사는 잠언』에서

"잠언은 퍼즐이다"라고 제안했는데 이는 매우 설득력 있는 표현이다.[51] 각각의 퍼즐 조각은 모양과 형태가 서로 다르지만, 모든 조각이 합쳐졌을 때 하나의 그림을 나타내듯이 잠언의 각 교훈도 내용은 서로 다르지만 모두 지혜라는 그림을 보여준다. 그런데 잠언은 퍼즐보다는 모자이크에 비유하는 게 더 적절하다. 퍼즐은 모자이크보다 좀 더 단순한 그림을 보여주지만, 모자이크는 퍼즐보다 훨씬 더 아름답고 섬세한 그림을 표현한다. 모자이크를 이루는 각 유리 조각이나 돌 조각은 각자의 고유한 색깔과 형태를 가지고 있지만, 그것이 함께 모였을 때 아름다운 그림을 보여준다. 마찬가지로 잠언이라는 책에 있는 수많은 잠언은 각기 다른 주제와 뜻을 지니고 있지만 그것을 함께 읽을 때 다른 주제의 잠언들이 서로 어우러져 잠언 전체가 보여주는 아름다운 그림, 즉 지혜라는 그림을 볼 수 있다.

---

51 팀 켈러 · 캐시 켈러, 『팀 켈러, 오늘을 사는 잠언: 하나님의 지혜로 인생을 항해하다』, 윤종석 옮김 (서울: 두란노, 2018), 8-9.

제2장
"지식의 근본"
(잠 1:1-7)

1. 특징

잠언의 서론은 크게 책의 제목 혹은 표제(1:1)와 서문(1:2-7)으로 구성된다. 개역개정판에는 서문이 2절부터 7절까지 총 여섯 절로 구성되어 있지만 마소라 본문에는 서문이 두 문장(2-6절; 7절)으로 이루어져 있다. 특히 2-6절에서 목적을 나타내는 부정사가 연속해서 사용된다(2절 전반절, 2절 후반절, 3절 전반절, 4절 전반절, 6절 전반절).[1] 다만, 5절에서만 정동사(finite verb)가 사용되면서 연속된 부정사의 흐름이 끊긴다. 그래서 몇몇 학자들은 5절을 후대의 삽입으로 간주하기도 한다.[2] 그러나 5절에서 정동사가 사용되어 2-4절과 6절에서 연속되는 부정사의 흐름을 끊는다고 해도 서문의 짜임새는 매우 정교하다. 왜냐하면 1절에서 책의 제목을 언급한 후, 2-6절을 한 문장으로 엮어내며 잠언이라는 책을 왜 읽어야 하는지에 대한 분명한 목적을 독자에게 제시하고 있기 때문이다. 7절이 1-6절과 한 단락을 이루며 결론의 역할을 하는 것인지 아니면 8-19절로 이루어지는 다음 단락의 첫 문장으로 간주하여야 하는지에 대해서는 학자마다 의견이 분분하다.[3] 그러나 2-6절을 통해 독자에게 제시되는

---

1 폭스에 따르면, 히브리어 부정사가 몇 절에 걸쳐 길게 연속으로 사용되는 경우는 구약성경에서 잠언의 서문이 유일하다. 구약성경의 다른 곳에서 부정사가 연속으로 사용될 때는 '~에 관하여'를 뜻하거나(예: 대상 12:9; 삼하 14:25; 잠 26:2) 임박한 미래의 행동과 관련하여 '~하려는 참이다'를 뜻한다(예: 사 38:20; 렘 51:49). Fox, *Proverbs 1-9*, 58.

2 Roger N. Whybray, *Proverbs: Based on the Revised Standard Version*, New Century Bible Commentary (Grand Rapids: Wm. B. Eerdmans Pub. Co., 1994), 31; Crawford H. Toy, *A Critical and Exegetical Commentary on the Book of Proverbs*, The International Critical Commentary on the Holy Scriptures of the Old and New Testaments 16 (New York: C. Scribner's Sons, 1899), 8.

책의 목적이 '표어'(motto)라고 불리는 7절, "주님을 경외하는 것이 지식의 시작이다"에서 절정을 이루기 때문에 여기서는 1-7절을 한 단락으로 간주한다.[4]

2. 잠언 1장 1절: 표제

מִשְׁלֵי שְׁלֹמֹה בֶן־דָּוִד מֶלֶךְ יִשְׂרָאֵל:

(LXX) παροιμίαι Σαλωμῶντος υἱοῦ Δαυιδ ὃς ἐβασίλευσεν ἐν Ισραηλ

(이스라엘을 다스렸던 다윗의 아들, 솔로몬의 잠언들)

(개정) 다윗의 아들 이스라엘 왕 솔로몬의 잠언이라

(새번역) 이것은 다윗의 아들 이스라엘 왕 솔로몬의 잠언이다.

(공동) 다윗의 아들, 이스라엘 왕 솔로몬의 금언집

(NRSV) The proverbs of Solomon son of David, king of Israel:

(TNK) The proverbs of Solomon son of David, king of Israel:

(사역) 다윗의 아들 이스라엘의 왕 솔로몬의 격언집

1. 〈미쉴레〉(מִשְׁלֵי): 원형은 명사 〈마샬〉(מָשָׁל)이며 어근 동사 〈마샬〉(מָשַׁל)은 '비슷하다'나 '비교하다'를 뜻한다.[5] 명사 〈마샬〉은 기본적으로 '다양한 형태와 장르의 격언'[6] 혹은 '평행법으로 구성된 문장들

---

3 Murphy, *Proverbs*, 4.

3 Murphy, *Proverbs*, 4.

4 Yoder, *Proverbs*, 1.

5 *BDB*, 605.

6 *HALOT*, 648.

의 격언이나 비유'를 뜻한다.[7] ⟨미쉴레⟩는 ⟨마샬⟩의 남성 복수 명사 연계형으로 뒤에 있는 ⟨셸로모⟩ (שְׁלֹמֹה)와 연결되어 '솔로몬의 잠언들'이라고 번역되며 잠언에 관한 솔로몬의 저작권을 강조한다. ⟨미쉴레⟩가 남성 복수 명사 연계형이라는 점을 고려하면 단순하게 '격언들'로 번역할 수도 있고, 여러 격언이 한데 모여 하나의 책이나 작품을 가리키는 제목이라는 점을 고려하면 '격언집'으로 번역할 수 있다(비교. 공동번역 개정판: '금언집'). 잠언 1장 1절이 잠언 전체의 제목으로 기능하면서 동시에 여러 저자들의 격언들로 이루어져 있음을 암시하기 때문에 '격언집'이라는 번역이 더 낫다.

2. ⟨셸로모⟩ (שְׁלֹמֹה): ⟨셸로모⟩와 ⟨미쉴레⟩는 비슷한 히브리어 문자와 그에 따른 발음을 가지고 있기 때문에 일종의 재치 있는 말장난(wordplay)과도 같다.

3. 잠언 전체의 제목에 해당하는 1장 1절은 솔로몬의 이름만을 언급하지 않고 그를 수식하는 어구 ⟨벤 다빗 멜렉 이스라엘⟩ (בֶּן־דָּוִד מֶלֶךְ יִשְׂרָאֵל), 즉 "다윗의 아들(이며) 이스라엘의 왕"을 추가한다. 이렇게 책 제목에 저자뿐만 아니라 저자의 조상이나 저자의 지위를 표기하는 형식은 고대 근동의 지혜문학(예: 프타호텝의 교훈, 아메네모페의 교훈, 슈르팍의 교훈 등)에서도 발견된다.[8] 다만, 고대 근동의 지혜문학이 대개 교훈의 내용을 읽고 배우게 될 자녀(아들)나 학생의 이름을 언급하는 데 반해, 잠언 1장 1절은 그런 이름을 언급하지 않는다. 이에 대해 월트키는 대부분의 격언이 왕자나 귀족과 같은 특권층의 관심사에만 부합하

---

7 *BDB*, 605.
8 Fox, *Proverbs 1-9*, 55.

는 것이 아니라 모든 이스라엘 백성의 관심사와 관련되어 있음을 알려준다고 주장한다.[9] 잠언 1장 1절이 특정한 이름을 갖고 있는 독자를 언급하지 않는다는 점을 고려할 때 잠언은 읽는 모든 사람에게 보편적으로 적용될 수 있는 교훈이라는 점을 알 수 있다.

3. 잠언 1장 2-7절: 서문

2절부터 6절까지는 목적을 나타내는 부정사로 이루어진 한 문장이다. 따라서 5절을 제외한 각 절에서는 전치사 <레>(ל)와 동사가 결합된 부정사 연계형이 사용된다. 한글성경에는 목적을 뜻하는 '이는 ~를 위한 것이며'와 같은 표현이 사용되며, 영어성경에는 'to'나 'for'가 사용되어 잠언을 읽고 배우는 목적을 알려준다. 또한 지혜를 뜻하는 다양한 단어를 사용하며 그 목적을 세부적으로 제시한다. 그리고 7절은 그러한 목적들이 근본적으로 추구하는 바가 주님을 경외하는 것이라는 점을 강조한다.

1) 잠언 1장 2절

לָדַעַת חָכְמָה וּמוּסָר לְהָבִין אִמְרֵי בִינָה:

(개정) 이는 지혜와 훈계를 알게 하며 명철의 말씀을 깨닫게 하며

(새번역) 이 잠언은 지혜와 훈계를 알게 하며, 명철의 말씀을 깨닫게 하며,

---

9 Waltke, *Proverbs 1-15*, 174.

(공동) 이것은 사람을 교육하여 지혜를 깨치게 하고 슬기로운 가르침을 깨닫게 하려는 것이요,

(NRSV) For learning about wisdom and instruction, for understanding words of insight,

(TNK) For learning wisdom and discipline; For understanding words of discernment;

(사역) 이것은 지혜와 훈계를 얻게 하기 위해서, 명철의 말씀을 깨닫게 하기 위해서

1. 〈라다앗〉(לָדַעַת): '알다'를 뜻하는 동사 〈야다〉(יָדַע)에 전치사 〈레〉(לְ) 가 결합된 칼 부정사 연계형이 사용되었다.[10] 부정사 연계형은 주로 전치사 〈레〉(לְ), 〈케〉(כְ), 〈베〉(בְ)가 동사의 부정사에 접두(接頭)되는 형태이다. 전치사 〈레〉와 결합된 부정사 연계형은 주로 목적을 뜻하여 '~를 위해서'라고 번역되며, 〈케〉나 〈베〉와 결합된 부정사 연계형은 주로 시간을 나타내어 "~할 때"라고 번역된다.[11] 한편, 동사 〈야다〉와 지혜를 가리키는 명사 〈다앗〉(דַעַת), 〈호크마〉(חָכְמָה), 〈비나〉(בִּינָה) 가 결합되면 종종 "지식을 소유하다" 또는 "지식을 얻다"를 뜻한다(예: 민 24:16; 잠 17:27; 24:14; 전 1:17; 8:16; 사 29:24; 대하 2:12).[12]

2. 〈호크마〉(חָכְמָה): 지혜를 뜻하는 단어 〈호크마〉는 기본적으로 특정한 분야에 대한 전문적인 '기술'과 '경험'을 뜻한다.[13] 또한 〈호크마〉는

---

10 *HALOT*, 390.

11 Gary D. Pratico and Miles V. Van Pelt, *Basics of Biblical Hebrew Grammar*, 2nd edition (Grand Rapids: Zondervan, 2014), 242.

12 Fox, *Proverbs 1-9*, 59.

'지식'을 뜻하는데 자기가 알고 있는 것을 실천할 수 있는 능력도 포함한다.[14]

3. 〈무사르〉(מוּסָר): 우리말로 '훈계'로 번역되는 명사 〈무사르〉는 기본적으로 '말이나 체벌을 통한 교정(correction), 육체적 훈련, 경고, 도덕적 지시'를 뜻한다.[15] 그런데 〈무사르〉는 여기에서 지혜를 뜻하는 〈호크마〉와 함께 사용되면서 도덕적 능력을 개발하는 훈련이나 교육을 가리킨다(비교. 공동번역 개정판: "교육하여"). 또한 〈무사르〉가 훈련의 의미를 가지기에 지혜는 손쉽게 얻을 수 없고 훈련을 통해서 얻을 수 있다는 점을 알려준다.

2) 잠언 1장 3절

לָקַחַת מוּסַר הַשְׂכֵּל צֶדֶק וּמִשְׁפָּט וּמֵישָׁרִים:

(LXX) δέξασθαί τε στροφὰς λόγων νοῆσαί τε δικαιοσύνην ἀληθῆ καὶ κρίμα κατευθύνειν (말의 미묘함을 얻게 하기 위해서, 진리의 의를 이해하기 위해서 그리고 올바른 결정으로 안내하기 위해서)

(개정) 지혜롭게, 공의롭게, 정의롭게, 정직하게 행할 일에 대하여 훈계를 받게 하며

(새번역) 정의와 공평과 정직을 지혜롭게 실행하도록 훈계를 받게 하며,

(공동) 교육으로 사람을 깨우쳐 무엇이 옳고 바르며 떳떳한지 헤아리게

---

13 *HALOT*, 314.
14 Fox, *Proverbs 1-9*, 32–33.
15 위의 책, 59.

하려는 것이다.

(NRSV) for gaining instruction in wise dealing, righteousness, justice, and equity;

(TNK) For acquiring the discipline for success, /Righteousness, justice, and equity;

(NET) To receive moral instruction in skillful living, with righteousness, justice, and equity.

(사역) **통찰력을 주는 훈계, 즉 의와 정의와 정직을 얻게 하기 위해서**

1. 〈하스켈〉(הַשְׂכֵּל): 〈하스켈〉은 〈사칼〉(שָׂכַל)의 히필 부정사 절대형으로 그 뜻은 '이해하다' 혹은 '통찰력을 가지고 있다'이다.[16] 히브리어의 부정사 절대형은 주로 같은 어근으로 된 동사의 의미를 강조하는 데 사용되지만, 드물게 명사처럼 사용되기도 한다.[17] 〈하스켈〉은 속격의 명사로 '통찰력'이나 '영리함'을 뜻하면서 지혜를 의미하는 〈호크마〉의 동의어로 사용되기도 한다(잠 21:16; 욥 34:35; 단 1:17).[18] 〈하스켈〉은 잠언 1장 3절에서는 앞에 있는 〈무사르〉와 연결되어 직역하면 '통찰력의 훈계'가 된다. 이 두 단어의 연결 관계를 설명하는 여러 방법이 있지만, 〈하스켈〉을 목적을 나타내는 속격으로 간주하여 '통찰력을 주는(to impart) 훈계'로 번역할 만하다.[19]

---

16 *HALOT*, 1328–1329.

17 Wilhelm Gesenius, *Gesenius' Hebrew Grammar*, ed. E. Kautzsch, trans. A. E. Cowley (Oxford: Clarendon Press, 1910), §113e; Bruce K. Waltke and Michael P. O'Connor, *An Introduction to Biblical Hebrew Syntax* (Winona Lake: Eisenbrauns, 1990), 591.

18 *HALOT*, 1328.

2. 〈체덱 우미쉬팟 우메샤림〉(וּמֵשָׁרִים וּמִשְׁפָּט צֶדֶק): 후반절에 나오는 세 개의 명사 〈체덱〉, 〈미쉬팟〉, 〈메샤림〉은 그 앞에 아무런 부정사나 동사를 취하고 있지 않다. 그래서 TNK처럼 세 개의 명사를 앞에 나오는 〈하스켈〉의 동격으로 보거나 NET처럼 방법을 뜻하는 부사적 대격으로 볼 수 있다. 이 세 단어는 잠언에서 자주 사용되며(〈체덱〉[9회], 〈미쉬팟〉[20회], 〈메샤림〉[5회]), 주로 함께 사용되며, 또한 의인화된 지혜와 관련되기도 한다(8:6, 8, 15-16, 20).[20] 또한 폭스가 제안하듯이 세 단어 모두 "개인이나 사회관계에 있어서 정직하고 공정한 덕목"을 가리킨다.[21] 따라서 잠언을 읽고 공부함으로써 얻을 수 있는 통찰력은 현실과 동떨어진 추상적인 개념이 아니라 사람이 살아가는 일상생활에서 필요한 공의, 정의, 정직이라는 구체적이고 사회적인 덕목이다.

3. 칠십인역: 3절의 마소라 본문이 두 개의 행으로 이루어져 있는 반면, 3절의 칠십인역은 세 개의 행으로 이루어져 있다. 이렇게 차이를 보이는 이유는 마소라 본문에서는 하나의 부정사(〈하스켈〉)만 사용되는 데 반해, 칠십인역에서는 세 개의 부정사(δέξασθαί[얻기 위해서], νοῆσαί[이해하기 위해서], κατευθύνειν[안내하기 위해서])가 사용되기 때문이다.

---

19 Fox, *Proverbs 1-9*, 59.

20 Yoder, *Proverbs*, 4.

21 Fox, *Proverbs 1-9*, 60.

3) 잠언 1장 4절

לָתֵת לִפְתָאיִם עָרְמָה לְנַעַר דַּעַת וּמִזִמָּה:

(개정) 어리석은 자를 슬기롭게 하며 젊은 자에게 지식과 근신함을 주기 위한 것이니

(새번역) 어수룩한 사람을 슬기롭게 하여 주며, 젊은이들에게 지식과 분별력을 갖게 하여 주는 것이니,

(공동) 어리석은 자를 슬기롭게 하고 철부지를 깨우쳐 뜻을 세우게 하려는 것이다.

(NRSV) to teach shrewdness to the simple, knowledge and prudence to the young—

(TNK) For endowing the simple with shrewdness, / The young with knowledge and foresight.

(사역) 미숙한 사람들에게 슬기를, 젊은이에게 지식과 명민함을 주기 위해서

1. 〈라텟〉(לָתֵת): '~을 주다'라는 뜻의 동사 〈나탄〉(נָתַן)의 칼 부정사 연계형에 전치사 〈레〉(לְ)가 접두된 형태이다.[22] 동사 어근의 첫 자리에 〈눈〉(נ)이 오는 동사(페-눈 동사)의 부정사 연계형의 경우 〈눈〉이 탈락되고 그 대신 보상으로 여성 어미 〈타브〉(ת)가 첨가된다. 그래서 〈라텟〉의 형태가 되었다.

2. 〈립타임〉(לִפְתָאיִם): '~에게'를 뜻하는 전치사 〈레〉(לְ)와 '단순한(simple)

---

22 *HALOT*, 733.

사람'을 뜻하는 남성 명사 〈페티〉(פֶּתִי)의 복수형 〈페타임〉(פְּתָאיִם) 이 결합된 형태이다.[23] 여기서 '단순하다'는 것은 순진하지만 속기 쉬운 성향을 가리킨다. 그래서 개역개정판이나 공동번역 개정판의 '어리석은 자'보다는 새번역의 '어수룩한 사람'이[24] 〈페티〉의 의미를 잘 반영한다.[25] 그런데 HALOT은 〈페티〉의 의미를 '(경험이 부족하고 쉽게 유혹되어서 훈계가 필요하고 배울 수 있는 능력이 있는) 젊은이'로 구체적으로 제시한다.[26] 따라서 〈페티〉는 지적 능력이 선천적으로 부족한 사람이 아니라 경험의 부족으로 '미숙한'(inexperienced) 사람, 특히 젊은이를 뜻한다.[27] 그런데 미숙한 사람은 반드시 부정적으로만 평가될 필요는 없으며 오히려 배울 수 있는 능력이 있고 개선의 여지가 있는 사람으로도 간주할 수 있다. 그러므로 미숙한 사람이 잠언을 공부하는 것이 필요하다. 이러한 의미는 4절 후반절에서 사용되는 〈나아르〉(נַעַר)와도 연결된다.

3. 〈오르마〉(עָרְמָה): '슬기'로 번역되는 〈오르마〉는 어떤 일을 실행에 옮기는 영리함을 가리키는데, 선한 결과를 낳기도 하고 악한 결과를 가져오기도 한다.[28] 폭스는 〈오르마〉를 "자신의 목적을 성취하기 위해

---

23 *BDB*, 834.

24 새번역의 각주에서는 〈페타임〉을 "도덕적 방향감각이 없어서 악으로 기울어질 수 있는 단순한 사람을 일컬음(22, 32절 참조)"으로 설명한다.

25 '어수룩하다'는 우리말은 "겉모습이나 언행이 치밀하지 못하여 순진하고 어설픈 데가 있다"라는 뜻을 지니고 있다. "어수룩하다," 『표준국어대사전』, https://stdict.korean. go.kr/search/searchView.do?word_no=460332&searchKeywordTo=3. (2023.7.1. 최종접속)

26 *HALOT*, 989.

27 Clifford, *Proverbs*, 35.

28 *HALOT*, 886.

서 궁리하고 재략을 사용하며 책략을 사용하는 능력"이라고 정의한
다.[29] 따라서 4절 전반절은 미숙한 젊은이에게 재략과 책략을 사용하
는 능력을 주어 슬기롭게 하라는 뜻이다.

4. 〈메짐마〉(מְזִמָּה): 〈메짐마〉는 '계획'이나 '책략'을 의미하지만, 지식을
뜻하는 〈다앗〉(דַּעַת)과 함께 사용될 때는 '분별력'이나 '신중함'을 가리
킨다.[30] 그러나 〈메짐마〉는 계획이나 책략을 고안해 내는 특별한 능
력을 가리키기 때문에 바로 앞의 〈오르마〉와 비슷한 의미를 전달한
다. 또한 〈메짐마〉는 긍정적으로 사용될 수도 있고(2:11; 5:2; 8:12)
부정적으로 사용될 수도 있다(12:2; 14:17; 24:8).[31] 다만, 폭스의 주장
처럼, 〈오르마〉와 〈메짐마〉 모두 도덕적으로 중립적인 의미의 단어
들이기 때문에 우리말로는 '근신함'이나 '분별력'보다는 '명민(明敏)
함'으로 이해하는 것이 더 바람직하다.

4) 잠언 1장 5절

יִשְׁמַע חָכָם וְיוֹסֶף לֶקַח וְנָבוֹן תַּחְבֻּלוֹת יִקְנֶה׃

(개정) 지혜 있는 자는 듣고 학식이 더할 것이요 명철한 자는 지략을 얻을
것이라
(새번역) 지혜 있는 사람은 이 가르침을 듣고 학식을 더할 것이요, 명철한
사람은 지혜를 더 얻게 될 것이다.

---

29 Fox, *Proverbs 1-9*, 35.
30 *HALOT*, 566.
31 Fox, *Proverbs 1-9*, 34, 61.

(공동) 지혜로운 사람은 이 가르침을 들어 학식이 더해지고 슬기로운 사람은 남을 이끌 힘을 얻어

(NRSV) Let the wise also hear and gain in learning, and the discerning acquire skill,

(TNK) —The wise man, hearing them, will gain more wisdom; The discerning man will learn to be adroit;

(NJB) Let the wise listen and learn yet more, and a person of discernment will acquire the art of guidance.

(사역) 지혜로운 사람을 경청하게 하고 학식을 더하게 하고 명철한 사람으로 하여금 지도력의 기술을 얻게 하라.

1. 2절부터 4절까지에서 전치사 〈레〉(לְ)와 결합된 부정사 연계형이 사용되면서 잠언을 읽고 배우는 목적에 대해 상세하게 기술하는데, 5절에서는 부정사 연계형이 사용되지 않고 정동사가 사용되면서 그 흐름이 끊긴다. 마치 2-4절과 6절이 원래 부정사 연계형이 연속으로 사용되며 하나의 단락을 형성하고 있었는데 후대에 편집자가 5절을 삽입한 것처럼 보인다. 그러나 문장의 형식은 다를지라도 5절 역시 잠언을 읽는 독자를 위한 목적과 유익을 기술하고 있으므로 반드시 후대의 삽입으로 볼 필요는 없다.[32]

2. 〈이쉬마〉(יִשְׁמַע): '듣다'를 뜻하는 동사 〈샤마〉(שָׁמַע)의 칼 미완료 3인칭 남성 단수 형태이지만, 그 의미는 지시법(jussive)으로 보는 것이 문맥상 자연스럽다.[33] 또한 뒤에 나오는 동사 〈요셉〉(יוֹסֶף) 역시 지시

---

32 Murphy, *Proverbs*, xxxiv.

법의 형태이기 때문에 더욱 그렇다. 머피가 주장하듯이 〈샤마〉는 구약성경의 지혜문학에서 자주 사용되는 단어 중 하나로서 적극적인 경청과 순종을 뜻한다.[34] 지혜로운 사람이 들으려고 하지 않는다면 그는 자기 눈에만 지혜로운 혹은 스스로 지혜로운 자가 될 텐데, 이는 잠언에서 미련한 자보다도 못한 사람으로 평가된다(26:12). 지혜로운 사람은 자신을 바로잡는 데 열린 마음을 갖고 있는 사람이다 (12:15; 15:5).

3. 〈요셉〉(וֹיֹסֶף): '더하다'를 뜻하는 동사 〈야삽〉(יָסַף)의 히필 지시법 3인칭 남성 단수 형태이다.[35] 만약 〈요십〉(יוֹסִיף)의 형태였다면 히필 미완료이지만, 둘째 음절에서 세골 모음을 취하고 있기 때문에 히필 지시법이다.[36]

4. 〈레카흐〉(לֶקַח): '가르침', '통찰력', '지식'을 뜻한다.[37] 우리말 성경(개역개정판, 새번역, 공동번역 개정판)에서는 "배워서 얻는 지식"의 의미에서 '학식'으로 번역되었다. 그런데 〈레카흐〉는 지식 자체를 가리키보다는 본래 '말로 하는 가르침'을 가리키면서 달변이나 설득력의 의미를 내포하고 있다. 따라서 지혜로운 사람에게 〈레카흐〉를 더하게 한다는 것은 가르치는 데 필요한 수사적 기술을 향상하게 한다는 뜻이다.[38]

5. 〈타흐불롯〉(תַּחְבֻּלוֹת): 이 단어는 본래 조타수의 기술과 관련되어 '배의

---

33 *HALOT*, 1570–1571.

34 Murphy, *Proverbs*, 4.

35 *HALOT*, 418.

36 Gesenius, *Gesenius' Hebrew Grammar*, §69v.

37 *HALOT*, 535.

38 Fox, *Proverbs 1-9*, 62–63.

키를 잡고 조종하는 것'(the art of steering a boat)을 가리키므로 조언
과 지시로 사람들을 이끄는 '지도력의 기술'(art of leadership)이라고
할 수 있다.[39] 공동번역 개정판("남을 이끌 힘")과 NJB("the art of
guidance")는 이러한 점을 반영한다.

5) 잠언 1장 6절

לְהָבִין מָשָׁל וּמְלִיצָה דִּבְרֵי חֲכָמִים וְחִידֹתָם:

(개정) 잠언과 비유와 지혜 있는 자의 말과 그 오묘한 말을 깨달으리라
(새번역) 잠언과 비유와 지혜 있는 사람의 말과 그 심오한 뜻을 깨달아
알 수 있을 것이다.
(공동) 잠언의 깊은 뜻을 풀이해 주고 현자의 말이 품은 뜻을 깨우쳐 준다.
(NRSV) to understand a proverb and a figure, the words of the wise
and their riddles.
(TNK) For understanding proverb and epigram,/ The words of the
wise and their riddles.
(사역) 잠언과 경구와 지혜로운 사람들의 말들과 그들의 수수께끼를 이해
하게 하려고

1. 〈레하빈〉 (לְהָבִין): 앞의 5절에서 단절되었던 전치사 〈레〉 (לְ)와 부정사
   연계형이 다시 등장한다. 〈레하빈〉은 '이해하다'를 뜻하는 동사

---

39 *HALOT*, 1716.

〈빈〉(בִּין)의 히필 부정사 연계형이다.[40] 앞서 2절에서도 같은 형태가 사용되었다.

2. 〈멜리차〉(מְלִיצָה): 이 단어는 마소라 본문 중 이곳과 하박국 2장 6절에서만 사용되었다. 〈멜리차〉는 BDB에서 '풍자'(satire)나 '조롱시'(mocking poem)로 정의된다.[41] 반면, HALOT은 〈마샬〉(מָשָׁל)과 평행한다는 점을 고려하여 〈멜리차〉를 '암시하는 표현'(allusive expression)이나 '잠언'(proverb)으로 정의한다.[42] 〈마샬〉과 〈멜리차〉의 차이에 대해서 폭스는 〈멜리차〉가 기교가 뛰어난 경구를 가리키고 〈마샬〉은 이것과 더불어 민간에서 유래된 잠언도 가리킨다고 주장한다.[43]

3. 〈디브레 하카밈〉(דִּבְרֵי חֲכָמִים): '지혜로운 사람들의 말들'로 번역할 수 있다. 여기서 지혜로운 사람들은 성공적인 삶을 위한 기술을 소유하고 있는 사람들을 가리킨다. 그런데 〈디브레 하카밈〉이 22장 17절과 24장 23절에서는 표제로 사용되면서 각각의 단락을 기록하거나 편집한 사람, 또는 가르침을 전해준 사람을 가리킨다. 따라서 〈하카밈〉은 잠언과 같은 지혜문학을 기록한 사람들을 가리키는 용어로 사용되었다.[44]

4. 〈히도탐〉(חִידֹתָם): '수수께끼'를 뜻하는 명사 〈히다〉(חִידָה)의 여성 복수 연계형에 3인칭 남성 복수 접미사가 붙은 형태이다.[45] 여기서 접미사

---

40 위의 책, 122.

41 *BDB*, 539.

42 *HALOT*, 590.

43 Fox, *Proverbs 1-9*, 64.

44 위의 책.

45 *HALOT*, 309.

가 가리키는 '그들'은 바로 앞에 나와 있는 〈하카밈〉을 가리킨다. 잠언을 공부하는 목적에서 이 단어가 사용된 것은 수수께끼를 풀려면 잠언 공부를 통해 얻게 되는 해석 능력과 기술이 필요하다는 점을 알려 주기 위해서이다.[46]

6) 잠언 1장 7절

יִרְאַת יְהוָה רֵאשִׁית דָּעַת חָכְמָה וּמוּסָר אֱוִילִים בָּזוּ׃

(LXX) ἀρχὴ σοφίας φόβος θεοῦ σύνεσις δὲ ἀγαθὴ πᾶσι τοῖς ποιοῦσιν αὐτήν εὐσέβεια δὲ εἰς θεὸν ἀρχὴ αἰσθήσεως σοφίαν δὲ καὶ παιδείαν ἀσεβεῖς ἐξουθενήσουσιν

(지혜의 시작은 하나님을 경외하는 것이고, 명철은 그것을 행하는 자들 모두에게 좋다. 그리고 하나님께 대한 경건은 분별의 시작이다. 그러나 불경건한 자들은 지혜와 훈계를 멸시한다.)

(개정) 여호와를 경외하는 것이 지식의 근본이거늘 미련한 자는 지혜와 훈계를 멸시하느니라

(새번역) 주님을 경외하는 것이 지식의 근본이어늘, 어리석은 사람은 지혜와 훈계를 멸시한다.

(공동) 야훼를 두려워하여 섬기는 것이 지식의 근본이다. 어리석은 자는 교육을 받아 지혜로워지는 것을 멸시한다.

(NRSV) The fear of the LORD is the beginning of knowledge; fools de-

---

46 위의 책, 64-65.

spise wisdom and instruction.

(TNK) The fear of the LORD is **the beginning** of knowledge;/ Fools despise wisdom and discipline.

(사역) 주님을 경외하는 것이 지식의 시작이다. 어리석은 사람들은 지혜와 훈계를 멸시한다.

1. 〈이르앗〉 (יִרְאַת): '두려워하다'를 뜻하는 동사 〈야레〉 (יָרֵא)에서 파생된 여성 명사로 기본적으로 '두려움'을 뜻한다.[47] 〈이르앗〉의 기본형은 〈이르아〉 (יִרְאָה)이며 여기에서 사용된 〈이르앗〉은 연계형이고 뒤에 나오는 〈아도나이〉 (יְהוָה)와 연결된다. 〈이르앗〉과 〈아도나이〉는 목적격 속격으로 연결되어 〈아도나이〉가 〈이르앗〉의 목적어 역할을 한다.[48] 따라서 〈이르앗 아도나이〉는 "주님을 두려워하는 것"으로 해석된다.

2. 〈레쉿〉 (רֵאשִׁית): 이 단어는 '머리'를 뜻하는 〈로쉬〉 (רֹאשׁ)에 접미사가 붙은 형태이다.[49] 〈레쉿〉은 대체로 세 가지로 해석된다. 첫째, 시간 순서상 처음을 의미하는 '시작'을 의미한다(창 10:10; 렘 26:1).[50] 둘째, '본질'이나 '요약'을 뜻한다.[51] 셋째, 질적인 면이나 중요성에 있어서 '최고'를 뜻한다(렘 2:3; 암 6:6).[52] 칠십인역에서는 시간 순서상의 시작을 뜻하는 〈아르케〉 (ἀρχή)로 번역되었고, 알렉산드리아 사본에

---

47 위의 책, 433-434.
48 Waltke and O'Connor, *An Introduction to Biblical Hebrew Syntax*, 146.
49 *HALOT*, 1169–1170.
50 위의 책.
51 위의 책.
52 Fox, *Proverbs 1-9*, 67; Yoder, *Proverbs*, 8.

서는 '최고'를 뜻하는 〈아레테〉(ἀρετή)로 번역되었다. 개역개정판이나 공동번역 개정판에서 '근본'으로 번역되었는데, 주님을 경외하는 것이 지식을 위한 전제 조건이나 토대를 의미한다는 점에서 첫째 의미인 시작과 출발점에 가깝다. 폭스 역시 〈레쉿〉은 시간 순서상 처음을 의미하는 '시작'으로 간주해야 한다고 주장하는데, 왜냐하면 주님을 경외하는 것은 지혜를 구성하는 부분이 아니기 때문이라고 한다.[53] 부연하면, 주님을 경외하는 것은 지혜를 구성하는 여러 덕목이나 조건 중 제일 중요한 부분이 아니라 지혜를 얻는 여정에 있어서 출발점이다. 주님을 경외하지 않는다면 결코 지혜를 얻을 수 없다.

3. 〈에빌림〉(אֱוִילִים): 〈에빌〉(אֱוִיל)의 남성 복수형이다. 〈에빌〉은 사전적으로 '어리석은 사람'이나 '바보'를 뜻하며 어리석고 둔한 속성을 가리키는 '미련한 자'(개역개정판)와 의미가 연결된다.[54] 그런데 〈에빌〉은 지적 능력이 부족한 상태를 가리키기보다는 도덕적으로 정도(正道)에서 벗어난 상태를 뜻한다. 따라서 〈에빌〉은 어떤 면에 있어서는 영리하고 숙련되어 있지만 비뚤어진 가치관을 가지고 있어서 선을 선택하고 악을 거부하는 능력이 부족하여 어리석은 사람을 가리킨다.

7) 해설

잠언의 서론은 책의 기원, 책을 통해서 지혜를 추구하는 본질과 목적에 대해 상세하게 진술한다. 잠언은 구약성경의 다른 책들과

---

53 Fox, *Proverbs 1-9*, 67.
54 *HALOT*, 21.

달리 그 책의 목적을 분명하게 진술한다는 점에서 독특하다. 따라서 잠언의 서론은 첫째 단락인 1-9장의 서론 역할을 할 뿐만 아니라 잠언 전체의 서론 역할을 한다. 또한 잠언의 서론은 책을 읽는 독자를 두 계층으로 나누어 설명한다. 첫째 독자층은 "어리석은 자"와 "젊은 자"(4절)이다. 잠언에서 어리석은 자와 젊은 자는 사리를 분별하는 능력이 부족하지만 교훈과 학습에 열려 있는 사람을 뜻한다. 둘째 독자층은 "지혜 있는 자"와 "명철한 자"(5절)이다. 이들은 첫째 독자와 달리 사리를 분별하는 능력은 있지만 잠언을 통해서 가지고 있는 학식과 지략을 발전시킬 수 있는 사람이다.

7절은 2절부터 6절까지 언급된, 잠언을 공부하는 목적으로 이루어진 서문의 절정인 동시에 잠언 전체의 주제이기도 하다. "주님을 경외하는 것"이라는 표현은 잠언에서 14회 사용된다(1:7; 2:5; 8:13; 9:10; 10:27; 14:2, 26-27; 15:16, 33; 16:6; 19:23; 22:4; 23:17). 경외(敬畏)는 기본적으로 하나님에 대한 존경과 두려움을 내포하고 있다. 하나님에 대한 두려움은 하나님의 말씀을 지키지 않았을 때 받게 될 결과나 징계에 대한 걱정과 염려이다. 또한 하나님에 대한 존경은 하나님을 창조주와 모든 지혜의 근원으로 인정하고 고백하는 태도를 가리킨다. "주님을 경외하는 것이 지식의 근본"이라는 말씀에서 '근본'은 시작, 본질, 가장 중요한 부분을 뜻한다. 이를 종합해 보면 주님을 경외하는 것이 지혜의 시작이요 본질이며 제일 중요한 부분이라는 점이다. 따라서 지혜를 얻고자 공부하는 사람은 자신의 지식과 기술을 발전시키기에 앞서 지혜가 하나님으로부터 비롯된다는 사실과 더불어 하나님을 아는 지식이 궁극적인 지혜라는 점을 먼저 깨달아야 한다.

잠언 1장 7절에 비추어 볼 때 잠언에서 언급되는 '어리석은 사람'은 지식이 부족한 사람이 아니라, 하나님을 경외하는 것이 근본인 지혜를 멸시하고 하나님 말씀의 훈계 받기를 거절하며 하나님께서 창조하신 질서에서 벗어나 제멋대로 살려고 하는 사람이다.

4. 설교를 위한 적용점

1) 지혜를 찾는 여행의 시작

잠언을 읽고 연구하는 행위를 지혜를 찾아가는 여행으로 비유한다면, 잠언 1장 2절부터 7절까지의 머리말은 이 여행이 어디에서부터 시작해서 어디에서 끝나는지를 알려준다. 우리가 운동을 배울 때 바로 실전에 들어가지 않고 먼저 기초나 기본자세를 배우듯, 마찬가지로 잠언을 읽고 지혜를 얻기 위해서 기초, 즉 출발점이 필요하다. 잠언 1장 7절("여호와를 경외하는 것이 지식의 근본이거늘 미련한 자는 지혜와 훈계를 멸시하느니라")이 바로 지혜가 시작되는 출발점이다. 잠언 1장 7절에 '시작'이나 '출발점'이라는 단어가 나오지 않는데 지혜가 어디에서 시작되는지 궁금할 수 있다. 잠언 1장 7절에서 '근본'으로 번역된 <레쉿>은 '출발점, 시작점, 처음'을 뜻한다. 그런데 <레쉿>은 원래 머리를 뜻하는 <로쉬>에서 유래하여 처음이나 출발점을 의미한다. 따라서 잠언 1장 7절 전반절은 '주님을 경외하는 것이 지식의 시작이고 기초이다'라고 이해할 수 있다. 그러므로 하나님을 경외하지 않는다면 아무리 지식이나 기술, 분별력이 있어도 그 사람은 결코 지혜로운 사람이 아니다. 반면에 지식이나 기술,

분별력이 부족해도 하나님을 경외한다면 지혜로운 사람이라고 하나님께 평가받을 수 있는 최소한의 자격을 갖춘 것이다.

2) 경외

'경외'는 공경할 '경'(敬)과 두려워할 '외'(畏)가 합쳐진 단어로 누군가를 공경하면서 두려워한다는 뜻이다. 즉, 공경한다는 것은 누군가를 존경하고 잘 모시는 것이고, 두려워한다는 것은 그 대상을 무서워한다는 뜻이다. 따라서 하나님을 경외한다는 것은 하나님을 공경하면서도 두려워한다는 의미다. 그렇다면 잠언 1장 7절은 왜 하나님을 사랑하라고 하거나 하나님의 말씀에 순종하라고 하지 않고 하나님을 경외, 즉 공경하면서도 두려워하라고 하는가? 부모가 잘못한 아이를 혼내듯이 하나님께서도 우리가 잘못된 일을 하고 그릇된 길로 갈 때 우리를 책망하신다. 하나님께서 우리의 잘못을 좌시하지 않으시고 책망하신다는 사실을 분명히 기억하고 있을 때 우리는 하나님을 두려워하여 잘못된 일을 하지 않을 수 있다. 따라서 잠언 1장 7절의 "주님을 경외하는 것"은 우리의 잘못을 책망하시는 하나님을 두려워하라는 뜻이다. 그러나 하나님을 두려워하는 것은 공포나 무서움과는 질적으로 다르다. 하나님을 두려워해야 하는 이유에는 창조주이신 하나님과 피조물인 인간이 맺는 친밀한 관계가 포함되어야 한다. 우리가 잘못된 길로 갈 때 하나님께서 우리를 책망하시고 때로는 고난과 재앙을 우리에게 허락하시는 이유는 우리가 잘못을 깨닫고 하나님께로 돌아오기를 원하시기 때문이다. 하나님은 우리를 사랑하시기 때문에 우리를 멸망의 길이 아닌 생명의 길로 인도하신다. 잠언 19장 23절이 이러한 의미를 전달한다. "여호와를 경외하는 것은 사람으로 생명에 이르게 하는 것이라 경외하는 자는 족하게 지내고 재앙을 당하지 아니하느니라."

3) 끝과 목적

그렇다면 잠언을 통해 지혜를 찾아 떠나는 여행의 끝, 즉 목적지는 어디인가? 어느 수준에 도달해야 지혜롭다는 평가를 받을 수 있는가? 잠언 1장 2절부터 4절이 이 질문에 관한 답을 제시한다. 2절은 '이는'으로 시작하고 4절 마지막에 '위한 것이니'로 끝나면서 잠언을 읽는 세 가지 목적을 알려준다.

잠언을 읽고 배워야 하는 첫째 목적은 지혜를 알고 말씀을 깨닫기 위해서다. 2절("이는 지혜와 훈계를 알게 하며 명철의 말씀을 깨닫게 하며")과 같이 잠언을 읽고 배우는 목적은 지혜와 훈계가 무엇인지, 명철의 말씀은 어떤 것인지를 깨닫기 위해서다. 지혜, 훈계, 명철 모두 비슷한 뜻을 갖고 있다. 여기서 지혜를 알고 깨닫는 것은 책을 보면서 알게 되는 이론적이고 추상적인 지식만을 뜻하지 않는다. 잠언을 읽고 그 가운데 있는 지혜와 훈계를 알고 명철의 말씀을 깨달으려면, 실제 생활에서 그것을 적용해 보는 경험을 통해 알아가야 한다는 뜻이다. 잠언을 읽기만 하고 그것을 실제 삶에서 실천하고 적용하는 노력을 하지 않으면 지혜를 알고 깨닫기 어렵다. 그러므로 잠언이 말하는 지혜는 실제적이고 경험적이다.

잠언을 읽고 배워야 하는 둘째 목적은 지혜롭게 행동할 수 있도록 훈련받기 위해서다. 3절("지혜롭게, 공의롭게, 정의롭게, 정직하게 행할 일에 대하여 훈계를 받게 하며")에서의 '훈계'는 기본적으로 타일러서 잘못이 없도록 주의를 주는 것을 뜻한다. 그런데 훈계는 훈련이나 훈육도 뜻하기 때문에 잠언을 배우는 또 다른 목적을 훈련받기 위해서라고 이해할 수 있다. 지혜가 부족한 우리가 지혜를 얻기 위해서는 계속해서 훈련받아야 한다. 지혜롭게, 공의롭게, 정의롭게, 정직하게 행할 일, 즉 우리가 하나님께서 창조하신 이 세상에서 하나님의 자녀답게 공의롭게, 정의롭게, 정직하게 사는 법을 훈련받는 것은 잠언을 읽고 공부함으로써 가능하다. 잠언은 우리가 공의롭게, 정의롭게, 정직하게 행동하고 살려면 꾸준히 스스로를 훈련해야 한다고 강조한다.

잠언을 읽고 배워야 하는 셋째 목적은 어리석은 사람이 슬기롭게 되고 젊은 자는 지식과 분별력을 얻기 위해서다. 4절("어리석은 자를 슬기롭게 하며 젊은 자에게 지식과 근신함을 주기 위한 것이니")에서 어리석은 자는 지적 능력이 떨어지는 사람이 아니라 뒤에 나오는 젊은 자와 같은 부류에 속한다. 젊은 사람은 경험이 부족해서 미숙하여 실수한다. 어리석은 사람과 젊은 사람이 잠언을 읽고 배우면 슬기롭게, 분별력 있게 행동하는 훈련을 받는다. 그런데 어리석은 사람이나 젊은 사람과 달리 오랫동안 잠언을 비롯한 성경을 읽고 묵상하며 삶에서 실천하는 사람들도 있다. 이런 사람들은 4절만 읽고 잠언은 자신들에게는 필요 없는 책으로 오해할 수도 있다. 그러나 잠언은 5절("지혜 있는 자는 듣고 학식이 더할 것이요 명철한 자는 지략을 얻을 것이라")에서 말하듯 소위 지혜 있는 사람과 명철한 사람을 위해서도 필요한 책이다. 지혜 있는 사람과 명철한 사람이 잠언을 읽고 공부하면 이미 가지고 있는 학식이 더 깊어지고 지략도 얻는다. 결국 잠언은

지혜가 부족하고 미숙한 사람이나 이미 지혜가 있는 자, 모두에게
필요한 말씀이다.

제3장

"감추어진 보배를 찾는 것 같이"

(잠 1:8-19; 2:1-7:27)

1. 잠언 1-9장의 구조

잠언의 첫째 단락은 1장 1절부터 9장 18절까지로 구성된다. 1장 1절의 "솔로몬의 잠언"이라는 표현은 잠언 전체의 제목이기도 하지만 첫째 단락의 표제이기도 하다. 또한 다음 표제인 "솔로몬의 잠언"이라는 표현이 10장 1절에 나오기 때문에 1장 1절부터 시작된 첫째 단락은 9장 18절에서 마무리된다. 1장 1-7절은 1-9장의 서론뿐만 아니라 잠언 전체의 서론 역할을 하고 있기에 독립적인 위치를 차지한다. 또한 1장 20-33절, 3장 13-20절, 8장 1-36절, 9장 1-18절은 지혜를 인격을 지닌 사람으로 묘사한다는 점에서 1-9장 안에서도 독특한 위치를 차지하며 지혜시 혹은 지혜 연설로 불리고, 6장 1-19절은 지혜를 인격화하지는 않지만 나머지 부분과 다르기에 부록으로 따로 분류된다.[1] 따라서 나머지 1장 8-19절과 2장 1절부터 7장 27절을 한 부분으로 묶을 수 있다. 그리고 이 부분은 다시 열 개의 지혜에 관한 강의로 구성된다.[2]

이러한 1-9장의 구조는 다음과 같다.

서론 (1:1-7)
지혜 강의 1 (1:8-19): "악한 자가 너를 꾈지라도 따르지 말라"

---

1 Fox, *Proverbs 1-9*, 47; Clifford, *Proverbs*, 1-2.
2 폭스는 열 개의 단락을 '교훈'(instructions)이나 '담론'(discourses)보다는 '강의'(lectures)로 간주해야 한다고 주장한다. 왜냐하면 열 개의 단락에서 아버지는 도덕적 행동이라는 특정 주제에 대해 가르치고 있기 때문이라고 한다. 폭스는 또한 교훈을 지혜문학에서 발견되는 조금 더 폭넓은 장르로 생각해야 한다고 주장한다. Fox, *Proverbs 1-9*, 45. 필자는 폭스의 의견에 동의하며 '강의'라는 용어를 사용한다.

지혜시 1 (1:20-33): "나의 책망을 듣고 돌이키라"

지혜 강의 2 (2:1-22): "감추어진 보배를 찾는 것 같이 그것을 찾으면"

지혜 강의 3 (3:1-12): "여호와를 신뢰하고"

지혜시 2 (3:13-20): "지혜를 가진 자는 복되도다"

지혜 강의 4 (3:21-35): "완전한 지혜와 근신을 지키고"

지혜 강의 5 (4:1-9): "아버지가 내게 가르쳐 이르기를"

지혜 강의 6 (4:10-19): "지혜로운 길, 정직한 길"

지혜 강의 7 (4:20-27): "좌로나 우로나 치우치지 말고"

지혜 강의 8 (5:1-23): "젊어서 취한 아내를 즐거워하라"

부록시 (6:1-19): "지혜를 얻으라"

지혜 강의 9 (6:20-35): "여인과 간음하는 자는 무지한 자라"

지혜 강의 10 (7:1-27): "음녀의 길로 치우치지 말며"

지혜시 3 (8:1-36): "나를 얻는 자는 생명을 얻고"

지혜시 4 (9:1-18): "나 지혜로 말미암아 네 날이 많아질 것이요"

이렇게 열 개의 지혜 강의, 네 개의 지혜시, 한 개의 부록시로 구성된 잠언 1-9장은 그 구조상 한 명의 저자가 아니라 여러 시대를 거쳐 기록되고 편집되었을 것이라는 점을 암시한다. 학자들은 잠언 1-9장이 여러 단계의 편집을 통해 오늘날의 형태를 갖추게 되었다고 추측하면서도 그 안에서 어느 정도의 짜임새가 발견된다고 주장한다. 예를 들면, 폭스는 잠언 1-9장이 다음과 같은 단계를 거쳐서 최종 형태의 본문을 취하게 되었다고 주장한다.[3] 먼저 한 명의

---

3 위의 책, 323.

저자가 서론(1:1-7)과 열 개의 지혜 강의를 잠언 10-29장의 서론 격으로 기록했다. 다음으로 각기 다른 저자들이 기록한 다섯 개의 시(네 개의 지혜시, 한 개의 부록시)를 각각 다른 시대에 열 개의 지혜 강의에 첨가했고, 그 후 서기관들이 필사하는 과정에서 몇 개의 절(3:3a; 4:27a, 27b; 6:8a-8c, 11a; 8:13a, 19; 9:7-10, 12)을 삽입했다. 마지 막으로 칠십인역에서 몇 개의 구절이 더 첨가되었다(3:16a, 22a; 7:1a; 8:21a; 9:10a, 12a-12c, 18a-d).[4]

2. 지혜 강의의 특징

요더가 지적하는 바와 같이 잠언 1-9장에 있는 열 개의 지혜 강의는 기본적으로 도시(1:8, 20-21; 6:20; 7:6-12; 8:1-3; 9:1-3, 14-15)에 있는 한 가정에서 부모가 성년에 접어든 아들(들)에게 주는 교훈의 형식을 취한다.[5] 가정이 우리의 인격이 형성되는 기본적인 환경이라 는 점에서 열 개의 지혜 강의에 담겨 있는 많은 교훈은 단순히 한 가정이 아니라 잠언을 읽는 독자들과 이들의 가정, 공동체까지 폭넓게 적용된다. 대부분의 지혜 강의에서 아버지는 자신이 주는 교훈에 아들(들)이 경청하고 순종할 것을 강조한다(1:8; 2:1, 2; 3:3, 21; 4:4, 21; 5:1, 7; 7:1, 2, 3, 24). 이렇게 아버지가 아들에게 경청할 것을 강조하는 교훈이 반복되면서 가정에서 부모의 권위와 책임이 자녀를 말씀을 경청하고 순종하는, 즉 지혜로운 사람으로 양육하는

---

4 위의 책.
5 Yoder, *Proverbs*, 10.

데 있음을 알 수 있다. 한편, 왈트키가 주장했듯이 성년에 접어든 자녀는 두 가지 길(1:10-19; 4:14-19), 즉 선과 악, 지혜와 어리석음이라는 갈림길에서 선택해야 한다.[6] 부모는 자녀에게 하나님께서 창조하신 질서를 발견하고 그 순리대로 사는 것이 곧 지혜이며, 그 지혜를 얻은 삶에는 하나님께서 주시는 복이 있지만 그 지혜를 거부한 삶은 곧 멸망에 이르게 된다는 점을 강조한다.

폭스가 제안한 것처럼 열 개의 지혜 강의는 도입부, 가르침, 결론의 세 부분으로 구성된다.[7] 첫째, 도입부는 "내 아들아!"와 같은 호칭, 경청하고 부모의 가르침을 기억하라는 권면, 부모의 가르침의 가치와 탁월함을 뒷받침하는 동기 부여로 이루어진다. 둘째, 가르침은 강의의 본론으로 각 강의의 주제를 전달한다. 셋째, 결론은 가르침의 내용을 요약하는 문장이나 경구(警句, apothegm)로 구성된다.[8] 열 개의 지혜 강의가 모두 도입부, 가르침, 결론의 형식을 갖추면서 통일성을 나타낸다. 또한 세부적인 내용은 다르지만, 전체적인 주제는 젊은이들이 성년기 때 만날 수 있는 유혹을 어떻게 물리칠 수 있는지에 대한 것이며,[9] 그에 대한 해법으로 지혜를 얻으라고 권면한다.

이제 열 개의 지혜 강의 중 둘째 강의인 잠언 2장 1-22절을 히브리어 본문으로 읽되 도입부, 가르침, 결론 중 중요한 문장을

---

6 Waltke, *Proverbs 1-15*, 182.

7 폭스에 따르면, 잠언 1-9장의 강의는 고전 헬라어 수사학과도 유사하다. 고전 헬라어 수사학에서 "연설(*oration*)은 서론(*exordium*), 주제(*propositio*), 결론(*peroratio*)"으로 구성된다. Fox, *Proverbs 1-9*, 45.

8 위의 책.

9 위의 책, 324.

선택하여 집중적으로 살펴보고자 한다.

3. 지혜 강의2(잠 2:1-22)

1) 도입부(잠 2:1-11)

(1) "감추어진 보배를 찾는 것 같이"(잠 2:1-4)

지혜 강의2(2:1-22)의 도입부는 열한 절로 이루어져 있어서 다른 지혜 강의의 도입부와 비교할 때 비교적 길다. 예를 들면 지혜 강의1(1:8-19)의 도입부는 두 절(8-9절)로 구성된다. 지혜 강의2의 도입부(1-11절)는 다시 1-4절과 5-11절의 두 부분으로 나뉜다. 도입부 처음에 "나의 아들아"(1절)라는 호칭이 사용되고 아버지가 전하는 말, 계명, 지혜, 명철, 지식을 경청하라는 권유로 시작한다. 특히 2절에서 아버지는 지혜와 명철을 얻으려면 귀와 마음이 필요하다고 역설한다. 또한 4절에서 아버지는 "감추어진 보배"를 찾듯이 지혜를 찾으라고 아들에게 권면한다. 즉 지혜를 얻기 위해서는 노력이 필요하지만 그 노력만 있다면 누구나 찾을 수 있다고 동기를 부여한다.

〈1절〉

בְּנִי אִם־תִּקַּח אֲמָרָי וּמִצְוֹתַי תִּצְפֹּן אִתָּךְ׃

(개정) 내 아들아 네가 만일 나의 말을 받으며 나의 계명을 네게 간직하며
(새번역) 아이들아, 내 말을 받아들이고, 내 명령을 마음 속 깊이 간직하여라.

(공동) 아들아, 내 말을 받아들이고 내 훈계를 간직하여라.

(NRSV) My child, if you accept my words and treasure up my commandments within you,

(TNK) My son, if you accept my words/ And treasure up my commandments;

(사역) 나의 아들아! 네가 만일 나의 말들을 받아들이고 나의 명령들을 네 안에 잘 간직하면

1. 〈베니〉(בְּנִי): '아들'을 뜻하는 명사 〈벤〉(בֵּן)에 1인칭 공성 단수 대명접미사가 붙어서 '나의 아들'을 의미한다.[10] "나의 아들아!"라는 호칭을 사용하면서 지금 강의하며 가르침을 주는 주체가 아들의 아버지 혹은 어머니라는 점을 알려준다(비교. 잠 1:8, "내 아들아 네 아비의 훈계를 들으며 네 어미의 법을 떠나지 말라"). 따라서 한 가정에서 부모가 자녀를 향해 갖는 교사로서의 권위가 강조된다. 한편, 새번역은 "아이들아"라고 번역하고 각주에 '스승이 제자를 부르는 말'이라고 달아 놓아서 이것이 꼭 한 가정에서 부모가 자녀에게 가르치는 상황으로 보지 않고 더 넓게 교육의 현장에서 교사가 제자를 부르는 상황으로 가정한다.

2. 〈미츠오타이〉(מִצְוֹתַי): '명령'을 뜻하는 명사 〈미츠봐〉(מִצְוָה)에 1인칭 공성 단수 대명접미사가 붙어서 '나의 명령들'을 의미한다.[11] 이 단어는 구약성경에서 대개 하나님의 율법과 계명을 가리키지만 여기서는

---

10 *HALOT*, 574.
11 위의 책, 622.

잠언 1-9장에 있는 열 개의 지혜 강의의 공통된 주제, 즉 하나님을 경외하고 유혹자들로부터 자신을 보호하는 것에 대한 가르침을 뜻한다.[12] 그리고 〈미츠오타이〉(מִצְוֹתַי)는 바로 앞의, '말들'을 뜻하는 〈아마라이〉(אֲמָרַי)와 평행하며 가르침으로서의 권위를 더욱 인정하는 역할을 한다(3:1; 4:4; 6:20; 7:1-2).[13]

〈2절〉

לְהַקְשִׁיב לַחָכְמָה אָזְנֶךָ תַּטֶּה לִבְּךָ לַתְּבוּנָה:

(개정) 네 귀를 지혜에 기울이며 네 마음을 명철에 두며

(새번역) 지혜로운 말에 귀를 기울이고 바른 판단에 마음을 두어라.

(공동) 지혜로운 말에 귀를 기울이고 바른 판단에 마음을 두어라.

(NRSV) making your ear attentive to wisdom and inclining your heart to understanding;

(TNK) If you make your ear attentive to wisdom/ And your mind open to discernment;

(사역) 즉, 지혜에 네 귀를 기울이게 하면, 명철에 네 마음을 쏟으면,

1. 〈레학쉽〉(לְהַקְשִׁיב): '듣다'를 뜻하는 동사 〈카샵〉(קָשַׁב)의 히필 부정사 연계형에 전치사 〈레〉(לְ)가 접두된 형태이다.[14] 1장 2-6절에서 반복적으로 사용된 부정사 연계형은 전치사 〈레〉와 결합하여 주로 목적

---

12 Fox, *Proverbs 1-9*, 107.

13 Yoder, *Proverbs*, 24.

14 *HALOT*, 1151.

을 나타냈다. 그러나 여기서 부정사 연계형 〈레학쉽〉은 '동기'(mo-
tives)나 '부대 상황'(attendant circumstances)을 기술하는 동명사로
사용된다.[15] 그래서 조건을 나타내는 1절의 접속사 〈임〉(אם)과 연결
되는 것과 더불어 1절 동사들의 상황을 더욱 자세하게 설명한다. 한
편, 〈레학쉽〉은 적극적인 경청과 더불어 명령에 대한 실천까지도 요
구한다.[16]

2. 〈탓테〉(תַּטֶּה): '뻗다' 혹은 '마음을 기울게 하다'를 뜻하는 동사 〈나
타〉(נָטָה)의 히필 미완료 2인칭 남성 단수형이다.[17] 그래서 NRSV는
〈나타〉를 'inclining'으로 번역하여 "네 마음을 기울이게 하라"(in-
clining your heart to understanding)로 그 의미를 제안한다. 그런데
HALOT이 제시하는 바와 같이 여기에서 〈탓테〉는 '움직이다'(to
guide)나 '마음을 쏟다'(to direct)로 이해할 수 있다.[18]

3. 〈립베카〉(לִבֶּךָ): '마음'을 뜻하는 명사 〈레브〉(לֵב)에 2인칭 남성 단수
대명접미사가 붙은 형태다.[19] 〈레브〉는 우리말로 '마음' 혹은 '심장'으
로 옮길 수 있는데, 감정과 더불어 생각과 이해를 담당하는 기관으로
이해된다(잠 3:1; 16:1; 18:15).[20] 따라서 마음을 움직이고 쏟는다는
것은 어떤 것을 선택하고 그것에 전념하고 헌신하는 것을 뜻한다.[21]
또한 지혜와 명철을 얻기 위해 귀와 마음이 필요하다고 하는데 이는

---

15 Gesenius, *Gesenius' Hebrew Grammar*, §1140o.

16 Fox, *Proverbs 1-9*, 108.

17 *HALOT*, 693.

18 위의 책.

19 위의 책, 513.

20 Fox, *Proverbs 1-9*, 109.

21 Yoder, *Proverbs*, 24.

'듣는 마음'으로 이해할 수 있다. '듣는 마음'으로 번역된 〈레브 쇼메 아〉(לב שמע)는 솔로몬이 하나님께 구했던 것이다(참고. "누가 주의 이 많은 백성을 재판할 수 있사오리이까 듣는 마음을 종에게 주사 주의 백성을 재판하여 선악을 분별하게 하옵소서"[왕상 3:9]).

〈4절〉

אִם־תְּבַקְשֶׁנָּה כַכָּסֶף וְכַמַּטְמוֹנִים תַּחְפְּשֶׂנָּה׃

(개정) 은을 구하는 것 같이 그것을 구하며 감추어진 보배를 찾는 것 같이 그것을 찾으면
(새번역) 은을 구하듯 그것을 구하고, 보화를 찾듯 그것을 찾아라.
(공동) 은을 찾아 헤매듯 그것을 구하고 숨은 보화를 파헤치듯 그것을 찾아라.
(NRSV) if you seek it like silver, and search for it as for hidden treasures-
(TNK) If you seek it as you do silver/ And search for it as for treasures,
(사역) 만일 네가 은과 같이 그것을 구하고 감추어진 보배와 같이 그것을 찾으면

1. 〈맛모님〉(מַטְמוֹנִים): '숨겨진 보화'(hidden treasure)를 뜻하는 명사 〈맛몬〉(מַטְמוֹן)의 남성 복수형이다.[22] 3절의 "지식을 불러 구하며 명철을 얻으려고 소리를 높이"는 노력만으로 지혜를 얻을 수 없다. 숨겨져 있어서 쉽게 찾을 수 없고 접근하기도 힘든 보물을 찾으려고 애쓰듯

---

22 *HALOT*, 574.

이, 지혜를 얻기 위해서는 그것을 얻으려는 열망과 노력이 필요하다. 그리고 감추어진 보배를 찾았을 때의 기쁨이 크듯이 마침내 지혜를 얻었을 때의 기쁨은 매우 크다. 이러한 의미에서 4절은 지혜를 얻는 과정을 '숨겨진 보화'를 찾으려고 노력하고 애쓰는 과정에 비유한다.

2. 〈임〉(אִם): '만약'을 뜻하는 조건사로 1, 3, 4절에서 연속으로 사용되면서 교육을 받는 대상자("나의 아들," 1절)가 성취해야 할 교육의 세 단계가 자연스럽게 제시된다. 먼저, 그는 아버지의 말을 받아들여야 하고(1절), 그리고 나서 지혜를 불러야 하며(3절), 마지막으로 지혜를 찾기 위해 적극적으로 나서야 한다(4절).[23]

(2) "그런즉 깨달을 것이라"(잠 2:5-11)

1절부터 4절까지의 조건절 다음에 5절부터 11절까지의 귀결절이 나타난다. 앞서 조건절에서 부모가 권면했던 내용을 아들이 잘 받아들여 지혜를 부르고 찾는다면 그는 행복한 결과를 맞이하게 될 것을 약속한다.[24]

〈5절〉

אָז תָּבִין יִרְאַת יְהוָה וְדַעַת אֱלֹהִים תִּמְצָא׃

(개정) 여호와 경외하기를 깨달으며 하나님을 알게 되리니

---

23 Fox, *Proverbs 1-9*, 110.
24 Murphy, *Proverbs*, 15.

(새번역) 그렇게 하면, 너는 주님을 경외하는 길을 깨달을 것이며, 하나님을 아는 지식을 터득할 것이다.

(공동) 그래야 눈이 열려 야훼 두려운 줄 알게 되고 하느님이 어떤 분이신지 알게 되리라.

(NRSV) then you will understand the fear of the LORD and find the knowledge of God.

(TNK) Then you will understand the fear of the LORD/ And attain knowledge of God.

(사역) 그러면 너는 주님을 경외할 것이며 하나님을 아는 지식을 얻을 것이다.

1. 〈아즈〉(אָז): 조건사 〈임〉(אִם) 뒤에 〈아즈〉가 나오면 그것은 조건절 다음에 나오는 귀결절을 시작하는 첫 단어로 기능한다. 그래서 "(만약 … 이라면), 그러면 … 할 것이다"로 해석된다.[25]

2. 〈다앗 엘로힘〉(דַּעַת אֱלֹהִים): '지식'을 뜻하는 명사 〈다앗〉이 여성 단수 연계형으로 사용되었다. 이 구절을 직역하면 '하나님의 지식'이나 목적을 나타내는 속격으로 이해하여 '하나님을 아는 지식'으로 해석할 수 있다. 이러한 표현은 호세아 4장 1절("이스라엘 자손들아 여호와의 말씀을 들으라 여호와께서 이 땅 주민과 논쟁하시나니 이 땅에는 진실도 없고 인애도 없고 하나님을 아는 지식도 없고")과 6장 6절("나는 인애를 원하고 제사를 원하지 아니하며 번제보다 하나님을 아는 것을 원하노라")에서도 사용되면서 '하나님을 아는 지식'은 도덕적인 사회에서

---

25 *HALOT*, 26.

분명하게 나타나는 특징으로 묘사되고, 하나님을 아는 지식이 있는 사람이라면 그의 삶에서 하나님의 공의와 정의를 실천하는 사람이 되어야 한다는 점을 전달한다.[26] 한편, 잠언 2장 5절에서는 후반절의 "하나님을 아는 지식"이 전반절의 "주님을 경외하는 것"과 긴밀하게 연결되면서 하나님을 아는 지식은 곧 주님을 경외하는 것과 같기에 그것은 삶에서 도덕적 행동으로 실천되어야 함을 뜻한다.

〈8절〉

לִנְצֹר אָרְחוֹת מִשְׁפָּט וְדֶרֶךְ חֲסִידָו יִשְׁמֹר׃

(개정) 대저 그는 정의의 길을 보호하시며 그의 성도들의 길을 보전하려 하심이니라

(새번역) 공평하게 사는 사람의 길을 보살펴 주시고, 주님께 충성하는 사람의 길을 지켜 주신다.

(공동) 바른길 걷는 사람을 감싸주시고 당신께 마음을 쏟는 사람을 지켜 주신다.

(NRSV) guarding the paths of justice and preserving the way of his faithful ones.

(TNK) Guarding the paths of justice,/ Protecting the way of those loyal to Him.

(사역) 정의의 길을 보호하시고 그분께 신실한 사람들의 길을 보전하신다.

---

26 Yoder, *Proverbs*, 26.

1. 〈린초르〉(לִנְצֹר): '보호하다'를 뜻하는 동사 〈나차르〉(נָצַר)의 칼 부정사 연계형에 전치사 〈레〉(לְ)가 접두되었다.[27] 앞서 2절의 부정사연계형 〈레학쉽〉처럼 〈린초르〉는 부정사이지만 '동기'나 '부대 상황'을 기술하는 동명사의 역할을 한다.[28] 또한 8절 전반절에는 부정사 연계형 〈린초르〉가 사용되지만, 후반절에서는 정동사 〈이쉬모르〉(יִשְׁמֹר)가 사용된다. 게제니우스가 설명한 바와 같이 전치사와 결합한 부정사의 구문은 병렬된 부정사가 아닌 정동사가 사용된 구문으로 이어지면서 전반절의 〈린초르〉의 의미는 후반절의 〈이쉬모르〉와 연결된다.[29]

2. 〈오르홋 미쉬팟〉(אָרְחוֹת מִשְׁפָּט): '길'을 뜻하는 〈오라흐〉(אֹרַח)의 여성복수 연계형 〈오르홋〉과 '정의'를 뜻하는 〈미쉬팟〉이 결합된 형태로 '정의의 길'을 뜻한다.[30] 하나님께서 정의의 길을 보호하신다는 것은 단순히 누군가를 위험이나 해로움으로부터 지켜주신다는 점을 의미하지 않는다. 여기서 정의의 길은 정의로운 행동을 가리킨다. 따라서 하나님께 신실한 사람들(개역개정판: "그의 성도들")이 정의로운 행동을 하면서 올바른 길로 갈 때, 하나님께서 그들이 그 올바른 길로 갈 수 있도록 도우신다. 또한 하나님께서는 그들의 행동을 지켜주심으로써 그들을 보호해 주신다.[31]

3. 〈하시다브〉(חֲסִידָו): 히브리어 본문에 문법적인 이유로 그대로 읽기 어

---

27 *HALOT*, 718.

28 Gesenius, *Gesenius' Hebrew Grammar*, §114o.

29 위의 책, §114r.

30 *HALOT*, 86-87, 651.

31 Fox, *Proverbs 1-9*, 115.

려운 단어가 있는 경우 마소라 학자들은 본문에 기록된 문자를 수정하는 방법 대신 본문의 왼쪽이나 오른쪽 여백에 자신들이 생각하기에 올바로 읽어야 하는 자음 철자를 기록하고 그 모음은 본문의 해당 자음에 붙여 놓았다. 본문에 기록된 자음 철자를 〈케티브〉(כְּתִיב)라고 하는데 이는 '기록되어 있는'을 뜻하는 아람어 수동 분사이며, 난외주에 마소라 학자들이 기록한 자음 철자를 〈케레〉(קְרֵי)라고 하는데 이는 '읽혀야 하는'을 뜻하는 아람어 수동 분사이다. 본문에 기록된 케티브는 〈하시다브〉인데 이는 '신실한'을 뜻하는 〈하싯〉(חָסִיד)의 남성 단수 연계형에 3인칭 남성 단수 대명접미사가 붙은 형태이다.[32] 그러나 〈하싯〉의 단수 형태에 1인칭 대명접미사나 3인칭 대명접미사가 붙지 않는다는 점과 앞에 사용된 〈오르홋〉이 복수형이라는 점으로 볼 때 〈케레〉의 형태, 즉 〈하싯〉의 복수형에 3인칭 남성 단수 대명접미사가 붙은 〈하시다이브〉(חֲסִידָיו)가 올바른 형태로 보인다.[33]

2) 가르침(잠 2:12-19)

(1) 악한 자(잠 2:12-15)

〈12절〉

לְהַ֭צִּ֣ילְךָ מִדֶּ֣רֶךְ רָ֑ע מֵ֝אִ֗ישׁ מְדַבֵּ֥ר תַּהְפֻּכֽוֹת׃

(개정) 악한 자의 길과 패역을 말하는 자에게서 건져 내리라

---

32 *HALOT*, 337.
33 Fox, *Proverbs 1-9*, 373.

(새번역) 지혜가 악한 사람의 길에서 너를 구하고, 겉과 속이 다르게 말하는 사람에게서 너를 건질 것이다.

(공동) 참변이 도사린 길에서 벗어나고 거짓말하는 자의 손에서 빠져 나온다.

(NRSV) It will save you from the way of evil, from those who speak perversely,

(TNK) It will save you from the way of evil men,/ From men who speak duplicity,

(사역) (지혜가) 너를 악한 사람의 길, 말이 패역한 사람에게서 구할 것이다.

1. ⟨라⟩ (רַע): '악한'을 뜻하는 형용사로 사용되기도 하지만, 후반절에 있는 ⟨이쉬⟩ (אִישׁ)와 평행하기 때문에 여기서는 '악한 사람'을 뜻하는 남성 단수 명사로 사용된다.[34] 12절에서 시작된 악한 사람에 대한 묘사는 15절까지 지속되며 16-19절에서 언급되는 음녀와 평행을 이룬다. 아버지는 이 두 인물을 똑같이 아들을 유혹하여 멸망시킬 수 있는 유혹자들로 보면서 비슷한 성격을 가졌다고 설명한다. 악한 사람과 음녀는 공통적으로 말을 왜곡하고(2:12, 16), 하나님의 말씀에서 떠나 있고(2:13, 17), 그 길은 구부러지고 기울어져 있다(2:13, 15, 18).[35]

2. ⟨타흐푸콧⟩ (תַּהְפֻּכוֹת): '패역'(perversity)을 뜻하는 명사 ⟨타흐푸카⟩ (תַּהְפֻּכָה)의 여성 복수 절대형이다.[36] ⟨타흐푸카⟩와 같은 추상명

---

34 *HALOT*, 1252.
35 Yoder, *Proverbs*, 29.
36 *HALOT*, 1693.

사가 복수형으로 사용되면 어떤 사람의 자질이나 상태를 더욱 명확하게 표현한다.[37] 그래서 12절의 후반절을 직역하면 "패역한 것을 말하는 사람들"이지만 자질을 나타내는 것으로 번역하면 "그 말이 패역한 사람"이다.

(2) 음녀(잠 2:16-19)

〈16절〉

לְהַצִּילְךָ מֵאִשָּׁה זָרָה מִנָּכְרִיָּה אֲמָרֶיהָ הֶחֱלִיקָה׃

(개정) 지혜가 또 너를 음녀에게서, 말로 호리는 이방 계집에게서 구원하리니

(새번역) 지혜가 너를 음란한 여자에게서 건져 주고, 너를 꾀는 부정한 여자에게서 건져 줄 것이다.

(공동) 그제야 너는 탕녀의 유혹에서 벗어나고 남의 계집이 꾀는 말에 넘어가지 않는다.

(NRSV) You will be saved from the loose woman, from the adulteress with her smooth words,

(TNK) It will save you from the forbidden woman,/ From the alien woman whose talk is smooth,

(NJB) To keep you, too, from the woman who belongs to another, from the stranger, with her wheedling words;

---

37 Waltke and O'Connor, *An Introduction to Biblical Hebrew Syntax*, 120–121.

(사역) 너를 다른 남자의 아내로부터, 감언이설을 꾀는 이방 여인으로부터 구할 것이다.

1. 〈잇샤 자라〉(אִשָּׁה זָרָה): 〈자라〉의 원형 〈자르〉(זָר)는 '낯선'(strange) 혹은 '이스라엘 사람이 아닌'(non-Israelite)을 뜻한다.[38] 그런데 〈자르〉가 종종 "적(사 29:5; 렘 30:8), 사생자(호 5:7), 금지된 신(렘 2:25)"을 뜻하기도 한다.[39] 따라서 〈잇샤 자라〉를 직역하면 '낯선 여인' 혹은 '이방 여인'이지만 '성적으로 부정한 여인'으로 해석되기도 한다(개역개정판: "음녀", 새번역: "음란한 여자", 공동번역 개정판: "탕녀", NRSV: "the loose woman"). 폭스에 따르면 〈잇샤 자라〉는 이방 매춘부, 이방 신에 귀의한 여인, 이방 여신, 사회적 소외자, 현지 매춘부, 다른 남자의 아내 등 다양하게 번역된다.[40] 폭스는 〈잇샤 자라〉를 '다른 남자의 아내'로 해석해야 한다고 주장하는데 일단 〈자르〉에는 '타인'의 의미가 있으며 잠언에서 〈잇샤 자라〉는 결혼한 사람으로 묘사되기 때문이라고 한다(6:26, 29, 34; 7:19).[41] 이러한 의미는 NJB의 "the woman who belongs to another"에 반영되어 있으며 필자도 이에 동의하여 '다른 남자의 아내'로 번역하였다.

2. 〈노크리야〉(נָכְרִיָּה): 〈노크리야〉의 원형 〈노크리〉(נָכְרִי)는 앞서 〈자르〉와 마찬가지로 '외국의' 혹은 '낯선'을 뜻한다.[42] 여기에 여성 접미

---

38 *HALOT*, 279.
39 Yoder, *Proverbs*, 30.
40 Fox, *Proverbs 1-9*, 139–141.
41 위의 책.
42 *HALOT*, 279.

사가 붙으면서 〈노크리야〉는 '외국 여인'이나 '이방 여인'을 뜻한다. 또한 〈자르〉처럼 〈노크리〉 역시 그 자체에 성적 문란함을 내포하고 있지는 않다. 다만, 머피가 제안하는 바와 같이 '부드러운 말'(smooth words)이 〈노크리야〉의 특징으로 묘사되기 때문에 그녀의 위협과 유혹은 '성적'(sexual)일 수 있다.[43] 종합하면, 〈잇샤 자라〉와 〈노크 리야〉 모두 이스라엘의 하나님 앞에서 함께 서약했던 남편을 버린 여 성을 가리킨다(17절: "그는 젊은 시절의 짝을 버리며 그의 하나님의 언약을 잊어버린 자라"). 〈잇샤 자라〉와 〈노크리야〉를 피해야 하는 이유는 사람들을 유혹하여 결국 사망의 길로 이끌기 때문이며 이는 지혜가 이끄는 생명의 길과 정반대의 결과를 낳는다.

(3) 결론(잠 2:20-22)

〈20절〉

לְמַעַן תֵּלֵךְ בְּדֶרֶךְ טוֹבִים וְאָרְחוֹת צַדִּיקִים תִּשְׁמֹר׃

(개정) 지혜가 너를 선한 자의 길로 행하게 하며 또 의인의 길을 지키게 하리니
(새번역) 그러므로 너는 선한 사람이 가는 길을 가고, 의로운 사람이 걷는 길로만 걸어라.
(공동) 그러니 너는 착한 사람들과 한 길을 가고 옳게 사는 사람들과 같은 길을 가거라.

---

43 Murphy, *Proverbs*, 17.

(NRSV) Therefore walk in the way of the good, and keep to the paths of the just.

(TNK) So follow the way of the good/ And keep to the paths of the just.

(사역) 이는 네가 선한 사람들의 길을 걸어가고 의로운 사람들의 길을 지키기 위해서다.

1. 〈레마안〉 (לְמַעַן): 〈레마안〉이 전치사로 사용될 때는 '~에 관하여'나 '~때문에'를 뜻하지만, 부정사와 함께 사용되면 접속사로 기능하면서 '~을 하기 위해서'라는 목적절을 이끈다.[44] 2장에서는 앞서 12절과 16절에서 사용된 부정사 〈레핫칠카〉 (לְהַצִּילְךָ, 히필 부정사 연계형, 2인칭 남성 대명접미사, "너를 구하는")와 연결되면서 목적을 나타낸다.[45] 그러므로 〈레마안〉이 이끄는 20절은 앞서 언급된 강의를 전달하는 궁극적인 목적을 기술한다.

2. 따라서 2장 전체로 구성되는 지혜 강의 2의 흐름은 다음과 같이 요약할 수 있다: 만약 네가 지혜를 찾으면, 그러면 너는 주님 경외하기를 깨닫고 하나님을 아는 지식을 얻게 되고 선한 길을 깨닫게 될 것이다. 이것이 너를 악한 사람과 이방 여인에게서 구할 것인데 이는 네가 선한 사람들의 길과 의로운 사람들의 길을 지키도록 하기 위해서다.

---

44 *HALOT*, 614.
45 Fox, *Proverbs 1-9*, 122.

4. 설교를 위한 적용점

1) 의인과 악인

잠언은 자주 지혜와 어리석음을 비교하면서 지혜를 추구할 것을 권면한다. 특히 잠언은 지혜를 갖고 있는 사람, 즉 지혜로운 사람이 될 것을 권면하기 위해 지혜로운 사람이 어떤 사람인지를 설명한다. 잠언에서 지혜로운 사람은 선하고, 정직하고, 겸손하고, 의로운 사람으로 자주 묘사된다. 반대로 어리석은 사람은 악하고, 간사하고, 교만하고, 불의한 사람으로 등장한다. 지혜 강의2의 결론부인 잠언 2장 20-22절에서도 의인과 악인의 결과가 서로 대조된다. 의인으로 번역된 히브리어 단어는 '차딕'인데 말 그대로 '의로운 사람' 또는 '의로운 행동을 하는 사람'을 뜻한다.

그런데 잠언에서 어떤 사람이 단순히 옳고 선한 일을 했다고 해서 의인이라고 간주하지는 않는다. 유선명에 따르면 "의로운 사람은 전면적이고 일관되게 칭찬받을 만한 행동 양식을 유지해야 하며, 특정한 행동들이 아니라 그 사람의 인격 전체로써 의로움이라는 이상을 체화(體化)해야 할 의무"를 지닌 사람이다.[46] 그러므로 구약성경에서 '차딕'이라고 불리는 의인은 일관되게 칭찬을 받을 만한 삶을 보여주고 행동만이 아닌 인격 전체를 통해 의로움이 드러나는 사람이다. 그런데 잠언에서의 의인은 더 나아가 하나님

---

46 유선명, 『잠언의 의 개념 연구: 신학적 윤리학적 비교문화적 고찰』(서울: 새물결플러스, 2017), 48.

보시기에도 의로운 사람으로, 의로우신 하나님의 말씀대로 사는 사람을 가리킨다. 이 두 가지 차원, 즉 하나님과의 수직적 관계와 다른 사람과의 수평적 관계에서 옳은 일을 하는 사람이 바로 의인이다. 덧붙이면 하나님의 말씀에 순종하여 말씀대로 사는 사람 그리고 그 말씀대로 이웃을 사랑하며 말씀을 실천하고 공동체를 세우는 사람이 의로운 사람이다. 이것이 잠언에서 강조되는 의인, 즉 지혜로운 사람이다. 지혜로운 사람은 똑똑한 사람이 아니라 하나님을 경외하는 삶을 살면서 하나님의 말씀에 순종하는 사람, 이웃과의 관계에서 지혜의 말씀을 실천하여 이웃을 사랑하고 공동체의 덕을 세우는 사람이다.

악인은 이런 의인과 반대되는 사람이다. 하나님의 말씀에 순종하지 않고 자기 생각대로 사는 사람, 하나님의 말씀을 다른 사람과의 관계에서 실천하지 않아 이웃을 해치고 공동체를 무너뜨리는 사람이 악인이다. 구약성경에서 악인은 악한 행동을 하는 사람과 더불어 하나님을 경외하지 않고 하나님 말씀에 순종하지 않는 사람도 가리킨다. 지적 능력이 부족한 사람이 아니라 하나님의 말씀을 멸시하여 이웃에게 상처 주고 공동체를 위협하는 사람이 악인, 즉 어리석은 사람이다. 시편 14편 1절("어리석은 자는 그의 마음에 이르기를 하나님이 없다 하는도다 그들은 부패하고 그 행실이 가증하니 선을 행하는 자가 없도다")에 따르면 어리석은 사람은 지적 능력이 부족한 사람이 아니다. 어리석은 사람은 하나님이 없다고 말하며 하나님을 인정하지 않고 자기 뜻대로 사는 사람이다. 그래서 잠언은 어리석은 사람을 교만한 사람이라고 평가하는데, 이는 하나님을 경외하지 않고 자기가 주인이라고 생각해서 자기 뜻대로 살기 때문이다.

2) 의인의 삶과 악인의 삶

잠언은 의인이 되어 지혜로운 삶을 살라고 권면하되 강요하거나 명령하지는 않는다. 대신 잠언은 의인과 악인, 지혜로운 사람과 어리석은 사람이 각각 맞게 될 결과를 비교하면서 의인과 지혜로운 사람이 되라고 권면한다. 잠언은 또한 의인이 그 삶의 열매로 받게 되는 복과 악인이 그 삶의 열매로 받게 되는 저주를 비교하면서 의인의 삶을 선택하라고 권면한다. 예를 들면, 잠언 4장 18-19절("18의인의 길은 돋는 햇살 같아서 크게 빛나 한낮의 광명에 이르거니와 19악인의 길은 어둠 같아서 그가 걸려 넘어져도 그것이 무엇인지 깨닫지 못하느니라")이 말하는 의인의 길은 마치 동이 틀 때의 햇살과 같이 빛나고 한낮이 될 때까지 점점 밝아진다. 의인의 길에는 밝은 빛이 비치기 때문에 올바르게 갈 수 있고 길이 밝히 보이기 때문에 수고하거나 실족하지 않는다. 반대로 악인의 길은 마치 어둠과 같이 캄캄하여 걸려 넘어지고 실족하기 일쑤이며 무엇에 걸려 넘어지는지조차 모른다. 악인은 자기 눈앞에 함정이 있어도 보지 못하고 빠질 만큼 어리석다. 잠언은 이렇게 상반되는 결과를 보여주면서 우리에게 의인의 길로 걸어가며 의인의 삶을 살 것을 권면한다.

그런데 의인이 받는 복과 악인이 받는 벌을 보면서 "그것은 하나님을 믿는 것과 상관없이 이 세상에서의 이치와 같지 않은가?"라고 반문할 수 있다. 권선징악(勸善懲惡), 즉 착한 일을 권장하고 악한 일을 징계하는 것은 시간과 공간을 초월해서 사람이라면 누구나 다 갖고 있는 보편적인 도덕적 의식으로 작용한다. 잠언도 이러한 보편적인 도덕적 의식 자체를 부인하지 않는다. 잠언의 저자들도 오랜 기간 축적된 조상들과 자신들의 경험에 비추어 자기 행동에 따른 결과를 맞는 원리가 사회에서 작용한다는 점을 알았을 것이다. 그러나 잠언은 이 원리가 저절로 세워진 것이 아니라 창조주 하나님께서 이 세상을 주관하고 다스리기 위해 세워 놓으신 질서라고 제시한다. "왜 의인이 복을 받고 악인이 벌을 받는가?"에 대한 잠언의 대답은 "하나님께서 세상이 그렇게 운행되도록 법칙과 질서를 세워 놓으셨다"이다. 따라서 하나님께서 창조하신 이 세상에 세워 놓으신 질서를 발견하고 그 질서에 순응하며 사는 사람이 의인이며 지혜로운 사람이요, 그 질서를 무시하고 사는 사람이 악인이요 어리석은 사람이다. 아울러 잠언은 의인이 받는 복과 악인이 받는 벌이 모두 이 세상을 주관하시는 하나님에게서 온다고 강조한다("악인의 집에는 여호와의 저주가 있거니와 의인의 집에는 복이 있느니라" [잠 3:33]).

3) 의인과 악인의 모호한 경계

잠언은 의인과 악인이 각각 받는 하나님의 복과 저주를 비교하면서 우리에게 묻는다. "당신은 하나님께 복을 받는 의인의 길로 가겠는가? 아니면 하나님께 저주를 받는 악인의 길로 가겠는가?" 잠언은 의인의 복과 악인의 저주를 비교하면서 독자에게 의인으로 살기를 선택하라고 끊임없이 권면한다. 이렇게 의인과 악인을 비교하는 말씀을 듣고 지각이 있는 사람이라면 의인으로 살기를 선택한다. 그러나 의인이 되는 것, 의인의 삶을 사는 것은 쉽지 않다. 우리가 의인으로 살기 어려운 이유는 잠언이 잘못된 교훈을 전해서도, 또는 하나님께서 우리가 사는 세상에 세워 놓으신 질서가 잘못돼서도 아니다. 하나님께서 세상을 선하게 창조하셨고 그 질서에 따라 다스리시지만, 사람이 죄를 짓고 세상도 타락했기 때문에 의인으로 살기 어렵다. 누구나 의인이 되고 싶지만 그의 마음과 행동은 죄의 유혹으로 악인의 길로 갈 수 있다. 이 세상에서 완벽하지는 않지만 우리는 하나님을 경외하면서 말씀에 순종하고 이웃을 사랑하고 공동체의 덕을 세우는 사람, 즉 의인이요 지혜로운 사람이 될 수 있다. 매 순간 "의인의 길이냐, 악인의 길이냐?"의 선택의 기로에 있는 우리는 의인의 길을 선택해야 한다. 하나님의 자녀로서, 하나님 나라의 백성으로서 이 세상을 살아가면서 직면하는 수많은 문제와 도전 가운데서 의인의 삶을 선택하는 것이 지혜다.

하나님을 경외하여 의인의 길을 선택하고 그렇게 살려고 노력하다가도 힘들 때가 있다. 의인에게 약속하신 복을 얻지 못할 때도 있고, 악인에게 약속하신 저주가 세상의 악인들에게는 적용되지 않을 때가 있다. 잠언은 분명히 의로운 사람과 지혜로운 사람이 복을 받는다고 하는데 우리가 사는 이 세상은 꼭 그렇지만은 않다. 우리가 의롭게 살려고 노력해도 고난과 어려움을 만날 때가 있다. 반면에 하나님을 믿지 않는 교만한 사람들과 악한 사람들은 부귀영화를 누리며 잘 살기도 한다. 잠언의 저자들이 무지해서 세상의 현실을 몰랐던 것이 아니다. 그럼에도 잠언의 저자들이 의인은 하나님께 복을 받고, 악인은 하나님께 저주받는다는 원리를 강조하는 이유는 하나님께서 의인을 사랑하시고 악인을 미워하신다는 신념을 굳게 믿었기 때문이다. 우리가 하나님의 말씀에 순종하려고 하나 고난과 어려움을 만날 때, 하나님의 말씀이 틀렸다고 단정 짓거나 하나님의 존재를 의심하지 말고 비록 고난을 받아도 하나님을 경외하면 하나님께서 반드시 우리를 고난에서 건져내시어 약속하신 빛의 길로 인도하실 것이라는 믿음의 고백이 필요하다.

제4장

"나 지혜는"

(잠 1:20-33; 3:13-20; 8:1-36; 9:1-18)

1. 지혜시의 특징

1) 의인화

잠언 1-9장은 열 개의 지혜 강의(1:8-19; 2:1-22; 3:1-12; 3:21-35; 4:1-9; 4:10-19; 4:20-27; 5:1-23; 6:20-35; 7:1-27)가 주를 이루고 있으며, 그 사이를 채우는 다섯 개의 시(1:20-33; 3:13-20; 6:1-19; 8:1-36; 9:1-18) 가 있다.[1] 이 중에서도 네 개의 시, 즉 잠언 1장 20-33절, 3장 13-20절, 8장 1-36절, 9장 1-18절은 지혜를 사람처럼 묘사하는 '지혜의 의인화' 를 시의 형태로 나타내고 있어서 '지혜시'(Wisdom poem) 혹은 '지혜 강론'(Wisdom speech)이라고 불린다.[2] 요더가 잘 정의하듯이 의인화 (擬人化, personification)는 어떤 물건이나 추상적인 개념을 사람에 비유하여 마치 그것이 인격을 지닌 사람처럼 행동하고 생각하는 모습을 묘사하는 문학적 양식이다.[3] 구약성경에서 의인화는 주로 장소, 사물, 추상적인 성질 등을 자세하게 묘사하기 위해 사용된다. 예를 들면, 장소가 의인화된 경우는 시온(사 52:1-2; 54:1-8; 렘 4:31; 애 1:1-2:22), 바벨론과 갈대아(사 47:1-15), 사마리아와 예루살렘(겔 23:1-49), 하늘과 땅(신 32:1; 사 1:2; 미 6:1-2) 등이 있고, 추상적인 개념이 의인화된 경우는 하나님의 영광(사 58:8), 인자와 진리(시 89:14), 정의 와 평화(시 85:10) 등이 있으며, 사물이 의인화된 경우로는 포도주(잠

---

[1] 폭스는 다섯 개의 시가 열 개의 강의 사이를 채운다는 의미에서 '막간' 혹은 '간주'를 뜻하는 영어 단어 'interludes'를 사용한다. Fox, *Proverbs 1-9*, 47.

[2] Clifford, *Proverbs*, 1.

[3] Yoder, *Proverbs*, 17.

20:1) 등이 있다.[4]

2) 지혜여인

(1) 지혜시에서 지혜는 인격을 지닌 여인으로 묘사된다. 지혜를 뜻
하는 히브리어 단어 〈호크마〉(חָכְמָה)는 여성 명사이다. 〈호크마〉
는 보통 단수 형태로 사용되지만, 때로는 복수 형태인 〈호크
못〉(חָכְמוֹת)으로도 사용된다(잠 1:20; 9:1; 24:7).

(2) 지혜시에서 지혜는 하나님의 말씀을 전하는 여성 예언자, 길에
서 교훈과 훈계를 가르치는 여성 교사로 묘사된다. 이러한 모습
은 예레미야 7장과 스가랴 7장에 등장하는 예언자의 말씀과 비
교할 만하다.[5] 또한 인격을 지닌 지혜는 잠언에 등장하는 또 다
른 여인들, 즉 이방 여인이나 음녀(2:16-19; 5:3-14, 19-20; 6:24-35;
7:1-27)와 대조되는 한편, 31장 10-31절에 등장하는 현숙한 여
인과 많이 닮아있다.

(3) 지혜시에서 지혜를 왜 여인으로 묘사하는지에 대해 많은 논의
가 있다. 다만, 지혜를 뜻하는 히브리어 단어 〈호크마〉가 기본적
으로 여성 명사이고, 구약성경에서 다른 명사들("딸 시온," 렘
6:26)도 인격을 지닌 여인으로 자주 묘사된다는 점이 그 이유라
고 할 수 있다.[6] 또한 잠언 4장 5-9절, 7장 4절에서와 같이 아버
지가 아들에게 마치 한 여인을 사랑하듯이 지혜를 구하고 찾으

---

4 위의 책.

5 위의 책, 19-20.

6 Leo G. Perdue, *Proverbs*, Interpretation, A Bible Commentary for Teaching
  and Preaching (Louisville: John Knox Press, 2000), 81.

라는 가르침을 효과적으로 전달하기 위해 지혜를 여인으로 묘사한 것일 수도 있다.[7] 한편, 천사무엘은 "지혜를 추구하는 자들에게 지혜가 가까이할 수 있는 온화하고 부드러운 존재, 마치 어머니와도 같은 존재로 제시되었다"라고 제안한다.[8]

2. 지혜시1(잠 1:20-33)

잠언에 나오는 첫째 지혜시인 잠언 1장 20-33절은 지혜의 외침(1:20-21), 외침의 대상(1:22-23), 재앙과 두려움(1:24-30), 결론(1:31-33)의 네 부분으로 나뉜다. 여기에서 묘사되는 지혜 여인의 모습은 백성의 죄를 고발하고 그들을 책망하는 예언자의 모습과 흡사하다.

1) 잠언 1장 20-21절

חָכְמוֹת בַּחוּץ תָּרֹנָּה בָּרְחֹבוֹת תִּתֵּן קוֹלָהּ׃
בְּרֹאשׁ הֹמִיּוֹת תִּקְרָא בְּפִתְחֵי שְׁעָרִים בָּעִיר אֲמָרֶיהָ תֹאמֵר׃

(개정) 지혜가 길거리에서 부르며 광장에서 소리를 높이며 시끄러운 길목에서 소리를 지르며 성문 어귀와 성중에서 그 소리를 발하여 이르되
(새번역) 지혜가 길거리에서 부르며, 광장에서 그 소리를 높이며, 시끄러운 길 머리에서 외치며, 성문 어귀와 성 안에서 말을 전한다.

---

7 Murphy, *Proverbs*, 279.
8 천사무엘, 『지혜전승과 지혜문학: 지혜문학의 눈으로 다시 보는 성서』(서울: 동연, 2009), 228.

(공동) 지혜가 거리에서 외치고 장터에서 목청을 돋우며 떠들썩한 네거리에서 소리치고 성문 어귀에서 말을 전한다.

(NRSV) Wisdom cries out in the street; in the squares **she** raises **her** voice. At the busiest corner **she** cries out; at the entrance of the city gates **she** speaks:

(TNK) Wisdom cries aloud in the streets,/ Raises **her** voice in the squares./ At the head of the busy streets **she** calls;/ At the entrance of the gates, in the city, **she** speaks out:

(사역) 지혜 여인이 거리에서 크게 외치고 넓은 광장에서 그녀의 소리를 높인다. 시끄러운 길의 머리에서 그녀는 소리를 지르고 성문 입구에서 그녀는 그녀 자신의 말을 한다.

1. 〈호크못〉(חָכְמוֹת): '지혜'를 뜻하는 여성 명사 〈호크마〉(חָכְמָה)의 복수형으로 20절에서 주어로 사용되었다.[9] 그런데 이어 나오는 동사 〈타론나〉(תָּרֹנָּה)가 3인칭 여성 단수형이므로 복수형인 〈호크못〉은 단수로 취급된다.[10] 이렇게 〈호크마〉와 같은 추상명사가 복수형으로 사용된 이유는, 모든 것을 포용하는 고귀한 가치를 지닌 지혜의 특성을 강조하기 위함이라고 볼 수 있다.[11]

2. 〈바후츠〉(בַּחוּץ): '~에서'라는 장소 앞에 사용되는 전치사 〈베〉(בְּ)와 '거리'를 뜻하는 〈후츠〉(חוּץ)가 결합된 형태이다.[12] 즉, 지혜는 거리

---

9 *HALOT*, 314–315.

10 Fox, *Proverbs 1-9*, 96.

11 *HALOT*, 315; William McKane, *Proverbs: A New Approach*, The Old Testament Library (Philadelphia: Westminster Press, 1970), 272.

에서 활동한다는 점을 알려준다. 잠언에서 지혜가 거리와 더불어 활동하는 주 무대는 광장(1:20; 5:16; 7:12), 시끄러운 길목(1:21), 성문 어귀(1:21; 8:3), 성중(1:21; 9:3) 등으로 모두 사람들이 많이 왕래하는 공공장소이다. 또한 이 장소들은 사람들 간의 매매, 교역 등의 경제적 활동이 활발히 일어나는 곳인 동시에 성읍의 장로들이 각종 송사를 처리하고 판결하는 곳이다(참고. 룻 4장).13 따라서 지혜 여인은 사사로운 목적을 위해 활동하는 사람이 아니라 공인(公人)이며, 그녀가 내는 목소리 역시 많은 사람에게 영향력을 미친다. 주목할 만한 점은 거리가 지혜 여인이 활동하는 무대일 뿐만 아니라 이방 여인과 음녀도 나타나 행동하는 장소로 제시된다는 것이다(잠 7장).

3. 〈타론나〉(תָּרֹנָּה): '크게 외치다'를 뜻하는 동사 〈라난〉(רָנַן)의 칼 미완료 3인칭 여성 단수형이다.14 〈타론나〉는 기뻐서 외치는 행동(사 54:1)을 가리킬 수도 있지만, 여기서는 지혜가 거리와 광장에서 지나가는 사람들의 관심을 끌고 자기 말을 듣게 하려고 소리를 높여 지르는 행동을 의미한다. 한편, 칠십인역에서는 '노래하다'를 뜻하는 동사 〈휨네이타이〉(ὑμνεῖται)가 사용되는데 이것은 일종의 재귀적 용법이다.15 그래서 "지혜는 거리에서 스스로 노래 부른다"로 번역된다.16

---

12 *HALOT*, 298–299.

13 Yoder, *Proverbs*, 18.

14 *HALOT*, 1248.

15 Henry George Liddell et al., *Greek-English Lexicon. Revised Supplement / Edited by P.G.W. Glare; with the Assistance of A.A. Thompson*(Oxford: Clarendon Press, 1996), 1849.

16 Michael V. Fox, *Proverbs: An Eclectic Edition with Introduction and Textual Commentary*, The Hebrew Bible: A Critical Edition 1(Atlanta: SBL Press, 2015), 89.

4. ⟨바르호봇⟩ (בְּרְחֹבוֹת): '성문이나 성벽의 안에 있는 열린 광장'을 뜻하는 명사 ⟨레홉⟩ (רְחֹב)의 남성 복수형에 전치사 ⟨베⟩ (בּ)와 정관사 ⟨하⟩ (הַ)가 결합되었다.[17] 여기서 사용된 ⟨바르호봇⟩의 복수형은 '확장의 복수형'(plurals of extension)으로 ⟨레홉⟩이 본질적으로 크고 복잡한 장소라는 점을 뜻한다.[18] 따라서 필자는 '넓은 광장'으로 사역하였다.

5. ⟨베로쉬 호미욧⟩ (בְּרֹאשׁ הֹמִיּוֹת): 직역하면 '시끄러운 길의 머리에서'이다. ⟨호미욧⟩은 '소란을 피우다'를 뜻하는 동사 ⟨하마⟩ (הָמָה)의 칼 분사 여성 복수 절대형으로 사용되면서 '시끄러운' 또는 '소란스러운'을 의미한다. '길의 머리'라는 표현은 도시의 성문에 있는 시작점을 의미한다.[19] 한편, 칠십인역에서는 마소라 본문의 ⟨호미욧⟩에 상응하는 헬라어 단어 대신 성벽을 뜻하는 명사 ⟨테이케온⟩ (τειχέων)이 사용되었다. 따라서 칠십인역은 지혜 여인이 길목이 아니라 성벽의 머리, 즉 성벽 꼭대기에서 소리를 지른다고 묘사한다.

2) 잠언 1장 22절

עַד־מָתַי פְּתָיִם תְּאֵהֲבוּ פֶתִי וְלֵצִים לָצוֹן חָמְדוּ לָהֶם וּכְסִילִים יִשְׂנְאוּ־דָעַת׃

(개정) 너희 어리석은 자들은 어리석음을 좋아하며 거만한 자들은 거만을 기뻐하며 미련한 자들은 지식을 미워하니 어느 때까지 하겠느냐

---

17 *HALOT*, 1212.

18 Waltke and O'Connor, *An Introduction to Biblical Hebrew Syntax*, 120.

19 Fox, *Proverbs 1-9*, 97.

104 | 지혜는 생명나무라

(새번역) "어수룩한 사람들아, 언제까지 어수룩한 것을 좋아하려느냐? 비웃는 사람들아, 언제까지 비웃기를 즐기려느냐? 미련한 사람들아, 언제까지 지식을 미워하려느냐?

(공동) "철부지들아, 언제까지 철없는 짓을 좋아하려느냐? 거만한 자들아, 언제까지 빈정대기를 즐기려느냐? 미련한 자들아, 언제까지 지식을 거절하려느냐?

(NRSV) "How long, O simple ones, will you love being simple? How long will scoffers delight in their scoffing and fools hate knowledge?

(TNK) "How long will you simple ones love simplicity,/ You scoffers be eager to scoff,/ You dullards hate knowledge?

(사역) 어느 때까지 미숙한 사람들은 미숙함을 사랑하고 비웃는 사람들은 조롱을 즐기며 어리석은 사람들은 지식을 미워할 것인가?

1. 〈아드-마타이〉(עַד-מָתַי): '어느 때까지' 혹은 '얼마나 오랫동안'을 뜻한다.[20] 이 문구는 종종 하나님의 징벌을 전하는 말을 시작할 때 사용된다(잠 6:9; 출 10:3; 삼상 1:14; 왕상 18:21; 렘 31:22).[21] 한편, '어느 때까지'는 듣고 있는 대상이 지혜 여인의 가르침과 초대를 계속 거부하고 있음을 뜻한다.[22]

2. 〈페타임〉(פְּתָיִם): '단순한 사람'을 뜻하는 남성 명사 〈페티〉(פֶּתִי)의 복수형이다. 이 단어는 잠언의 목적과 독자 대상에 관해서 기술하는 서론의 1장 4절에서 사용되었다. 서론에서 살펴보았듯이 〈페티〉는 경

20 *HALOT*, 654.
21 Fox, *Proverbs 1-9*, 98.
22 Clifford, *Proverbs*, 42.

험이 부족하여 미숙한 사람을 뜻한다. 따라서 〈페티〉는 원칙적으로 교육과 훈련을 통해 성장하고 성숙할 수 있는 사람인데, 여기서는 지혜 여인의 가르침을 거부하고 자기만의 생각이나 신념에 고착되어 변화될 가능성이 다소 적은 사람으로 간주된다.[23]

3. 〈레침〉(לֵצִים): '조소하며 비웃는 사람'을 뜻하는 명사 〈레츠〉(לֵץ)의 남성 복수 절대형이다.[24] 〈레츠〉는 잠언 1장 22절뿐만 아니라 19장 25절과 21장 11절에서도 〈페티〉와 함께 사용되며 평행한다. 〈페타임〉과 마찬가지로 〈레침〉도 자기의 지식이 뛰어나다고 여겨 다른 사람을 얕보고 비웃는 교만함을 보인다.

4. 〈케실림〉(כְּסִילִים): '어리석은'을 뜻하는 형용사 〈케실〉(כְּסִיל)의 남성 복수 절대형이다.[25] 여기에 묘사된 어리석은 사람들의 특징은 지식을 미워한다는 점이다. 잠언에서 묘사되는 어리석은 사람들의 특징은 자기 만족감에 빠져 살며 자기의 마음을 믿는다는 점이다(잠 14:16; 28:26).

3) 잠언 1장 23절

תָּשׁוּבוּ לְתוֹכַחְתִּי הִנֵּה אַבִּיעָה לָכֶם רוּחִי אוֹדִיעָה דְבָרַי אֶתְכֶם׃

(개정) 나의 책망을 듣고 돌이키라 보라 내가 나의 영을 너희에게 부어 주며 내 말을 너희에게 보이리라

---

23 Fox, *Proverbs 1-9*, 98.

24 *HALOT*, 533.

25 위의 책, 489.

(새번역) 너희는 내 책망을 듣고 돌아서거라. 보아라, 내가 내 영을 너희에게 보여주고, 내 말을 깨닫게 해주겠다.

(공동) 내 훈계를 듣고 돌아서면 내 속마음을 부어 주고 내 속엣말을 들려주련만,

(NRSV) Give heed to my reproof; I will pour out my thoughts to you; I will make my words known to you.

(TNK) You are indifferent to my rebuke;/ I will now speak my mind to you,/ And let you know my thoughts.

(사역) 나의 책망에 귀를 기울이라! 그러면 나는 너희에게 나의 영을 부어줄 것이며 나의 말을 너희에게 알게 할 것이다.

1. 〈타슈부〉 (תָּשׁוּבוּ): '돌아오다'를 뜻하는 동사 〈슈브〉 (שׁוּב)의 칼 미완료 2인칭 남성 복수형이다.[26] 〈슈브〉가 하나님에게서 떠났다가 되돌아간다는 점에서 회개를 뜻하기도 하지만, 여기에서는 관심과 주의를 끌기 위한 외침으로 보아야 한다.[27] 그래서 NRSV에서는 "give heed to my reproof"(나의 책망에 주의를 기울이라)로 번역되었다. 또한 〈슈브〉의 본래적 의미, 즉 방향의 전환을 고려한다면 지혜 여인은 미숙한 사람들, 비웃는 사람들, 어리석은 사람들이 자신들의 잘못된 길을 버리고 돌아서기를 권면한다고 이해할 수 있다.

2. 〈루히〉 (רוּחִי): 대개 '영'으로 번역되는 명사 〈루아흐〉 (רוּחַ)는 구약성경에서 '바람, 숨' 등의 다양한 의미를 전달하는 단어이다.[28] 〈루아흐〉가

---

26 위의 책, 1427-1428.
27 Yoder, *Proverbs*, 18.
28 *HALOT*, 1197-1201.

보통 감정과 관련된다면, 〈레브〉(לֵב)는 생각을 주관하는 기관으로 묘사된다.[29]

3. 〈오디아〉(אוֹדִיעָה): '알다'를 뜻하는 동사 〈야다〉(יָדַע)의 히필 청유형 (cohortative) 1인칭 공성 단수이다.[30] 이 절에서는 조건사가 없지만 조건의 의미를 담고 있다. 즉, 지혜 여인은 먼저 "나의 책망에 귀를 기울이라!"는 조건을 내세우고 그것을 실천했을 때의 결과, "그러면 내가 나의 영을 너희에게 부어줄 것이다. 나의 말을 너희에게 알려줄 것이다"를 제시한다. 잠언 1장 23절과 같이 미완료와 청유형으로 사용된 조건문은 현재나 미래에 실현 가능하다고 생각되는 조건과 결과를 나타낸다.[31]

3. 지혜시2(잠 3:13-20)

1) 잠언 3장 17절

דְּרָכֶיהָ דַרְכֵי־נֹעַם וְכָל־נְתִיבוֹתֶיהָ שָׁלוֹם׃

(개정) 그 길은 즐거운 길이요 그의 지름길은 다 평강이니라
(새번역) 지혜의 길은 즐거운 길이요, 그 모든 길에는 평안이 있다.
(공동) 지혜의 길은 즐겁고 슬기의 길은 기쁘다.
(NRSV) Her ways are ways of pleasantness, and all her paths are peace.

---

29 Fox, *Proverbs 1-9*, 100.

30 *HALOT*, 392.

31 Gesenius, *Gesenius' Hebrew Grammar*, §159cd.

(TNK) Her ways are pleasant ways,/ And all her paths, peaceful.

(사역) 그녀의 길들은 즐거움의 길들이며 그녀의 모든 길은 **평안 그 자체이다.**

1. 〈데라케하〉(דְּרָכֶיהָ): '길'을 뜻하는 명사 〈데렉〉(דֶּרֶךְ)의 복수형에 3인 칭 여성 단수 대명접미사가 붙어서 직역을 하면 '그녀의 길들'이다.[32] 여기서 '그녀'는 지혜를 가리키는 말이며 지혜를 사람처럼 표현하는 의인화의 용법이다. 특히 '그녀의 길들'이 의미하는 바는 지혜 여인이 자신을 따르는 자들을 인도하는 방법 혹은 길을 의미하는데, 주된 핵 심은 그녀를 신실하게 따르는 자들에게 상급을 약속한다는 점이다.[33] 또한 '그녀의 길들'은 지혜 여인을 따르는 자들이 지켜야 할 '정의로운 길'(잠 8:20)과 '공의로운 길'(잠 8:20)과도 연결된다.[34]

2. 〈샬롬〉(שָׁלוֹם): '평안'을 뜻하는데 여기서 서술명사로 사용되었다.[35] 따라서 〈샬롬〉은 형태상으로는 명사이지만 형용사처럼 사용되어 그 의미가 더욱 강조된다(참고. 시 19:10; 109:4; 렘 10:10).[36] 따라서 필 자는 "그녀의 모든 길은 평안하다"가 자연스러운 번역이지만, 강조의 의미를 살려 "평안 그 자체이다"라고 번역했다.

---

32 *HALOT*, 231–232.

33 Fox, *Proverbs 1-9*, 157.

34 Murphy, *Proverbs*, 22.

35 *HALOT*, 1508–1509.

36 Fox, *Proverbs 1-9*, 157; Gesenius, *Gesenius' Hebrew Grammar*, §141cd.

2) 잠언 3장 18절

עֵץ־חַיִּים הִיא לַמַּחֲזִיקִים בָּהּ וְתֹמְכֶיהָ מְאֻשָּׁר׃

(개정) 지혜는 그 얻은 자에게 생명나무라 지혜를 가진 자는 복되도다.

(새번역) 지혜는, 그것을 얻는 사람에게는 생명의 나무이니, 그것을 붙드는 사람은 복이 있다.

(공동) 지혜는 **붙잡는** 자에게 생명의 나무가 되고 지혜를 잡는 사람에겐 행복을 준다.

(NRSV) She is a tree of life to those who lay hold of her; those who hold her fast are called happy.

(TNK) She is a tree of life to those who grasp her,/ And whoever holds on to her is happy.

(사역) 그녀는 그녀 자신을 움켜잡는 사람들에게 생명나무이다. 그녀를 붙잡는 사람은 누구나 행복하다고 불린다.

1. 〈에츠-하임〉(עֵץ־חַיִּים): '나무'를 뜻하는 명사 〈에츠〉와 '생명'을 뜻하는 명사 〈하이〉(חַי)의 복수형이 합쳐져 '생명나무'를 뜻한다.[37] 지혜는 잠언에서 종종 생명나무(11:30; 13:12; 15:4) 또는 생명의 샘(10:11; 13:14)에 비유된다. 폭스에 따르면, 고대 근동의 문헌에서도 생명나무와 비슷한 개념의 신성한 나무가 등장하는데 그것은 주로 신화적인 의미가 있으며 생명력과 치유를 상징한다.[38] 그러나 잠언의 생명나무

---

37 *HALOT*, 308.
38 Fox, *Proverbs 1-9*, 159.

는 고대 근동의 신화적인 의미를 갖지 않는데, 그 이유는 치유와 관계가 없기 때문이다. 따라서 고대 근동의 문헌에서는 생명나무의 열매를 먹는 행동이 강조된다면, 잠언에서는 생명나무를 붙드는 행위가 강조된다.[39] 특히 잠언에서 생명이란 활력, 건강, 복, 번영, 성공, 기쁨 등의 생명력이 충만한 상태를 의미하고, 죽음은 이러한 것들이 없는 상태를 가리킨다.

2. 〈람마하지킴〉(לַמַּחֲזִיקִים): '움켜잡다'를 뜻하는 동사 〈하작〉(חָזַק)의 히필 분사 남성 복수 절대형에 전치사 〈레〉(לְ)가 붙었다.[40] 분사는 '~하는 사람'을 뜻하기 때문에 〈마하지킴〉은 '움켜 잡는 사람들'로 해석되며 여기에 전치사 〈레〉의 의미를 결합하면 "~을 움켜 잡는 사람들에게"로 번역된다. 한편, 〈하작〉은 개역개정판이나 새번역에서 '얻은'이라고 번역되지만, 〈하작〉은 단순히 '획득하다'를 뜻하기보다는 '온 힘을 다해 강하게 붙잡다'를 의미한다.[41] 따라서 잠언 3장 18절은 지혜를 얻기 위해 그것을 온 힘을 다해 움켜잡는 노력이 필요하지만, 지혜를 얻은 삶은 복되다는 점을 역설한다.

3. 〈톰케하〉(תֹּמְכֶיהָ): '붙잡다'를 뜻하는 동사 〈타막〉(תָּמַךְ)의 칼 분사 남성 복수 연계형에 3인칭 여성 단수 대명접미사가 붙었다.[42] 〈톰케하〉는 개역개정판에서 '지혜를 가진 자'라고 번역되는데 직역하면 '그녀를 붙드는 사람들'이다. 그런데 뒤에 있는 '복되다고 불린다'를 뜻하는 동사 〈메웃샤르〉(מְאֻשָּׁר)는 푸알 분사 남성 단수 절대형이기 때문에

---

39 위의 책, 159.
40 *HALOT*, 303.
41 위의 책, 303.
42 위의 책, 1751.

주어(복수)와 동사(단수)의 수가 서로 일치하지 않는다.[43] 그래서 BHS 비평장치는 〈메웃샤르〉를 푸알 분사 남성 복수형인 〈메웃샤림〉(מְאֻשָּׁרִים)으로 읽을 것을 제안한다. 그러나 〈메웃샤르〉는 이 구절에서는 '배분적 표현'(distributive expression)으로 사용되면서 그 진술이 각각에 미치는 것으로 간주되어 '모든 사람' 혹은 '~하는 사람은 누구나'를 뜻한다.[44] 따라서 여기서는 "그녀를 붙잡는 사람은 누구나 행복하다고 불린다"로 이해할 수 있다.

4. 지혜시3(잠 8:1-36)

1) 잠언 8장 12절

אֲנִי־חָכְמָה שָׁכַנְתִּי עָרְמָה וְדַעַת מְזִמּוֹת אֶמְצָא׃

(개정) 나 지혜는 명철로 주소를 삼으며 지식과 근신을 찾아 얻나니
(새번역) 나 지혜는 명철로 주소를 삼으며, 지식과 분별력을 가지고 있다.
(공동) 나 지혜는 예지와 한 집에서 살고 있으니, 지식을 얻어 뜻을 세우려면 나에게 오라.
(NRSV) I, wisdom, live with prudence, and I attain knowledge and discretion.
(TNK) I, Wisdom, live with Prudence;/ I attain knowledge and

---

43 위의 책, 97.

44 Gesenius, *Gesenius' Hebrew Grammar*, §145l; Waltke and O'Connor, *An Introduction to Biblical Hebrew Syntax*, 289.

foresight.

(사역) 나 지혜는 명철과 함께 살고 지식과 명민함을 찾아 얻는다.

1. 〈샤칸티〉(שָׁכַנְתִּי): '~에 살다' 혹은 '~에 거주하다'를 뜻하는 동사 〈샤칸〉(שָׁכַן)의 칼 완료 1인칭 공성 단수형이다.[45] 이 동사는 자동사의 뜻이 있지만 본래의 뜻이 변화되어 타동사로 사용된다. 따라서 이어서 나오는 명사 〈오르마〉(עָרְמָה)는 주어인 〈아니-호크마〉(나 지혜)가 머무르거나 거주하는 장소를 나타낸다.[46] 지혜는 명철이라는 장소에 살고 거주한다는 뜻이다. 이것은 지혜와 명철이 동격이라기보다는 서로 인접해 있고 밀접한 관계를 맺고 있음을 가리킨다.[47] 따라서 명철이 주는 유익을 지혜를 통해서 얻을 수 있다.

2. 〈엠차〉(אֶמְצָא): '찾다'를 뜻하는 동사 〈마차〉(מָצָא)의 칼 미완료 1인칭 공성 단수형이다.[48] 여기서 〈엠차〉의 목적어가 되는 〈다앗〉(지식)과 〈메짐못〉(근신)을 찾는다는 것은 지혜를 배우는 과정을 통과했을 때 얻게 되는 결과, 즉 지식과 명민함을 얻게 된다는 것을 뜻한다(잠 2:5; 24:14). 〈메짐마〉(מְזִמָּה)는 계획이나 책략을 고안해 내는 명민(明敏)함을 가리킨다고 1장 4절에서 살펴본 바 있다.

---

45 *HALOT*, 1498.
46 Gesenius, *Gesenius' Hebrew Grammar*, §117bb.
47 Waltke, *Proverbs 1-15*, 400.
48 *HALOT*, 619–620.

2) 잠언 8장 13절

יִרְאַת יְהוָה֮ שְֽׂנֹאת רָ֥ע גֵּ֘אָ֤ה וְגָא֨וֹן וְדֶ֥רֶךְ רָ֗ע וּפִ֥י תַהְפֻּכ֗וֹת שָׂנֵֽאתִי׃

(개정) 여호와를 경외하는 것은 악을 미워하는 것이라 나는 교만과 거만과 악한 행실과 패역한 입을 미워하느니라

(새번역) 주님을 경외하는 것은 악을 미워하는 것이다. 나는 교만과 오만, 악한 행실과 거짓된 입을 미워한다.

(공동) 야훼 두려워하여 그를 섬기면 악을 미워하게 마련, 나는 잘난 체 우쭐대며 악한 길을 가거나 거짓말하는 것을 역겨워한다.

(NRSV) The fear of the LORD is hatred of evil. Pride and arrogance and the way of evil and perverted speech I hate.

(TNK) To fear the LORD is to hate evil;/ I hate pride, arrogance, the evil way,/ And duplicity in speech.

(사역) 주님을 경외하는 것은 악을 미워하는 것이다. 나는 **모든 종류의** 교만과 악한 행동과 사악을 말하는 입을 미워한다.

1. 이 절의 첫째 행(יִרְאַת יְהוָה שְׂנֹאת רָע)은 12-14절의 1인칭 연설을 중단하고 있어서 학자들은 이것을 후대의 삽입으로 간주한다.[49] 한편, 주님을 경외하는 것은 잠언 전체의 주제인 1장 7절과도 관련되는데 1장 7절이 주님을 경외하는 것을 지식의 시작이라고 했다면, 여기서는 악을 미워하는 것으로 제시한다.

---

49 예를 들면 Fox, *Proverbs 1-9*, 272.

2. 〈게아 붸가온〉(גֵּאָה וְגָאוֹן): '교만'을 뜻하는 여성 명사 〈게아〉와 '거만'
   을 뜻하는 남성 명사 〈가온〉이 함께 사용되었다.[50] 이 두 단어는 서로
   발음과 의미가 비슷한데 그 이유는 같은 어근(גאה)에서 파생되었기
   때문이다.[51] 이렇게 동일한 어근에서 파생된 남성 명사와 여성 명사
   가 나란히 놓일 때에는 전체를 표현한다.[52] 따라서 필자는 "모든 종류
   의 교만"으로 번역했다.

3. 〈사네티〉(שָׂנֵאתִי): '싫어하다'를 뜻하는 동사 〈사네〉(שָׂנֵא)의 칼 완료 1
   인칭 공성 단수형이다.[53] 앞서 사용된 〈세놋〉(שְׂנֹאת)은 〈사네〉의 칼
   부정사 연계형이다. 따라서 뒤에 있는 명사 〈라〉(רַע)와 결합하여 악
   을 싫어하는 것을 뜻한다.

5. 지혜시4(잠 9:1-18)

1) 잠언 9장 5절

לְכוּ לַחֲמוּ בְלַחֲמִי וּשְׁתוּ בְּיַיִן מָסָכְתִּי׃

(개정) 너는 와서 내 식물을 먹으며 내 혼합한 포도주를 마시고
(새번역) "와서 내가 차린 음식을 먹고, 내가 잘 빚은 포도주를 마셔라.
(공동) "와서 내가 차린 음식을 먹고 내가 빚은 술을 받아 마시지 않겠소?

---

50 *HALOT*, 168–169.
51 위의 책.
52 Gesenius, *Gesenius' Hebrew Grammar*, §122v.
53 *HALOT*, 1338–1339.

(NRSV) "Come, eat of my bread and drink of the wine I have mixed.

(TNK) "Come, eat my food/ And drink the wine that I have mixed;

(NET) "Come, eat **some of** my food, and drink **some of** the wine I have mixed.

(사역) 너희들은 오라. 나의 빵을 조금 맛보아라. 내가 혼합한 포도주를 조금 마셔보아라.

1. 〈레쿠〉(לְכוּ): '가다'를 뜻하는 동사 〈할락〉(הָלַךְ)의 칼 명령 남성 복수형이다.[54] 문자적으로는 '가라'를 뜻하지만, 문맥상 초대를 뜻하는 '오라'로 간주해야 한다. 또한 2인칭 남성 복수형이므로 초대의 대상은 특정한 사람에게 국한되지 않고 모두에게 확대 적용된다.[55]

2. 〈라하무〉(לַחֲמוּ): '빵'을 뜻하는 명사 〈레헴〉(לֶחֶם)에서 파생되어 '먹다'를 뜻하는 동사 〈라함〉(לָחַם)의 칼 명령 남성 복수형이다.[56] 뒤에 나오는 전치사 〈베〉(בְּ)는 부분을 나타내는 부분사(partitive)로 사용되면서 〈라하무 벨라하미〉는 "나의 빵을 조금 맛보아라"를 의미한다.[57] 여기서 빵은 실제 빵이 아니라 지혜가 주는 가르침을 비유한 것으로 마치 맛있는 빵이나 음식이 먹는 사람을 즐겁게 하듯이 지혜가 듣는 사람에게 유익하고 즐거움을 준다는 비유적인 표현이다. 이것은 뒤에 나오는 〈셰투 베야인〉(שְׁתוּ בְּיַיִן)의 경우에도 해당하며, 부분사로 사용된 〈베〉의 의미를 반영하면 "포도주를 조금 마셔보아라"를 뜻한다.

---

54 위의 책, 246.

55 Waltke, *Proverbs 1-15*, 437.

56 *HALOT*, 526.

57 Gesenius, *Gesenius' Hebrew Grammar*, §119m.

3. 〈야인 마삭티〉 (מְסַכְתִּי יַיִן): '포도주'를 뜻하는 명사 〈야인〉을 '혼합하다'
를 뜻하는 동사 〈마삭〉 (מָסַךְ)의 칼 완료 1인칭 공성 단수형이 수식한
다.[58] 독한 포도주에 대개 물을 첨가하면 알코올의 도수는 약해지지
만, 여기에서는 지혜 여인이 특별한 향이나 조미료를 첨가한 고급 포
도주를 의미한다.[59] 지혜 여인이 주는 기쁨은 잔치에서 고급 포도주
를 마실 때의 기쁨과 같다.

2) 잠언 9장 6절

עִזְבוּ פְתָאיִם וִחְיוּ וְאִשְׁרוּ בְּדֶרֶךְ בִּינָה׃

(개정) 어리석음을 버리고 생명을 얻으라 명철의 길을 행하라 하느니라
(새번역) 어수룩한 길을 내버리고, 생명을 얻어라. 명철의 길을 따라가거
라" 하였다.
(공동) 복되게 살려거든 철없는 짓을 버리고 슬기로운 길에 나서보시오."
(NRSV) Lay aside immaturity, and live, and walk in the way of insight."
(TNK) Give up simpleness and live,/ Walk in the way of
understanding."
(사역) 미숙함을 버려라. 그리고 생명을 얻어라. 그리고 명철의 길로 똑바
로 걸어라.

1. 〈이즈부〉 (עִזְבוּ): '버리다' 혹은 '떠나다'를 뜻하는 동사 〈아잡〉 (עָזַב)의 칼

---

58 *HALOT*, 409, 605.
59 Fox, *Proverbs 1-9*, 299.

명령 남성 복수형이다.[60] 이 동사의 목적어는 바로 뒤에 있는 〈페타임〉(פְּתָאיִם)이다. 9장 4절에서도 사용된 〈페타임〉은 '단순한 사람'이나 '미숙한 사람'을 뜻하는 남성 명사 〈페티〉(פֶּתִי)의 복수형이다. 따라서 미숙한 사람에게 돌이키라고 요청했던 지혜 여인은 여기서 더 나아가 그 미숙한 사람들에게 미숙함을 버리라고 한다.

2. 〈이쉬루〉(אִשְׁרוּ): '어떤 방향을 향해서 걷다'를 뜻하는 동사 〈아샤르〉(אָשַׁר)의 칼 명령 남성 복수형이다.[61] 바로 뒤에 '길'을 뜻하는 명사 〈데렉〉(דֶּרֶךְ)과 함께 사용되면서 '명철의 길로 걸으라,' 즉 '명철의 삶을 살라'는 명령을 전한다(잠 4:11, 14). 반대로 어리석음의 길은 구부러져 있거나 길이 없는 황무지일 수 있다.[62] 한편, 동사 〈아샤르〉는 '똑바른'을 뜻하는 〈야샤르〉(יָשָׁר)와 발음이 비슷하여 똑바른 길로 가라는 의미를 전해준다.

6. 설교를 위한 적용점

1) 지혜와 생명나무

우리는 보통 지혜를 지식이라고 생각한다. 가슴이 아닌 머리에서 나오는 지식이, 또한 감성이 아닌 이성이 곧 지혜라고 생각한다. 그런데 특이하게 잠언 3장 18절은 "지혜는 그 얻은 자에게 생명나무"라고 한다. 왜 지혜를 생명나무에 비유했는지 의문이 든다. 생명나무

---

60 *HALOT*, 806-807.

61 위의 책, 97.

62 Fox, *Proverbs 1-9*, 299.

는 문자적으로 생명이라는 열매를 맺는 나무다. 생명나무는 잠언 3장 18절 외에 창세기 3장 22절에도 나오는데, 여기서는 생명나무 열매의 효력이 강조되면서 생명나무의 열매를 먹으면 영생한다고 묘사한다. 그런데 잠언 3장 18절은 생명나무의 열매를 언급하지 않고 오히려 지혜를 생명나무에 비유하면서 지혜를 얻은 자에게 초점을 맞춘다. '얻은'이라고 번역된 히브리어 단어 <하작>은 원래 "온 힘을 다해 강하게 붙잡다"를 뜻한다.

따라서 잠언 3장 18절은 지혜라는 생명나무에서 떨어지는 열매를 받아먹는 소극적인 태도를 묘사하지 않는다. 지혜를 얻기 위해서는 우리의 온 힘을 다해 강하게 움켜잡는 노력이 필요하며, 그렇게 지혜를 강하게 붙잡으면 거기에서 나오는 생명을 소유하게 된다는 점을 강조한다. 그러므로 잠언 3장 18절 후반절의 "지혜를 가진 자", 즉 지혜를 붙드는 사람은 복이 있다. 더 나아가 지혜를 붙들고 있는 사람은 생명나무인 지혜로부터 생명을 공급받아 생명력 있는 삶을 살 수 있다. 생명나무의 생명을 소유한 사람, 즉 지혜를 붙드는 사람은 자신처럼 다른 사람들도 생명을 얻도록 하는 데 자기의 모든 것을 쏟아붓는다. 하나님께서 창조하신 생명을 살리는 일보다 더 중요한 것은 없다는 것을 알기에 자신의 지혜를 사용한다.

2) 요셉

요셉은 하나님께서 주신 지혜를 다른 사람들의 생명을 살리는 데 사용한 대표적인 인물이다. 사실 요셉의 지혜는 꿈 해석과 관련이 깊다. 창세기에서 요셉은 꿈을 두 번 해석했다. 첫째는 요셉이 감옥에 있을 때 술 맡은 관원장과 떡 굽는 관원장의 꿈을 해석한 것이며, 둘째는 역시 감옥에 있을 때 애굽 왕 바로의 꿈을 해석한 것이다. 요셉은 두 번 모두 정확하게 꿈을 해석하였고 그 지혜와 능력을 인정받았다. 중요한 것은 요셉이 그 지혜를 어떻게 사용했느냐이다. 요셉이 지혜를 인정받아 애굽의 총리가 된 후 한 일은 7년의 풍년에는 곡식을 저장해 놓고 7년의 흉년에는 저장했던 곡식을 백성에게 팔아 나누어 준 것이다. 그것은 요셉이 단순히 자신의 능력을 인정받기 위함이 아니었다. 요셉은 하나님께서 자신에게 지혜와 능력을 주신 이유는 많은 백성의 생명을 구원하기 위함이라는 것을 깨달았기 때문이다.

당신들은 나를 해하려 하였으나 하나님은 그것을 선으로 바꾸사 오늘과 같이 많은 백성의 생명을 구원하게 하시려 하셨나니(창 50:20).

요셉이 처음부터 자신에게 고난을 허락하신 하나님의 뜻을 이해했던 것은 아니다. 그러나 하나님의 인도하심 가운데 요셉은 하나님의 뜻을 알게 되었고 하나님의 큰 구원의 계획에 자신이 사용되고 있음을 깨달았다. 특별히 요셉이 당한 여러 고난은 결코 헛된 것이 아니었다. 형들에게 팔려 노예로 애굽에 오면서 하나님께서 창조하신 생명이 물건처럼 취급당하는 안타까운 상황을 보았다. 보디발의 집에서 일하면서 노예라는 이유로 사람 대접받지 못하는 주위 동료들의 불행한 삶을 보았다. 감옥에 갇혀 있으면서 때로는 사람들이 범죄를 저지를 수밖에 없는 사회의 부조리와 구조악을 알게 되었고, 떡 굽는 관원장처럼 한순간에 생명을 잃을 수도 있는 현실을 보았다.

하나님께서는 요셉에게 고난의 현장에서 자신과 같이 고통을 당하는 사람들의 아픔을 보게 하셨고 그들 모두 하나님께서 창조하신 고귀한 생명을 지닌 사람들이라는 점을 깨닫게 하셨다. 그래서 요셉은 많은 백성의 생명을 구원하시기 위해서 자신의 삶을 인도하신 하나님의 뜻을 깨닫고 하나님께 받은 지혜를 생명을 살리는 데 사용하였다. 요셉은 자신의 고난마저 사용하셔서 생명을 구원하시려고 했던 하나님의 깊은 사랑과 무궁한 긍휼을 깨닫고 순종하며 생명을 살리는 데 앞장섰다.

3) 예수 그리스도

예수님도 생명을 살리는 데 지혜를 사용하셨다. 예수님은 지혜로 세상을 창조하신 하나님의 아들로서 지혜로운 분이셨다. 따라서 예수님은 비교할 수 없는, 뛰어난 지혜로 자신을 영화롭게 하실 수 있었다. 그리고 예수님은 얼마든지 자신을 희생하지 않고 영광을 홀로 취하실 수 있었다. 세상의 그 어떤 지혜보다도 더 뛰어난 지혜를 가지고 계셨던 예수님께서 그 지혜를 어떻게 사용하셨을까? 예수님은 하나님과 동등됨을 취하지 않으시고 종의 형체를 가져 사람들과 같이 되셨고 자기를 낮추시고 십자가에서 죽으시는 데 그 뛰어난 지혜를 사용하셨다. 누군가가 자신의 생명을 구하지 못하면서 남의 생명을 구원한다고 한다면 이 세상에서 지혜롭다고 평가받을 수 있을까? 그래서 예수님께서 십자가에 달리셨을 때 대제사장들은 "그가 남은 구원하였으되 자기는 구원할 수 없도다"(마 27:42)라고 하면서 예수님을 조롱하였다. 예수님은 이런 조롱과 비웃음을 사면서까지 왜 자신의 생명을 내어주는 데 지혜를 사용하셨을까? 예수님께서는 왜 자신의 모든 것을 십자가에서 쏟으셨을까? 그 이유는 우리를 살리시기 위해서였다. 예수님께서는 감히 사람의 지혜와는 비교할 수 없는, 위로부터 난 지혜를 우리의 생명을 살리시는 데 사용하셨다. 예수님께서는 생명을 살리는 것이 가장 지혜로운 길이라는 것을 몸소 보여주셨다.

제5장

솔로몬의 잠언 1

(잠 10:1-22:16)

1. 특징

1) 잠언 10장 1절-22장 16절은 1-9장의 단락에 이은 둘째 단락으로 10장 1절의 표제어를 따라 '솔로몬의 잠언'이라고 불린다. 다만 25장 1절도 "솔로몬의 잠언이요"라고 진술하며 29장 27절까지 솔로몬의 또 다른 잠언이 있다고 알려주지만, "유다 왕 히스기야의 신하들이 편집한 것"이라는 설명이 있으므로 10장 1절-22장 16절의 '솔로몬의 잠언'과는 구별된다.

2) 잠언 10장 1절-22장 16절에서는 두 문장으로 구성된 격언(格言)이 주로 언급된다. 따라서 짧은 형식의 문장을 뜻하는 영어 단어 'proverb'의 의미에 더 가까운 격언들로 구성된다.[1] 하나의 격언을 구성하는 두 문장은 서로 반대되는 개념이나 행동을 비교, 대조하거나 먼저 언급된 첫 문장을 둘째 문장이 보충하여 설명한다.

예) 미움은 다툼을 일으켜도 사랑은 모든 허물을 가리느니라(잠 10:12).
너의 행사를 여호와께 맡기라 그리하면 네가 경영하는 것이 이루어지리라(잠 16:3).

3) 잠언 1-9장의 긴 가르침과는 다르게 10장 1절-22장 16절은 서로를 연결하는 문맥이나 주제가 분명하지 않다. 따라서 둘째 단

---

[1] Oxford Dictionary of English는 영어 명사 proverb를 "a short, well-known pithy saying, stating a general truth or piece of advice"로 정의하면서 그 특징을 짧고 간결한 것으로 설명한다. "proverbs", *Oxford Dictionary of English*, https://english. dict.naver.com/english-dictionary/#/entry/enen/b7b0f4812ecf49c5953f35 e394101052. (2023.7.13. 최종접속).

락의 각 격언은 주로 독립적인 위치를 차지하는 동시에 독립적인 의미를 지니고 있다. 그러나 10장 1절-22장 16절의 격언들이 서로 전혀 관계가 없는 것은 아니며, 다른 단락의 잠언들과도 전혀 관계가 없지는 않다. 오히려 10장 1절-22장 16절에 있는 수많은 격언을 일종의 모자이크로 이해하면, 각 격언은 독립적인 의미가 있으나 그것들을 함께 읽을 때 실제 생활에서 지혜로운 사람이 어떻게 행동해야 하는지를 가르쳐주는 공통의 의미를 발견할 수 있다.

4) 잠언 10장 1절-22장 16절의 단락 구분에 대해서 대부분의 학자는 10장 1절-15장 33절과 16장 1절-22장 16절로 나눈다.[2] 10장 1절-15장 33절에서는 주로 1-9장에서 강조되었던 선한 길/악한 길과 같은 반대되는 두 개념이나 행동을 대조한다. 반면에, 16장 1절-22장 16절에서는 같은 말을 반복하거나 '~보다 나으니라'는 표현을 사용하여 두 개념이나 행동을 비교한다.[3]

5) 잠언 10장 1절-22장 16절에는 일관된 주제가 없는 대신 폭 넓은 일상사에 대한 조언과 교훈을 전한다. 뇌물, 가난한 자에 대한 사회적인 무관심, 교만, 게으름, 정욕, 속임수, 험담 등의 어리석

---

2 Clifford, *Proverbs*, 108; Fox, *Proverbs 10-31*, 509; Murphy, *Proverbs*, 63; Van Leeuwen, *The Book of Proverbs*, 105.

3 한편, 브루스 왈트키(Bruce K. Waltke)는 10장 1절-15장 29절과 15장 30절-22장 16절의 두 부분으로 나누는데, 15장 30절-16장 15절이 둘째 부분의 서론 역할을 한다고 주장하기 때문이다. Bruce K. Waltke, *The Book of Proverbs: Chapters 1-15*, The New International Commentary on the Old Testament(Grand Rapids: William B. Eerdmans Pub., 2004), 15-16. 또한 다니엘 스넬(Daniel C. Snell)은 10장 1절-14장 25절, 14장 26절-16장 15절, 16장 16절-22장 16절의 세 부분으로 나누기도 한다. Daniel C. Snell, *Twice-Told Proverbs and the Composition of the Book of Proverbs* (Winona Lake: Eisenbrauns, 1993), 6.

음을 예리하게 통찰한다. 또한 관대함, 신실함, 자기 억제, 근면함, 검소함 등의 바람직한 덕목을 권면한다. 따라서 본 장과 다음 장에서는 잠언 10장 1절-22장 16절의 많은 격언을 차례대로 읽기보다는 주제별로 묶어서 살펴보고자 한다.

2. 언어(말)

언어 또는 말은 잠언 10장 1절에서 22장 16절까지에 자주 등장하는 주제이다. 언어 곧 말은 잠언에서 그 사람이 지혜로운 사람인지 아니면 미련한 사람인지를 보여주는 가장 확실한 지표로 작용한다. 더욱이 잠언의 여러 격언은 말에 힘과 영향력이 있다고 강조한다.

1) 잠언 10장 11절

מְקוֹר חַיִּים פִּי צַדִּיק וּפִי רְשָׁעִים יְכַסֶּה חָמָס׃

(개정) 의인의 입은 생명의 샘이라도 악인의 입은 독을 머금었느니라
(새번역) 의인의 입은 생명의 샘이지만, 악인의 입은 독을 머금고 있다.
(공동) 착한 사람의 입은 생명의 샘이 되지만 나쁜 사람의 입은 독을 머금는다.
(NRSV) The mouth of the righteous is a fountain of life, but the mouth of the wicked conceals violence.
(TNK) The mouth of the righteous is a fountain of life,/ But lawlessness covers the mouth of the wicked.
(NJB) The mouth of the upright is a life-giving fountain, but the mouth

of the godless is a cover for violence.

(사역) 의로운 사람의 입은 생명의 샘이다. 그러나 악한 사람들의 입은 **폭력을 감춘다.**

1. 〈메코르〉(מְקוֹר): '수원지' 혹은 '샘'을 뜻하는 남성 명사 〈마코르〉(מְקוֹר)의 단수 연계형이다.[4] 뒤에 나오는 명사 〈하임〉(חַיִּים)과 함께 사용되어 '생명의 샘'을 뜻한다. 생명의 샘은 신선한 물이 솟아나는 장면을 연상시키지만, 여기서는 비유적인 표현으로 사용되면서 지혜가 주는 생명력을 강조한다.[5] 또한 건조한 팔레스타인 지방의 기후에서 생명의 샘은 갈증을 해갈할 수 있고 생명을 유지할 수 있게 하는 이미지를 매우 효과적으로 전해준다. 잠언에서 생명의 샘은 '젊어서 취한 아내'(5:18), '지혜 있는 자의 교훈'(13:14), '여호와를 경외하는 것'(14:27), '명철'(16:22)을 가리킬 때도 사용된다.[6] 그러므로 '생명의 샘'은 모두 지혜와 관련된다.

2. 〈피〉(פִּי): '입'을 뜻하는 남성 명사 〈페〉(פֶּה)의 단수 연계형이다.[7] 이 명사의 연계형과 1인칭 단수 대명접미사가 붙었을 때의 형태는 모두 〈피〉이므로 문맥에 따라 구별할 수 있다. 여기서는 바로 뒤의 명사 〈레샤임〉(רְשָׁעִים)과 연결되므로 연계형으로 간주해야 한다.

3. 〈예캇세〉(יְכַסֶּה): '가리다'를 뜻하는 동사 〈카사〉(כָּסָה)의 피엘 미완료 3인칭 남성 단수형이다.[8] 특히 〈카사〉의 피엘형은 죄를 숨기거나(시

---

4 *HALOT*, 627.
5 Murphy, *Proverbs*, 74.
6 Yoder, *Proverbs*, 123–124.
7 *HALOT*, 914.

32:5; 욥 31:33; 잠 28:13) 다른 사람들에게 불법을 숨기는 행동(잠 10:18)을 가리키는데 잠언 10장 11절에서는 이런 뜻으로 사용된다.[9]

4. 〈하마스〉(חָמָס): 남성 단수 절대형 명사로 '폭력'을 뜻한다.[10] 여기서는 앞서 나온 동사 〈예캇세〉(יְכַסֶּה)의 목적어로 사용되었다. 따라서 문자적인 번역은 "악인들의 입은 폭력을 숨기고 있다"이다. 그런데 개역개정판, 공동번역 개정판, 새번역 등의 한글 성경은 모두 "독을 머금고 있다"로 번역하였다. 악인들의 입에 감춰진 폭력은 마치 사람의 생명을 빼앗을 수 있는 독과 같다고 간주하여 그렇게 번역한 것으로 보인다. 중요한 점은 악인이라고 해서 반드시 그 악함이 겉으로 드러나지 않는다는 것이다. 또한 악인의 입이 폭력을 감춘다는 표현은 그가 하는 말이 결국에는 사람을 상하게 하는 폭력이 된다는 뜻도 있지만, 폭력을 감출 만큼 그의 입이 간사하다는 뜻도 있다. 한편, BHS 비평장치는 마소라 본문의 〈하마스〉 대신 '식초가 든 잔'을 뜻하는 〈코스 호메츠〉(כּוֹס חֹמֶץ)로 읽을 것을 제안한다. 〈호메츠〉는 잠언 10장 26절("게으른 자는 그 부리는 사람에게 마치 이에 식초 같고 눈에 연기 같으니라")와 25장 20절("마음이 상한 자에게 노래하는 것은 추운 날에 옷을 벗음 같고 소다 위에 식초를 부음 같으니라")에서 역시 '식초'로 번역되었다. 식초는 조미료 중의 하나로 음식을 만들 때 유용하지만 초산이 들어 있어서 신맛과 향이 나고 상대방에게 불쾌감을 줄 수 있다. 잠언에서 사용된 〈호메츠〉는 모두 식초가 미치는 부정적인 영향에 초점이 맞춰져 있으며, 잠언 10장 11절의 BHS 비평장치도 악인의 입에 폭력

---

8 위의 책, 487-488.
9 위의 책.
10 위의 책, 329.

을 감추고 있다는 표현보다는 '식초가 든 잔'을 감추고 있다는 표현이 훨씬 더 악인이 하는 말의 부정적이고 치명적인 영향력을 나타낼 수 있다는 점에서 수정된 읽기를 제시한다.

2) 잠언 12장 25절

דְּאָגָה בְלֶב־אִישׁ יַשְׁחֶנָּה וְדָבָר טוֹב יְשַׂמְּחֶנָּה׃

(개정) 근심이 사람의 마음에 있으면 그것으로 번뇌하게 되나 선한 말은 그것을 즐겁게 하느니라

(새번역) 근심이 사람의 마음에 있으면 그것으로 번뇌하게 되나 선한 말은 그것을 즐겁게 하느니라

(공동) 마음에 걱정이 있으면 기를 펴지 못하나 다정한 말 한마디로 그를 기쁘게 할 수 있다.

(NRSV) Anxiety **weighs down** the human heart, but a good word cheers it up.

(TNK) If there is anxiety in a man's mind let him **quash** it,/ And turn it into joy with a good word.

(사역) 사람의 마음에 있는 근심은 그것(마음)을 **짓누른다**. 그러나 선한 말은 그것(마음)을 기쁘게 한다.

1. 〈데아가〉 (דְּאָגָה): '걱정'이나 '근심'을 뜻하는 여성 단수 절대형 명사이다.[11] 특별히 〈데아가〉는 생명을 잃을까 걱정하고 두려워하는 상태를 가리킨다(삼상 9:5; 10:2; 렘 38:19; 49:23).[12] 따라서 잠언 12장 25

절에서의 근심은 단순한 걱정거리가 아니라 생명을 잃을 정도의 큰
위기와 어려움에 부닥쳐 느낄 수밖에 없는 염려로 이해해야 한다.

2. 〈야쉬헨나〉(יַשְׁחֶנָּה): '억제하다'나 '억누르다'를 뜻하는 동사 〈샤
하〉(שָׁחַח)의 히필 미완료 3인칭 남성 단수형에 3인칭 여성 단수 대명
접미사가 붙은 형태이다.[13] 앞의 단어 〈데아가〉와 함께 〈야쉬헨나〉
를 번역하면 "근심이 그녀를 억누르다"인데 이것은 무거운 짐 때문에
사람이 무기력하게 되는 것을 의미한다. 그런데 주어인 〈데아가〉는
여성 명사이고 동사 〈야쉬헨나〉는 남성 단수형이라서 서로 성이 일
치하지 않는다. 또한 동사 〈야쉬헨나〉에 있는 대명접미사는 여성 단
수형인데 그것이 가리키는 〈레브〉(לֵב)는 남성 단수 명사이다. 이러한 주
어와 동사 간의 성 불일치에 대해서 게제니우스는 "비정상적"(abnor-
mal)이라고 평가한다.[14] 한편, 클리포드는 〈야쉬헨나〉가 3인칭 남성
단수형으로 사용된 이유는 남성 명사 〈이쉬〉(אִישׁ)를 가리키기 위함
이며, 〈야쉬헨나〉의 마지막 문자 〈헤〉(ה)는 3인칭 남성 단수를 가리
키는 대명접미사 〈후〉(הו)를 마소라 학자들이 잘못 옮겨 적었기 때문
이라고 설명한다.[15] BHS 비평장치 역시 〈야쉬헨나〉 대신 3인칭 남성
단수 대명접미사가 붙은 〈야쉬헨후〉(יַשְׁחֶנּוּ) 또는 〈야쉬헨누〉
(יַשְׁחֶנּוּ)로 읽을 것을 제안한다.

3. 〈예삼메헨나〉(יְשַׂמְּחֶנָּה): '기뻐하다'를 뜻하는 동사 〈사마흐〉(שָׂמַח)의 피

---

11 위의 책, 207.

12 Waltke, *Proverbs 1-15*, 541.

13 *HALOT*, 1457.

14 Gesenius, *Gesenius' Hebrew Grammar*, §145u.

15 Clifford, *Proverbs*, 129.

엘 미완료 3인칭 남성 단수형에 3인칭 여성 단수 대명접미사가 붙은 형태이다.[16] 그 뜻은 "그것(선한 말)이 그녀(마음)를 기쁘게 한다"이다. 따라서 〈예삼메헨나〉의 여성 단수 대명접미사와 그것이 가리키는 남성 명사 〈레브〉 간 성의 불일치가 발견된다. 한편, 잠언 12장 25절은 선한 말이 마음을 기쁘게 한다고 강조하고, 잠언 15장 30절에서는 "좋은 기별은 뼈를 윤택하게 하느니라"라고 한다. 따라서 잠언 12장 25절과 15장 30절 모두 좋은 말과 소식이 주는 영향력을 강조한다.

4. 〈레브〉(לֵב): 마음을 가리키는 〈레브〉는 신체적 기관인 심장을 가리킬 뿐만 아니라 사람의 지성, 언어, 감정을 주관하는 곳을 뜻하기도 한다. 따라서 마음을 기쁘게 하는 선한 말은 다른 사람의 비위를 맞추기 위해 마음에 없는 말, 다른 사람이 듣기에만 좋은 말이 아니라 생명을 잃을 고난과 위기로 근심하고 번뇌하며 짓눌려 있는 다른 사람에게 용기와 위로를 주는 말이다. 더 나아가서 마음뿐만 아니라 걱정으로 무기력해진 사람의 몸에도 생기와 기쁨을 주는 말, 문제는 여전히 해결되지는 않았지만 한마디 말을 통해 실의와 절망에 빠진 사람을 구하는 말이 선한 말이다.

---

16 *HALOT*, 1334.

3) 잠언 13장 3절

נֹצֵר פִּיו שֹׁמֵר נַפְשׁוֹ פֹּשֵׂק שְׂפָתָיו מְחִתָּה־לוֹ:

(개정) 입을 지키는 자는 자기의 생명을 보전하나 입술을 크게 벌리는 자에게는 멸망이 오느니라

(새번역) 말을 조심하는 사람은 자신의 생명을 보존하지만, 입을 함부로 여는 사람은 자신을 파멸시킨다.

(공동) 입에 재갈을 물리면 목숨을 지키지만 입을 함부로 놀리면 목숨을 잃는다.

(NRSV) Those who guard their mouths preserve their lives; those who open wide their lips come to ruin.

(TNK) He who guards his tongue preserves his life;/ He who opens wide his lips, it is his ruin.

(사역) 자신의 입을 지키는 사람은 자신의 생명을 보전하지만 자신의 입술을 계속해서 크게 벌리는 사람, 멸망은 바로 그 사람의 것이다.

1. 〈노체르〉(נֹצֵר): '감시하다' 혹은 '망을 보다'를 뜻하는 동사 〈나차르〉(נָצַר)의 칼 능동분사 남성 단수형이다.[17] 히브리어에서 능동분사는 어떤 행동을 지속해서 하는 상태나 그런 행동을 하는 사람을 나타낸다는 점을 고려할 때, 〈노체르〉는 자신의 입을 일회성으로 지키는 사람이 아니라 지속해서 지켜 말을 조심하는 사람을 가리킨다.[18] 한

---

17 위의 책, 718.
18 Gesenius, *Gesenius' Hebrew Grammar*, §116.

편, 입을 지킨다는 표현은 잠언 외에도 시편 141편 3절의 "여호와여 내 입에 파수꾼(שָׁמְרָה)을 세우시고 내 입술의 문을 지키소서(נִצְּרָה)" 에서도 발견된다.

2. 〈쇼메르〉(שֹׁמֵר): '지키다'를 뜻하는 동사 〈샤마르〉(שָׁמַר)의 칼 능동분사 남성 단수형이다.[19] 앞서 사용된 〈노체르〉와 비슷한 의미를 전달한다. 아울러 앞서 살펴봤던 시편 141편 3절에서도 〈샤마르〉는 〈나차르〉와 함께 사용되었는데 잠언 13장 3절에서도 마찬가지이다. 〈쇼메르〉의 목적어는 뒤에 있는 〈납쇼〉(נַפְשׁוֹ)가 되면서 입을 지키는 사람은 자신의 생명을 지속해서 보전한다는 의미를 전한다.

3. 〈포섹〉(פֹּשֵׂק): '열다'를 뜻하는 동사 〈파삭〉(פָּשַׂק)의 칼 능동분사 남성 단수형이다.[20] 이 동사는 잠언 13장 3절을 제외하고는 구약성경 중 에스겔 16장 25절에서만 사용된다(겔 16:25, "네가 높은 대를 모든 길 어귀에 쌓고 네 아름다움을 가증하게 하여 모든 지나가는 자에게 다리를 벌려[וַתְּפַשְּׂקִי] 심히 음행하고"). 특별히 신체의 움직임과 관련한 동사의 경우 칼(Qal)이 동작의 진행을 강조한다면, 피엘(Piel)은 동작의 종결을 강조하면서 대조되기도 한다.[21] 따라서 잠언 13장 3절의 〈포섹〉은 칼의 의미가 반영되어 입을 계속해서 '크게 벌리는 동작'(to gape wide)을 강조하면서 앞서 입을 지속해서 지키는 동작과 대조된다.[22]

4. 〈메힛타〉(מְחִתָּה): '공포' 혹은 '멸망'을 뜻하는 여성 단수 명사 절대형이

---

19 HALOT, 1582.
20 위의 책, 979.
21 Waltke and O'Connor, *An Introduction to Biblical Hebrew Syntax*, 406-407.
22 Fox, *Proverbs 10-31*, 562.

다.[23] 뒤에 있는 〈로〉(לוֹ)는 전치사 〈레〉(לְ)에 3인칭 남성 단수 대명접미사 〈오〉(וֹ)가 붙은 형태이다. 여기서 3인칭 남성 단수 대명접미사가 가리키는 대상은 앞에 있는 〈포섹 세파타이브〉(פֹּשֵׂק שְׂפָתָיו "자신의 입술을 계속해서 크게 벌리는 사람")이다. 한편, 전치사 〈레〉가 소유를 나타내는 것으로 이해한다면, 〈메힛타-로〉(מְחִתָּה-לוֹ)는 "멸망은 그의 것이다"라고 해석할 수 있다.[24] TNK는 〈메힛타-로〉를 "it is his ruin"으로 번역하여 이러한 의미를 반영한다.

3. 근면과 게으름

잠언은 기본적으로 열심히 일을 해서 그에 대한 정당한 대가로 부를 얻는 것을 강조한다. 또한 열심히 일을 해서 얻은 부와 재물은 지혜로운 사람에게 하나님께서 주시는 상급과 복으로 이해된다(잠 10:22; 22:4). 반면, 게으른 사람은 궁핍하게 되고 어리석다고 평가받는다.

1) 잠언 10장 5절

אֹגֵר בַּקַּיִץ בֵּן מַשְׂכִּיל נִרְדָּם בַּקָּצִיר בֵּן מֵבִישׁ׃

(개정) 여름에 거두는 자는 지혜로운 아들이나 추수 때에 자는 자는 부끄러움을 끼치는 아들이니라

---

23 *HALOT*, 572.
24 Waltke and O'Connor, *An Introduction to Biblical Hebrew Syntax*, 206.

(새번역) 곡식이 익었을 때에 거두어들이는 아들은 지혜가 있는 아들이지만, 추수 때에 잠만 자고 있으면, 부끄러운 아들이다.

(공동) 지각 있는 아들은 가을에 거두어들이고 집안 망신시키는 아들은 **가을철에 낮잠만 잔다.**

(NRSV) A child who gathers in summer is prudent, but a child who sleeps in harvest brings shame.

(TNK) He who lays in stores during the summer is a capable son,/ But he who sleeps during the harvest is an incompetent.

(NJB) Reaping **at harvest-time** is the mark of the prudent, sleeping at harvest-time is the sign of the worthless.

(사역) 여름에 추수하는 사람은 통찰력이 있는 아들이지만, 추수 때에 깊이 자는 사람은 부끄럽게 하는 아들이다.

1. 〈오게르〉(אֹגֵר): '추수하다'를 뜻하는 동사 〈아가르〉(אָגַר)의 칼 능동분사 남성 단수형이다.[25] 능동분사는 지속적으로 일어나는 행동뿐만 아니라 그 행동을 하는 사람도 뜻하므로 〈오게르〉는 '추수하는 사람'으로 해석된다.

2. 〈박카이츠〉(בַּקַּיִץ): 전치사 〈베〉(בְּ), 정관사 〈하〉(הַ), '여름'을 뜻하는 〈카이츠〉(קַיִץ)가 결합된 형태로 '여름에'를 뜻한다.[26] 팔레스타인 지역의 기후는 기본적으로 겨울의 우기(10-4월; 이른 비와 늦은 비[신 11:14-17])와 여름의 건기(5-9월)로 나뉘며, 추수는 대개 여름의 건기

---

25 *HALOT*, 11.
26 위의 책, 1098.

에 이루어진다(렘 8:20; 미 7:1).[27] 따라서 여름의 건기에 추수하는 사람이 지혜로운 사람이다. 그런데 우리나라의 기후에서는 여름이 아니라 가을에 추수한다. 이러한 이유로 공동번역 개정판은 '가을에'로 번역했고, 새번역은 특정한 계절을 언급하지 않고 '곡식이 익었을 때'로, NJB는 'at harvest-time'으로 번역하여 지역에 따른 기후와 상관없이 의미가 전달되도록 했다.

3. 〈마스킬〉(מַשְׂכִּיל): '성공하다'를 뜻하는 동사 〈사칼〉(שָׂכַל)의 히필 능동분사 남성 단수형이며, 이 동사가 히필형으로 사용될 때는 '이해하다', '통찰력이 있다', '지혜롭게 하다'를 뜻한다.[28] 여기서는 둘째 의미, 즉 "통찰력이 있다"를 뜻한다.[29]

4. 〈니르담〉(נִרְדָּם): '깊이 자다'를 뜻하는 동사 〈라담〉(רָדַם)의 니팔 능동분사 남성 단수형이다.[30] 특별히 〈라담〉은 밤에 자는 일반적인 수면이 아니라 때에 맞지 않는 수면이나 마비 상태를 가리킨다.[31] 따라서 〈니르담〉은 피곤해서 밤에 깊이 잠든 사람이 아니라 시도 때도 없이 잠들어 거의 마비 상태에 이른 사람을 뜻한다.

5. 〈박카치르〉(בַּקָּצִיר): 전치사 〈베〉(בְּ)와 정관사 〈하〉(הַ), '추수기'를 뜻하는 〈카치르〉(קָצִיר)가 결합된 형태로 '추수 때에'를 뜻한다.[32] 앞서 설명했듯이 추수는 여름의 건기에 이루어지므로 추수 때는 여름, 즉 〈카이츠〉와 같은 시기를 가리킨다. 한편, 공동번역 개정판은 전반절과

---

27 Yoder, *Proverbs*, 119.

28 *HALOT*, 1328.

29 위의 책.

30 위의 책, 1191.

31 Fox, *Proverbs 10-31*, 153.

32 *HALOT*, 1123.

마찬가지로 후반절에서도 '가을철에'로 번역했다.

6. 〈메비쉬〉(מֵבִישׁ): '부끄러워하다'를 뜻하는 동사 〈보쉬〉(בּוֹשׁ)의 히필 능동분사 남성 단수형이다.[33] 〈보쉬〉가 히필 형태로 사용되면 사역의 의미가 반영되어 '~를 부끄럽게 하다'를 뜻한다. 잠언 10장 5절에서 구체적으로 어떤 대상을 부끄럽게 하는지를 알려주는 목적어가 없지만, 앞에 아들을 뜻하는 〈벤〉(בֵּן)이라는 단어가 사용된 점을 고려하면 부모를 부끄럽게 한다는 것으로 이해할 수 있다. 특별히 잠언에서 〈메비쉬〉는 항상 가정이나 사회에서 일종의 종속 관계에 있는 사람들에게 사용된다: 아들-부모(10:5; 19:26; 29:15), 아내-남편(12:4), 종-왕(14:35), 종-주인(17:2).[34]

2) 잠언 13장 4절

מִתְאַוָּה וָאַיִן נַפְשׁוֹ עָצֵל וְנֶפֶשׁ חָרֻצִים תְּדֻשָּׁן:

(LXX) ἐν ἐπιθυμίαις ἐστὶν πᾶς ἀεργός χεῖρες δὲ ἀνδρείων ἐν ἐπιμελείᾳ (모든 게으른 사람은 욕구 안에 있지만, 원기 왕성한 사람들의 손은 부지런함에 있다)

(개정) 게으른 자는 마음으로 원하여도 얻지 못하나 부지런한 자의 마음은 풍족함을 얻느니라

(새번역) 게으른 사람은 아무리 바라는 것이 있어도 얻지 못하지만, 부지런한 사람의 마음은 바라는 것을 넉넉하게 얻는다.

---

33 위의 책, 117.
34 Fox, *Proverbs 10-31*, 514.

(공동) 게으른 사람은 아무리 바랄지라도 얻을 게 없지만 손이 쉬지 않으면 몸에 기름이 돈다.

(NRSV) The **appetite** of the lazy craves, and gets nothing, while the appetite of the diligent is richly supplied.

(TNK) A lazy man craves, but has nothing;/ The diligent shall feast on rich fare.

(사역) 게으른 사람, 그의 **욕구**는 갈망하지만 아무것도 얻지 못한다. 그러나 부지런한 사람들의 **욕구**는 충족된다.

1. 〈미트아봐〉 (מִתְאַוָּה): '갈망하다'를 뜻하는 동사 〈아봐〉 (אָוָה)의 히트파엘 능동분사 여성 단수형이다.[35] 동사 〈아봐〉는 배고픔이나 목마름 등의 육체적 욕구를 갈망할 때 주로 사용되며 종종 남의 물건을 탐내는 행동을 가리키기도 한다(잠 21:26; 신 5:21).[36] 개역개정판, 새번역, 공동번역 개정판은 각각 "원하여도", "바라는 것", "바랄지라도"라고 번역하여 단순히 무언가를 바라는 행동으로 표현하지만, 〈아봐〉는 구체적인 물건을 갖고 싶거나 욕망이 충족되기를 원한다는 측면에서 '갈망하다'로 이해하는 것이 바람직하다.

2. 〈납쇼〉 (נַפְשׁוֹ): 여성 명사 〈네페쉬〉 (נֶפֶשׁ)에 3인칭 남성 단수 대명접미사가 붙은 형태로 기본적으로는 '그의 영혼'을 뜻한다. 그런데 여기서 〈네페쉬〉는 "갈망과 욕구를 담당하는 기관"을 가리킨다.[37] 그래서 '그의 욕구'로 번역될 수 있다. 개역개정판은 〈납쇼〉를 '마음으로'로 번

---

35 *HALOT*, 20.
36 Yoder, *Proverbs*, 151.
37 *HALOT*, 713.

역하였는데 뒤의 '원하여도'라는 단어와 함께 단순히 무언가를 바라는 상태를 다소 모호하게 표현한다. 한편, 〈납쇼〉에서 사용된 3인칭 남성 단수 대명접미사가 가리키는 대상은 바로 뒤에 있는 형용사 〈아첼〉(עָצֵל)이다. 〈납쇼 아첼〉을 직역하면, "그의 욕구, 게으른 사람"이다. 이러한 현상에 대해 게제니우스는 일종의 치환(permutation), 즉 대명접미사가 뒤에 있는 단어를 더욱 분명하게 가리키기 위한 것으로 설명한다.[38] 한편, 칠십인역, 불가타, 시리아역과 같은 고대의 번역본에는 〈납쇼〉에 해당하는 단어가 없다.

3. 〈하루침〉(חָרֻצִים): 형용사 〈하루츠〉(חָרוּץ)의 남성 복수형으로 '부지런한 사람들'을 뜻한다.[39] 전반절에서는 〈아첼〉이 단수로 사용되었으나 후반절에서는 〈하루침〉이 복수로 사용되면서 서로 대조된다.

4. 〈테둣샨〉(תְּדֻשָּׁן): '살이 찌다'를 뜻하는 동사 〈다센〉(דָּשֵׁן)의 푸알 미완료 3인칭 여성 단수형이다.[40] 히브리어 동사의 활용형 중 푸알(Pual)은 수동의 의미가 있으므로 〈테둣샨〉은 "(그녀가) 살이 찌게 된다"를 뜻한다. 여기서 3인칭 여성 단수가 가리키는 대상은 앞에 있는 〈네페쉬〉이다. 따라서 직역하면 "욕구가 살이 찌게 된다"인데 "욕구가 충족되다"로 이해할 수 있다. 아울러 잠언에서 살이 찌는 것은 복과 번성을 뜻한다(15:30; 28:25).[41]

---

38 Gesenius, *Gesenius' Hebrew Grammar*, §131n.
39 *HALOT*, 352.
40 위의 책, 234.
41 Yoder, *Proverbs*, 151.

4. 설교를 위한 적용점

1) 선한 말이 갖는 힘

히브리어 단어 <다바르>(רָבָד)는 말을 뜻하는 동시에 어떤 사건을 의미하기도 한다. 따라서 하나님께서 말씀으로 창조하신 모든 것은 하나님의 역사를 나타내는 사건이요 증거다. 그만큼 <다바르>는 말에 힘과 능력이 있음을 전제한다. 따라서 잠언도 말은 힘과 영향력을 갖고 있다고 자주 강조한다.

잠언 12장 25절은 "근심이 사람의 마음에 있으면 그것으로 번뇌하게 되나 선한 말은 그것을 즐겁게 하느니라"라고 한다. 걱정과 근심이 우리 마음에 있으면 그것 때문에 노심초사하고 잠도 못 자는데 잠언 12장 25절은 이것을 '번뇌', 즉 마음이 시달려 괴로워한다고 표현한다. 잠언 12장 25절에서 '마음'이라고 번역된 명사 <레브>는 눈에 보이지 않는 마음뿐만 아니라 우리 몸에 있는 심장이라는 신체 기관을 가리킨다. 더 나아가 <레브>는 사람의 생각, 언어, 감정이 만들어지는 중심적인 신체 기관이다. 그래서 근심이 있으면 보이지 않는 마음뿐만 아니라 온몸이 아프고 때로는 생각이나 말도 제대로 할 수 없다. 또한 잠언 12장 25절의 "번뇌하게 되나"는 짓누른다는 뜻이 있어서 무거운 짐 때문에 사람이 무기력하게 되는 것을 의미한다. 한마디로 근심이 있으면 괴롭고 힘들다.

우리가 이렇게 근심과 걱정으로 힘들고 짓눌려 아무것도 못 할 때 어떻게 위로받고 용기를 얻을 수 있는가? 잠언 12장 25절 후반절은 "선한 말은 그것을 즐겁게 하느니라"라고 한다. 여기서

'선한 말은 사람의 마음을 즐겁게 하는 말이다. 다른 사람의 비위를 맞추기 위해 마음에 없는, 듣기에만 좋은 말이 아니라 근심으로 번뇌하며 짓눌려 있는 다른 사람에게 용기와 위로를 주는 말이 선한 말이다. 더 나아가서 마음뿐만 아니라 걱정으로 무기력해진 사람의 몸에도 생기와 기쁨을 주는 말, 문제가 여전히 해결되지는 않았지만 한마디 말을 통해 실의와 절망에 빠진 사람을 구하는 말이 바로 선한 말이다. 그리고 이렇게 말로 다른 사람을 위로하고 생기와 기쁨을 주는 사람이 지혜로운 사람이다.

근심 가운데 있었을 때 가족, 친구, 다른 성도에게서 선한 말을 듣고 용기와 힘을 얻고 위로를 받고 절망 가운데서 다시 일어났던 경험이 있을 수 있다. 그런데 누군가는 가족이나 친구, 성도 등 주변에서 선한 말을 해줄 사람이 없어서 외롭고 힘들다고 말할 수도 있다. 비록 선한 말을 해줄 가족이나 친구가 없다 하더라도 낙심할 필요는 없다. 왜냐하면 늘 위로와 용기의 말씀을 주시는 예수 그리스도께서 계시기 때문이다. 성경을 통해 선포하시는 하나님의 말씀이야말로 낙심한 우리 마음을 위로해 주실 뿐만 아니라 죽어가는 사람도 살리는 능력의 말씀이다. 그 하나님의 말씀이 우리 가운데 있을 때, 아무리 문제가 심각하고 희망이 보이지 않아도 소망을 가질 수 있고 고난 가운데서도 기뻐할 수 있다. 하나님의 말씀은 우리를 기쁘게 하고 우리를 살리는 선한 말씀이다.

2) 입술을 제어하는 유익

잠언은 말이 힘과 능력을 가지고 있으므로 선한 말, 지혜로운 말을 하려고 노력해야 하고 악한 말, 어리석은 말은 되도록 자제해야 한다고 강조한다. 잠언 10장 19절은 "말이 많으면 허물을 면하기 어려우나 그 입술을 제어하는 자는 지혜가 있느니라"라고 한다. 생각 없이 말을 늘어놓다 보면 실수하고 허물도 많아진다. 따라서 말이 나오는 입술을 제어하는 사람이 지혜로운 사람이다. 그런데 잠언 10장 19절은 "침묵은 금이다"라는 격언처럼 무조건 말을 하지 말라는 뜻이 아니다. 입에서 나오는 말을 제어해야 하는데 그렇게 하려면 어떤 말이 지혜로운 말인지 먼저 생각해 보라는 것이다. 지혜로운 말은 다른 사람을 위로하는 말, 아픈 곳을 낫게 하는 말, 병든 사람을 살리는 말이다. 상대방이 듣기에 조금은 언짢을 수 있어도 그것이 그 사람을 살리는 말이라면 지혜로운 말이다.

입술을 제어하라는 잠언 10장 19절은 야고보서 3장 2-3절과 유사하다.

> 우리가 다 실수가 많으니 만일 말에 실수가 없는 자라면 곧 온전한 사람이라 능히 온 몸도 굴레 씌우리라 우리가 말들의 입에 재갈 물리는 것은 우리에게 순종하게 하려고 그 온 몸을 제어하는 것이라(약 3:2-3).

말이 많으면 허물을 면하기 어렵다는 잠언과 유사하게 야고보서도 말을 많이 하면 실수한다고 강조한다. 야고보서는 조금 더 직접적인 표현으로 입에 재갈을 물려 제어하라고 한다. 소리를 내거나 말하지 못하도록 사람의 입에 물리는 물건이 재갈이다. 그런 재갈을 입에 물려서라도 입을 제어하라는 것이다. 표현은 다르지만, 잠언과 야고보서 모두 말을 많이 하다 보면 실수하기 때문에 입술을 제어하라고 강조한다.

그래서 잠언 13장 3절은 단순히 입술을 제어하라는 권고에서 더 나아가 입을 지키라고 권면한다.

입을 지키는 자는 자기의 생명을 보전하나 입술을 크게 벌리는 자에게는 멸망이 오느니라

입을 지키면 말로 실수를 하지 않을 뿐만 아니라 마치 파수꾼이 성문을 굳게 지켜 적들로부터 성안 사람들의 생명을 지키듯이 자기의 생명도 보전하게 된다.

그렇다면 입을 지키는 자의 반대되는 사람은 누구인가? 입술을 지키지 않는 사람은 잠언 13장 3절에서는 입술을 크게 벌리는 사람으로 묘사된다. 우리는 보통 음식을 많이 먹으려고 할 때 입술을 크게 벌린다. 여기서 입술을 크게 벌린다는 표현은 말을 한꺼번에 많이 한다는 양적인 의미도 있지만 생각 없이 함부로 내뱉는다는 질적인 의미도 있다. 말을 많이 하고 함부로 입술을 열면 자기 생명을 보전하지 못하고 오히려 자신을 파멸시키는 멸망을 당하게 된다.

3) 의인의 말과 악인의 말

잠언이 입술을 제어하라고 강조한다는 점에서 '어떻게 하면 함부로 말하지 않고 입술을 제어하면서도 양약과도 같은 지혜로운 말을 할 수 있을까? 어떻게 해야 말을 잘할 수 있을까?라고 궁금해할 수 있다. 그러나 잠언은 말을 잘하는 방법을 알려주지는 않는다. 잠언은 또한 어떤 상황에서 어떤 말을 해야 하는지에 대한 구체적인 지침도 전달해 주지 않는다. 그 이유는 말에 관한 잠언을 읽고 공부하는 사람의 최종 목표가 말을 잘하는 사람이 되는 데 있지 않기 때문이다.

잠언을 읽고 공부하는 최종 목표는 말씀을 읽고 묵상하고 더 나아가 그 말씀을 삶에 실천하고 적용하여 지혜로운 사람, 의로운 사람이 되는 데 있다. 의로운 사람은 단순히 말만 의롭게 한다고 해서 혹은 의로운 행동을 한다고 해서 되지 않는다. 말이나 행동뿐이 아닌 삶과 인격 전체를 통해 하나님을 경외하고 이웃을 사랑하며 공동체의 덕을 세우는 사람이 의로운 사람이며, 이것이 잠언을 읽고 배우는 최종 목표이다. 결국 말을 잘하는 사람이 아니라 지혜로운 인격을 통해 나오는 말을 하는 사람, 하나님을 경외하고 이웃을 사랑하며 공동체의 덕을 세우는 사람의 입에서 나오는 말이 지혜로운 말이다.

특별히 잠언 10장 11절은 의로운 사람, 지혜로운 사람이 하는 말은 생명력이 있다고 강조한다.

의인의 입은 생명의 샘이라도 악인의 입은 독을 머금었느니라

의인의 입은 그냥 좋은 말이 솟아나는 샘이 아니라 생명이 솟아나는 생명의 샘이다. 이 샘에서 솟아나는 물을 먹고 마시면 생명을 얻기 때문에 생명의 샘이다. 따라서 어떤 사람의 입에서 나오는 말을 들었을 때 위로와 평안을 얻고 죽어가던 사람도 살아나면 그 말을 한 사람은 의로운 사람이요, 지혜로운 사람이다. 그런 말을 한 번이 아니라 샘솟듯이 꾸준히 하는 사람이 의인이요 지혜로운 사람이다.

반면, 악인의 입은 독을 머금고 있다. 독은 건강이나 생명에 해가 되는 성분으로, 독이 든 음식을 먹거나 독이 있는 뱀과 같은 동물에게 물리면 죽는다. 생명을 전해주는 의인의 입과 달리 악인의 입은 생명을 빼앗는다. 그러므로 악인의 입에서 나오는 말은 독과 같이 다른 사람을 죽일 수도 있다. 중요한 점은 악인의 입이 독을 감추고 있다는 것이다. 악인이 드러내 놓고 "나는 악한 사람입니다"라고 하지 않는다. 잠언 10장 11절은 우리가 겉으로 아무리 거룩해 보이고 의로워 보여도 우리의 생각이나 말이 남을 해치고 아프게 하고 상처를 준다면 우리는 의인이 아니라 악인이라는 뜻이다.

예수님께서는 마태복음 12장 34-35절에서 "독사의 자식들아 너희는 악하니 어떻게 선한 말을 할 수 있느냐 이는 마음에 가득한 것을 입으로 말함이라 선한 사람은 그 쌓은 선에서 선한 것을 내고 악한 사람은 그 쌓은 악에서 악한 것을 내느니라"라고 말씀하셨다. 말은 머리에서 나오지 않고 마음에서 나온다. 우리 마음에 무엇으로 가득하냐에 따라 선한 말을 하고 악한 말을 한다. 사람의 본성상 선한 것이 가득할 수 없다. 오직 우리와 함께하시는 예수님과 동행하며 그 은혜로 가득할 때 우리의 입을 통해 은혜로운 말, 생명을 전하는 말, 지혜로운 말이 나온다.

제6장

솔로몬의 잠언 2

(잠 10:1-22:16)

1. 성품

잠언이 인생과 신앙의 경험이 있는 아버지, 어머니가 가정에서
자녀를 교육하는 목적을 위해 기록되었다는 것을 고려한다면, 성품
과 인격을 강조하는 격언이 많다는 점은 당연해 보인다. 더욱이
잠언을 읽고 공부하는 목적은 지혜로운 사람과 의로운 사람이 되는
데 있다. 하나님을 경외하며 이웃을 사랑하고 공동체의 덕을 세우는
의로운 사람이 되는 데 필요한 것 중의 하나가 올바른 신앙에 바탕을
둔 인격의 형성이다.

잠언 10장 1절에서 22장 16절의 여러 격언이 성품과 관련하여
강조하는 두 가지 덕목은 겸손과 절제이다. 겸손한 사람은 자신의
한계와 분수를 잘 알고 지키는 사람이지만, 교만한 사람은 자신의
한계와 분수를 모르고 지키지 않는 사람이다. 또한 잠언에서 절제는
분노와 관계되면서 분노는 절제하고 다스려야 할 감정으로 설명된
다. 잠언은 분노를 어떻게 절제하고 다스리느냐에 따라 그 사람이
지혜로운 사람인지 아니면 어리석은 사람인지를 알 수 있다고 강조
한다.

1) 잠언 11장 2절

בָּא־זָדוֹן וַיָּבֹא קָלוֹן וְאֶת־צְנוּעִים חָכְמָה׃

(개정) 교만이 오면 욕도 오거니와 겸손한 자에게는 지혜가 있느니라

(새번역) 교만한 사람에게는 수치가 따르지만, 겸손한 사람에게는 지혜

가 따른다.

(공동) 잘난 체하다가는 창피를 당하는 법, 슬기로운 사람은 분수를 차린다.

(NRSV) When pride comes, then comes disgrace; but wisdom is with the humble.

(TNK) When arrogance appears, disgrace follows,/ But wisdom is with those who are unassuming.

(사역) 교만이 오면 뒤이어 수치도 오지만 지혜는 겸손한 사람들과 함께 한다.

1. 〈바〉(בָּא): '오다'를 뜻하는 동사 〈보〉(בּוֹא)의 칼 완료 3인칭 남성 단수형 이다.[1] 〈바〉는 대표적인 〈아인-봐브〉 동사 혹은 두 개의 자음으로 된 동사(biconsonantal verb)이다. 다른 동사들과 달리 〈아인-봐브〉 동사는 칼 완료 3인칭 남성 단수가 기본형이 아니라 부정사 연계형이 기본형인데 왜냐하면 칼 완료형에서는 둘째 자음 〈봐브〉(ו)가 드러나지 않기 때문이다. 이것은 뒤에 나오는 〈봐야보〉(וַיָּבֹא)도 마찬가지이다.

2. 〈자돈〉(זָדוֹן): 기본적으로는 '교만'을 뜻하는 명사인데 후반절의 '겸손한 사람들'(צְנוּעִים)과 평행 관계에 있어서 '교만한 사람'으로 번역된다.[2] 한편, 〈자돈〉은 '끓이다'를 뜻하는 동사 〈지드〉(זִיד)에서 유래하였는데 이 동사는 교만하게 행동함을 의미하기도 한다.[3] 이것은 국물이 끓어 냄비를 넘쳐흐르는 모습을 연상시킨다는 점에서 결국 교만은

---

1 *HALOT*, 112–114.

2 Fox, *Proverbs 10–31*, 531.

3 *HALOT*, 268.

사람 사이에 정해진 경계를 마음대로 침범하여 끼어드는 행동으로 이해할 수 있다.

3. 〈봐야보〉(וַיָּבֹא): 동사 〈보〉(בּוֹא)의 칼 봐브 연속 미완료 3인칭 남성 단수형이다.[4] 대개 칼 봐브 연속 미완료는 앞서 있었던 행동이나 사건에 연속으로 일어난 행동이나 사건을 과거 시제로 표현하는 보충적 해설(epexegesis)로 사용된다.[5] 그래서 이것을 적용하여 전반절을 번역하면 "교만이 왔다. 그리고 이어서 수치도 왔다"이다. 그런데 〈봐야보〉는 여기서 격언의 완료형(gnomic perfective)으로 사용된 것으로 볼 수 있는데, 이는 일반적인 사실을 표현한다.[6] 따라서 〈봐야보〉의 칼 봐브 연속 미완료는 여전히 연속으로 일어난 행동이나 사건을 묘사하지만 현재 시제로 "교만이 오면 뒤이어 모욕도 온다"와 같이 해석할 수 있다. 마치 손님이 연이어 찾아오듯이, 교만이 오면 뒤따라 욕도 온다는 뜻이다. 그러므로 잠언 11장 2절 전반절은 사람이 마음이나 태도에 있어서 교만하게 되면 교만만 오는 것이 아니라 욕과 수치도 함께 찾아온다는 점을 강조한다.

4. 〈체누임〉(צְנוּעִים): '겸손한'을 뜻하는 형용사 〈차누아〉(צָנוּעַ)의 남성 복수형이다.[7] 〈차누아〉는 구약성경에서 유일하게 잠언 11장 2절에서만 사용된다.

---

4 위의 책, 112-114.

5 Waltke and O'Connor, *An Introduction to Biblical Hebrew Syntax*, 551.

6 위의 책, 555-556.

7 *HALOT*, 1037.

제6장 솔로몬의 잠언 2 | **151**

2) 잠언 12장 15절

דֶּרֶךְ אֱוִיל יָשָׁר בְּעֵינָיו וְשֹׁמֵעַ לְעֵצָה חָכָם׃

(개정) 미련한 자는 자기 행위를 바른 줄로 여기나 지혜로운 자는 권고를 듣느니라

(새번역) 어리석은 사람은 자신의 행실만이 옳다고 여기지만, 지혜로운 사람은 충고에 귀를 기울인다.

(공동) 어리석은 사람은 제 잘난 멋에 살고 슬기로운 사람은 충고를 받아들인다.

(NRSV) Fools think their own way is right, but the wise listen to advice.

(TNK) The way of a fool is right in his own eyes;/ But the wise man accepts advice.

(사역) 어리석은 사람의 길은 자기의 눈에는 올바르지만, 지혜로운 사람은 조언에 귀를 기울인다.

1. 〈데렉〉(דֶּרֶךְ): 기본적으로 '길'을 뜻하지만, 잠언에서는 대부분 어떤 사람의 '전형적인 행동'이나 '삶의 태도'를 가리킨다.[8] 따라서 〈데렉 에빌〉(דֶּרֶךְ אֱוִיל)은 문자적으로 "어리석은 사람의 길" 혹은 "어리석은 사람이 다니는 길"을 뜻하고 더 나아가서는 "어리석은 사람의 행동이나 삶의 태도"를 뜻한다.

2. 〈베에나이브〉(בְּעֵינָיו): 전치사 〈베〉(בְּ)와 '눈'을 뜻하는 명사 〈아

---

8 Fox, *Proverbs 10-31*, 555.

인〉(עַיִן)의 쌍수 연계형에 3인칭 남성 단수 대명접미사가 붙은 형태로 직역하면 '그의 눈에는'이다.[9] 따라서 잠언 12장 15절 전반절은 "어리석은 사람의 길은 자기의 눈에는 올바르다"로 번역된다. 다만, '자기의 눈에'라는 표현은 '자신이 보기에' 혹은 '자기가 생각하기에'(비교. NRSV: their own way)로 이해될 수 있다. 잠언이 강조하는 어리석은 사람의 특징은 스스로 지혜롭게 여긴다는 점이다(3:7; 26:5, 12, 16; 28:11; 30:12).[10]

3. 〈레에차〉(לְעֵצָה): 전치사 〈레〉(לְ)와 '조언'을 뜻하는 명사 〈에차〉(עֵצָה)가 결합된 형태이다.[11] 지혜로운 사람(חָכָם)은 어리석은 사람(אֱוִיל)과는 반대로 자신이 옳다고 여기지 않고 자신의 부족함을 인정하며 다른 사람의 조언에 귀를 기울인다.

3) 잠언 12장 16절

אֱוִיל בַּיּוֹם יִוָּדַע כַּעְסֹו וְכֹסֶה קָלוֹן עָרוּם׃

(LXX) ἄφρων αὐθημερὸν ἐξαγγέλλει ὀργὴν αὐτοῦ κρύπτει δὲ τὴν ἑαυτοῦ ἀτιμίαν πανοῦργος (어리석은 사람은 자신의 화를 즉시 알려지게 하지만 슬기로운 사람은 자신의 수치를 감춘다)

(개정) 미련한 자는 당장 분노를 나타내거니와 슬기로운 자는 수욕을 참느니라

---

9 *HALOT*, 817-818.
10 Yoder, *Proverbs*, 145.
11 *HALOT*, 867.

(새번역) 미련한 사람은 쉽게 화를 내지만, 슬기로운 사람은 모욕을 참는다.

(공동) 어리석은 사람은 당장에 노여움을 드러내지만 어진 사람은 **모욕을 받아도 덮어둔다.**

(NRSV) Fools show their anger at once, but the prudent ignore an insult.

(TNK) A fool's vexation is known at once, / But a clever man conceals his humiliation.

(사역) 어리석은 사람, 그의 분노는 즉시 알려지지만 슬기로운 사람은 수치를 덮는다.

1. ⟨바욤⟩(בַּיּוֹם): 전치사 ⟨베⟩(בְּ), 정관사 ⟨하⟩(הַ), '날'을 뜻하는 명사 ⟨욤⟩(יוֹם)이 합쳐진 단어이다.[12] 직역을 하면 '그날에' 혹은 '바로 그날에'이다. 그런데 ⟨바욤⟩은 관용적으로 '즉시'(at once)를 뜻한다.[13]

2. ⟨이봐다⟩(יִוָּדַע): '알다'를 뜻하는 동사 ⟨야다⟩(יָדַע)의 니팔 미완료 3인칭 남성 단수형이다. 여기서 3인칭 남성 단수는 뒤에 있는 남성 명사 ⟨카소⟩(כַּעְסוֹ, '그의 분노', 원형: ⟨카아스⟩[כַּעַס])를 가리키므로 ⟨이봐다⟩를 직역하면 "그의 분노는 알려질 것이다"로 수동의 의미를 담고 있다. 그런데 칠십인역(ἐξαγγέλλει, '알려지게 하다')을 비롯한 시리아역, 탈굼, 불카타 등의 고대 역본은 모두 사역형의 동사 형태를 취하고 있다(칠십인역: 어리석은 사람은 자신의 분노를 즉시 알려지게 한다). 따라서 BHS 비평장치는 마소라 본문의 ⟨이봐다⟩(יִוָּדַע) 대신에

---

12 위의 책, 399-400.

13 위의 책; Fox, *Proverbs 10-31*, 555.

〈요디아〉(ידיע → ידע의 히필 미완료 3인칭 남성 단수)로 읽을 것을 제안한다. 또한, 폭스는 자신의 잠언 비평본에서 고대 역본들의 증거와 16절 후반절과의 평행(슬기로운 사람은 수치를 감춘다)을 고려하여 마소라 본문의 〈이봐다〉대신 〈요디아〉로 고쳐서 재구성하였다.[14] 그리고 HALOT도 〈요디아〉로 읽을 것을 제안한다.[15]

3. 〈코세〉(כסה): '숨기다' 혹은 '감추다'를 뜻하는 동사 〈카사〉(כָּסָה)의 칼 능동분사 남성 단수형이다. 〈코세〉의 목적어는 바로 뒤에 있는 〈칼론〉(קָלוֹן)으로 그 뜻은 '수치' 혹은 '치욕'이다. 따라서 〈코세 칼론〉을 직역하되 분사의 의미를 반영하면 "수치를 (지속적으로) 감춘다"이다. 이때 수치를 감춘다는 표현은 세 가지 뜻으로 이해된다. 첫째, 수치를 당해도 무시하거나 참는다(개역개정, NRSV). 둘째, 수치를 당해도 덮어둔다(공동번역 개정판). 셋째, 자신의 수치스러운 행동을 감춘다(LXX, TNK). 이 세 가지 번역 모두 슬기로운 사람(עָרוּם)이 어리석은 사람(אֱוִיל)과는 반대로 수치를 현명하게 처리하는 모습을 보여준다. 다만, 16절 전반절의 어리석은 사람은 자신의 분노를 그 즉시 드러낸다는 점에서 슬기로운 사람은 수치를 당해도 덮어둔다고 해석하는 것이 그 비교와 대조를 더욱 분명하게 할 수 있다.

---

14 Fox, *Proverbs*, 200–201.
15 *HALOT*, 392.

2. 가정

1) 잠언 13장 24절

חוֹשֵׂךְ שִׁבְטוֹ שׂוֹנֵא בְנוֹ וְאֹהֲבוֹ שִׁחֲרוֹ מוּסָר׃

(개정) 매를 아끼는 자는 그의 자식을 미워함이라 자식을 사랑하는 자는 근실히 징계하느니라

(새번역) 매를 아끼는 것은 자식을 사랑하지 않는 것이다. 자식을 사랑하는 사람은 훈계를 게을리하지 않는다.

(공동) 자식이 미우면 매를 들지 않고 자식이 귀여우면 채찍을 찾는다.

(NRSV) Those who spare the rod hate their children, but those who love them are diligent to discipline them.

(TNK) He who spares the rod hates his son,/ But he who loves him disciplines him early.

(사역) 자신의 매를 아끼는 사람은 그의 아들을 미워하지만 그를 사랑하는 사람은 그를 훈계하는 데 열심을 낸다.

1. 〈호섹〉(חוֹשֵׂךְ): '간직하다' 혹은 '아끼다'를 뜻하는 동사 〈하삭〉(חָשַׂךְ)의 칼 능동분사 남성 단수 절대형으로 '~를 아끼는 사람'으로 번역된다.[16] 따라서 동사 〈하삭〉은 잠언 10장 19절에서 "입술을 아끼다"(개역개정판: 입술을 제어하는)를 뜻하면서 말을 절제하는 행동을 가리키

---

16 위의 책, 359.

고, 잠언 11장 24절에서 "(재물을) 아끼다"(개역개정판: 과도하게 아껴도)를 의미하면서 절약하는 행동을 가리킨다. 여기서는 "매를 아끼다"로 사용되면서 절제나 절약의 의미가 아니라 자녀 교육에 소홀한 행동을 가리킨다.

2. 〈쉽토〉(שִׁבְטוֹ): '지팡이'나 '매'를 뜻하는 남성 단수 명사 〈세벳〉(שֵׁבֶט)의 연계형에 3인칭 남성 단수 대명접미사가 붙은 형태로 '그의 매'를 의미한다.[17] 3인칭 남성 단수 대명접미사는 앞의 분사 〈호섹〉, 즉 '~을 아끼는 사람'을 가리킨다.

3. 〈소네〉(שׂוֹנֵא): '미워하다'를 뜻하는 동사 〈사네〉(שָׂנֵא)의 칼 능동분사 남성 단수 절대형이다.[18] 〈소네〉의 남성 단수는 앞에 나온 〈호섹〉, 즉 '(자신의 매를) 아끼는 사람'과 연결된다. 또한, 이 단어의 목적어는 뒤에 나오는 〈베노〉(בְנוֹ)로 '그의 아들'이다. 한편, 여기에서 동사 〈사네〉는 의미상으로 뒤에 나오는 〈아헤브〉(אָהֵב, '사랑하다')와 반대가 되면서 자녀 교육의 중요한 개념을 구성한다. 즉, 자녀를 미워하는 행위는 본질적으로 자녀를 포기하는 것이며, 자녀를 사랑하는 행동은 자녀를 포기하지 않고 훈계하는 것이다.

4. 〈오하보〉(אֹהֲבוֹ): '사랑하다'를 뜻하는 동사 〈아헤브〉(אָהֵב)의 칼 능동분사 남성 단수 절대형에 3인칭 남성 단수 대명접미사가 붙은 형태이다.[19] 〈오하보〉의 3인칭 남성 단수 대명접미사가 가리키는 대상은 바로 앞에 있는 〈베노〉로 '그의 아들'이다. 따라서 "그의 아들을 사랑하는 사람"으로 번역된다.

---

17 위의 책, 1389.
18 위의 책, 1338-1339.
19 위의 책, 17-18.

5. 〈쉬하로〉(שִׁחֲרוֹ): '찾다'를 뜻하는 동사 〈샤하르〉(שָׁחַר)의 피엘 완료 3
   인칭 남성 단수형에 3인칭 남성 단수 대명접미사가 붙었다.[20] 동사
   〈샤하르〉는 '새벽'을 뜻하는 명사 〈샤하르〉(שַׁחַר)와 관련되면서 '일
   찍'의 의미가 반영된 "이른 나이부터 찾다"(TNK) 또는 '지속'의 의미
   가 반영된 "열심히 찾다"(개역개정, 새번역, NRSV)를 뜻한다.[21] 따라
   서 〈쉬하로〉를 직역하면 "어렸을 때부터 그를 찾다" 혹은 "열심히 그
   를 찾다"가 되고 여기서 3인칭 남성 단수 대명접미사는 그의 아들을
   가리킨다.

6. 〈무사르〉(מוּסָר): '훈계'를 뜻하는 남성 단수 명사 절대형이다.[22] 〈무사
   르〉는 앞에 나온 동사 〈쉬하로〉의 대격 목적어의 역할을 한다. 따라
   서 "훈계를 열심히 찾다", 즉 "열심히 훈계하다"를 뜻한다. 그런데 〈쉬
   하로〉에는 3인칭 남성 단수 대명접미사가 붙어 '그'라는 또 하나의 대
   격을 취하고 있다. 게제니우스는 "외적 수단을 통해 대상에 영향을 미
   치는 것"을 표현할 때 히브리어 동사가 때로는 그 외적 수단을 제2의
   목적으로 취한다고 설명한다.[23] 이러한 의미를 살려 번역하면 "그(그
   의 아들)를 훈계로써 열심히 찾다"가 된다.

---

20 위의 책, 1465.
21 Fox, *Proverbs 10-31*, 571.
22 *HALOT*, 557.
23 Gesenius, *Gesenius' Hebrew Grammar*, §117ff.

2) 잠언 22장 6절

חֲנֹ֣ךְ לַ֭נַּעַר עַל־פִּ֣י דַרְכּ֑וֹ גַּ֥ם כִּֽי־יַ֝זְקִ֗ין לֹֽא־יָס֥וּר מִמֶּֽנָּה׃

(개정) 마땅히 행할 길을 아이에게 가르치라 그리하면 늙어도 그것을 떠나지 아니하리라

(새번역) 마땅히 걸어야 할 그 길을 아이에게 가르쳐라. 그러면 늙어서도 그 길을 떠나지 않는다.

(공동) 세 살 버릇 여든까지 간다. 마땅히 따를 길을 어려서 가르쳐라.

(NRSV) Train children in the right way, and when old, they will not stray.

(TNK) Train a lad in the way he ought to go;/ He will not swerve from it even in old age.

(NJB) Give a lad a training suitable to his character and, even when old, he will not go back on it.

(사역) 아이가 가야 할 길에 입문하도록 훈련하라. 그러면 그가 더 늙었을 때에라도 그것으로부터 돌아서지 않을 것이다.

1. 〈하녹〉(חֲנֹךְ): '훈련하다'를 뜻하는 동사 〈하낙〉(חָנַךְ)의 칼 명령 2인칭 남성 단수형이므로 "(너는 ~를) 훈련하라!"로 번역된다.[24] 그런데 동사 〈하낙〉은 또한 구약성경의 다른 곳에서 '(집이나 성전을) 봉헌하다'(to dedicate, 신 20:5; 왕상 8:63; 대하 7:5)를 뜻한다.[25] 이러한 의미

---

24 *HALOT*, 334.

를 반영한다면 동사 〈하낙〉은 아이를 위한 훈련을 뜻할 수도 있지만, 아이에게 마땅히 행할 길을 하도록 그를 하나님께 봉헌하고 그것을 시작하게 하는 행동을 뜻한다.[26] 또한 같은 어원에서 파생된 명사 〈하누카〉(חֲנֻכָּה) 역시 성전(시 30:1)이나 제단(민 7:10-11, 84, 88; 대하 7:9)의 봉헌에 사용되며 유대인의 절기 '하누카'(주전 164년에 성전을 하나님께 재봉헌한 것을 기념하는 절기)를 가리키는 말이기도 하다.[27] 따라서 이 구절의 〈하녹〉은 아이가 마땅히 행할 길에 입문하여 그 길로 갈 수 있도록 훈련하라는 뜻이다.

2. 〈란나아르〉(לַנַּעַר): 전치사 〈레〉(ל), 정관사 〈하〉(ה), '아이'를 뜻하는 명사 〈나아르〉(נַעַר)가 합쳐진 말이다.[28] 〈나아르〉는 우리말의 아이보다 가리키는 범위가 훨씬 더 넓다. 〈나아르〉는 갓 태어난 아기(출 2:6)나 젖먹이 아기(삼상 1:24)부터 어린아이(렘 1:6)나 청소년(창 22:12), 더 나아가 청년(삿 8:14; 삼상 25:5)까지도 가리킨다. 따라서 잠언 22장 6절은 갓난아기부터 청년까지의 자녀를 부모가 교육하고 양육해야 할 대상이라고 한다. 물론 잠언에서 〈나아르〉는 경험이 부족하고 미숙하여 훈련과 교육이 필요한 청년을 주로 가리킨다(1:4; 7:7; 22:15; 23:13; 29:15).[29]

3. 〈알-피〉(עַל-פִּי): 전치사 〈알〉(עַל)과 '입'을 뜻하는 명사 〈페〉(פֶּה)의 연

---

25 위의 책.

26 Bruce K. Waltke, *The Book of Proverbs: Chapters 16-31*, The New International Commentary on the Old Testament (Grand Rapids: William B. Eerdmans Pub., 2004), 204; Fox, *Proverbs 10-31*, 698.

27 *HALOT*, 334.

28 위의 책, 707.

29 Yoder, *Proverbs*, 224.

계형이 합쳐진 단어로 직역하면 '~의 입 위에'이지만, 이것은 일종의 관용어구로 '~에 따라서'(according to)를 뜻한다.[30] 바로 뒤의 단어 〈다르코〉(דַּרְכּוֹ)를 목적어로 취하기 때문에 직역하면 "그의 길에 따라서"이다.

4. 〈다르코〉(דַּרְכּוֹ): '길'을 뜻하는 〈데렉〉(דֶּרֶךְ)에 3인칭 남성 단수 대명 접미사가 붙어 '그의 길'로 번역된다. 앞의 〈알-피〉(עַל-פִּי)와 함께 연결하여 해석하면 "그의 길에 따라서"이다. 폭스에 따르면 〈알-피 다르코〉는 크게 다섯 가지로 이해될 수 있다.[31] 첫째, "아이의 개인적인 적성에 따라서", 즉 아이는 자신의 나이와 능력에 따라 교육을 받아야 한다(비교. NJB: Give a lad a training suitable to his character). 둘째, "아이가 행동하는 방식의 특성에 따라" 가르쳐야 한다. 셋째, "아이의 사회적 위치에 따라서", 즉 아이가 성장하여 맡게 될 사회적 역할에 따라 훈련을 받아야 한다. 넷째, "아이가 원하는 대로" 가르쳐야 한다. 이와 관련하여 클리포드는 반어적 의미를 강조하며 잠언 22장 6절을 "Let a boy do what he wants and he'll grow up to be a self-willed adult incapable of change!"(아이가 하고 싶은 대로 하게 하라. 그러면 그는 자기 뜻대로만 하여 변화되지 않는 어른으로 자랄 것이다!)로 바꾸어 말한다.[32] 다섯째, "아이가 가야 할 길로 가도록" 그를 가르쳐야 한다. 대부분의 성경은 이런 의미로 해석한다.

5. 〈감 키〉(גַּם כִּי): '~이라도'(even)라는 강조를 뜻하는 부사 〈감〉(גַּם)과 '~할 때'(when)를 뜻하는 접속사 〈키〉(כִּי)가 합쳐져 '~할 때라도'로

---

30 Waltke and O'Connor, *An Introduction to Biblical Hebrew Syntax*, 221.
31 Fox, *Proverbs 10-31*, 698.
32 Clifford, *Proverbs*, 197.

번역된다.[33] 따라서 〈감 키〉는 잠언 22장 6절 전반절에서 언급한 "아이를 가르치는 일에 헌신했을 때"의 결과를 강조하기 위한 도입구로 사용되었다.

6. 〈야즈킨〉 (יַזְקִין): '나이가 들다'를 뜻하는 동사 〈자켄〉 (זָקֵן)의 히필 미완료 3인칭 남성 단수형이다.[34] 동사 〈자켄〉이 히필형일 때는 "더 나이가 들다"를 뜻한다.[35] 앞의 〈감 키〉와 연결하여 번역하면 "그가 더 늙었을 때라도"가 된다.

7. 〈야수르〉 (יָסוּר): '돌아서다'를 뜻하는 동사 〈수르〉 (סוּר)의 칼 미완료 3인칭 남성 단수형이다.[36] 앞에 부정어 〈로〉 (לֹא)가 있어서 "그가 돌아서지 않을 것이다"로 번역된다.

8. 〈밈멘나〉 (מִמֶּנָּה): '~로부터'를 뜻하는 전치사 〈민〉 (מִן)에 3인칭 여성 단수 대명접미사가 붙었다. 직역하면 '그녀로부터'인데 문맥상 후반절의 남성 명사 〈다르코〉 (דַּרְכּוֹ)를 가리킨다. 따라서 "그가 그 길로부터 돌아서지 않을 것이다"로 번역된다.

3) 잠언 17장 1절

טוֹב פַּת חֲרֵבָה וְשַׁלְוָה־בָהּ מִבַּיִת מָלֵא זִבְחֵי־רִיב:

(개정) 마른 떡 한 조각만 있고도 화목하는 것이 제육이 집에 가득하고도

---

33 *HALOT*, 195.
34 위의 책, 278.
35 위의 책.
36 위의 책, 748.

다투는 것보다 나으니라

(새번역) 마른 빵 한 조각을 먹으며 화목하게 지내는 것이, 진수성찬을 가득히 차린 집에서 다투며 사는 것보다 낫다.

(공동) 집에 진수성찬을 차려놓고 다투는 것보다 누룽지를 먹어도 마음 편한 것이 낫다.

(NRSV) Better is a dry morsel with quiet than a house full of feasting with strife.

(TNK) Better a dry crust with peace/ Than a house full of feasting with strife.

(NJB) Better a mouthful of dry bread with peace than a house filled with quarrelsome sacrifices.

(사역) 마른 조각만 있지만 평온한 것이 희생제물의 음식이 집에 가득하고도 다투는 것보다 낫다.

1. 〈팟 하레바〉(פַּת חֲרֵבָה): '조각'을 뜻하는 명사 〈팟〉(פַּת)과 '마른'을 뜻하는 형용사 〈하렙〉(חָרֵב)의 여성형 〈하레바〉(חֲרֵבָה)가 합쳐져 "마른 조각"을 뜻한다.[37] 여기서 마른 조각은 단순히 건조한 빵이 아니라 기름이나 버터를 바르지 못해 마른 빵으로 생계를 위해서 필요한 최소한의 음식을 뜻한다.[38]

2. 〈샬봐〉(שַׁלְוָה): '평온'을 뜻하는 여성 단수 명사이다.[39] 시편 122편 7절에서는 '평화'를 뜻하는 명사 〈샬롬〉(שָׁלוֹם)과 평행한다(네 성 안에는

---

37 위의 책, 349, 983.
38 Yoder, *Proverbs*, 190.
39 *HALOT*, 1505.

평안〈샬롬〉이 있고 네 궁중에는 형통함〈샬봐〉이 있을지어다). 여기서는 후반절에 언급되어 '다툼'을 뜻하는 〈립〉(רִיב)과 반대된다. 한편, 앞서 나온 '마른 조각'이 한 집안의 경제적인 상황을 나타낸다면, '평온'은 그 집안의 분위기와 가족 간의 관계를 대변한다.

3. 〈밉바잇〉(מִבַּיִת): 전치사 〈민〉(מ)과 '집'을 뜻하는 남성 단수 명사 〈바잇〉(בַּיִת)이 합쳐진 말이다.[40] 여기서 전치사 〈민〉은 '~보다'를 뜻하며 비교를 위해 사용한다. 소위 '비교 잠언'(comparative proverbs 혹은 better than proverbs)은 여러 가치를 비교하는데 특별히 세상의 가치를 상대화시킨다.[41] 또한 '비교 잠언'은 다양한 가치를 비교하기보다는 지혜의 길에 속하는 덕목들을 강조하기 위해서 사용된다.

4. 〈말레〉(מָלֵא): '가득 찬'을 뜻하는 남성 단수 형용사이다.[42] 전반절의 '(한) 조각(פַּת)'과 양적으로 비교된다.

5. 〈지브헤〉(זִבְחֵי): '희생제물'을 뜻하는 〈제바흐〉(זֶבַח)의 남성 복수 연계형이다.[43] 개역개정판에서는 '제육'으로, 새번역과 공동번역 개정판에서는 '진수성찬'으로 번역되었지만, 본래의 뜻은 희생제물이다. 따라서 NRSV와 TNK는 종교적인 잔치를 가리키는 'feasting'으로 번역하였고 NJB는 직접적으로 'sacrifices'로 번역하였다. 고대 이스라엘에서는 희생제사가 끝난 뒤 하나님과 그 제사에 참여한 사람과의 관계를 바로 세우고자 하는 목적으로 종종 식탁의 교제가 이루어졌다. 그런데 바로 뒤에 '다툼'을 뜻하는 명사 〈립〉(רִיב)이 사용되면서 희생제

---

40 위의 책, 124.
41 Fox, *Proverbs 10-31*, 598.
42 *HALOT*, 584.
43 위의 책, 262.

사가 끝나고 제사에 참여한 가족이 서로 더 많은 희생제물을 차지하고
자 싸우는 모습을 연상시킨다.[44]

3. 정치

1) 잠언 11장 14절

בְּאֵין תַּחְבֻּלוֹת יִפָּל־עָם וּתְשׁוּעָה בְּרֹב יוֹעֵץ׃

(개정) 지략이 없으면 백성이 망하여도 지략이 많으면 평안을 누리느니라
(새번역) 지도자가 없으면 백성이 망하지만, 참모가 많으면 평안을 누린다.
(공동) 지휘자 없는 군대는 패하고 좋은 참모가 많으면 승리한다.
(NRSV) Where there is no guidance, a nation falls, but in an abundance
of counselors there is safety.
(TNK) For want of strategy an army falls,/ But victory comes with much
planning.
(사역) 지도력이 없는 곳에서 백성은 멸망한다. 그러나 조언자가 많으면
승리가 있다.

1. 〈베엔〉(בְּאֵין): 전치사 〈베〉(ב)와 부정어 〈아인〉(אֵין)의 연계형이 합쳐
   진 말이다. 여기서 〈베〉는 장소를 나타내는 전치사로 사용되어 '~하
   는 곳에'를 뜻한다.[45] 다만, 부정어 〈아인〉이 함께 있으므로 '~이 없는

---

44 Fox, *Proverbs 10-31*, 623–624.
45 Waltke, *Proverbs 1-15*, 495.

곳에'로 이해할 수 있다.

2. 〈타흐불롯〉(תֲחְבֻּלוֹת): '지시'를 뜻하는 여성 명사 〈타흐불라〉(תֲחְבֻּלָה) 의 복수 절대형이다.[46] 〈타흐불라〉는 욥기 37장 12절에서 하나님의 지시나 인도하심을 가리키는 데 사용되었다("그는 감싸고 도시며 그들의 할 일을 **조종하시느니라**[בְּתַחְבּוּלתָו] 그는 땅과 육지 표면에 있는 모든 자들에게 명령하시느니라"). 본래 〈타흐불롯〉은 "배의 키를 잡고 조종하는 기술"을 의미한다.[47] 다만, 잠언에서는 지혜로운 사람이 주는 권고(12:15)나 전쟁에서 참모들이 주는 전략(20:18; 24:5-6)을 주로 의미한다. 그래서 우리말로는 '지략'(개역개정판), '지도자'(새번역), '지휘자'(공동번역 개정판)로 번역되었다. HALOT은 '리더십의 기술'(the art of leadership)로 그 뜻을 제안한다.[48]

3. 〈입폴〉(יִפֹּל): '멸망하다'를 뜻하는 동사 〈나팔〉(נָפַל)의 칼 미완료 3인칭 남성 단수형이다.[49]

4. 〈암〉(עַם): '백성'을 뜻하는 남성 단수 명사이다.[50] 〈암〉은 구약성경에서 '군대'(왕하 13:7)를 뜻하거나 '나라'(잠 24:24; 29:2)를 뜻하기도 한다. 그래서 공동번역 개정판은 〈암〉을 '군대'로 번역했다.

5. 〈테슈아〉(תְּשׁוּעָה): '도움' 혹은 '구원'을 뜻하는 여성 단수 명사이다.[51] 개역개정판과 새번역에서는 '평안'으로 번역되었고, NRSV에서는 'safety'로 번역되었다. 이 단어는 본래 '구하다' 혹은 '구원하다'를 뜻하

---

46 *HALOT*, 1716.
47 위의 책.
48 위의 책.
49 위의 책, 709.
50 위의 책, 837-838.
51 위의 책, 1801.

는 동사 〈야샤〉(יָשַׁע)에서 파생되었고, 이때에는 주로 하나님의 구원
(시 119:41, 81)을 의미한다.[52] 그런데 곤경에서 구해주는 것을 뜻하
기보다는 다툼에서 승리하게 하거나 성공하게 하는 것을 뜻한다.[53]
또한 잠언에서는 특별히 군사적인 승리를 가리킬 때 사용된다(21:31;
24:6b).[54]

6. 〈베롭〉(בְּרֹב): 전치사 〈베〉(בְּ)와 '풍부'를 뜻하는 남성 단수 명사
   〈롭〉(רֹב)이 합쳐진 말이다.[55] 〈롭〉이 의미상으로는 하나 이상의 복
   수를 뜻하지만, 뒤에 나오는 명사 〈요에츠〉(יוֹעֵץ)와 같이 단수를 취
   하기도 한다.[56]

7. 〈요에츠〉(יוֹעֵץ): '조언하다'를 뜻하는 동사 〈야아츠〉(יָעַץ)의 분사형으
   로 '조언하는 사람' 또는 '조언자'를 의미하는 남성 단수 명사이다.[57]
   특별히 〈요에츠〉는 "왕의 고문과 같은 전문적인 조언가"(스 7:28; 사
   19:11)와 "지도해 주는 사람"(잠 12:20, 비교. 개역개정판: 화평을 의
   논하는 자; NRSV: those who counsel peace)을 가리키기도 한다.[58]

---

52 위의 책.
53 Fox, *Proverbs 10-31*, 536.
54 Yoder, *Proverbs*, 135.
55 *HALOT*, 1174.
56 Waltke and O'Connor, *An Introduction to Biblical Hebrew Syntax*, 115.
57 *HALOT*, 403.
58 Yoder, *Proverbs*, 135.

2) 잠언 15장 22절

הָפֵ֣ר מַ֭חֲשָׁבוֹת בְּאֵ֣ין ס֑וֹד וּבְרֹ֖ב יוֹעֲצִ֣ים תָּקֽוּם׃

(개정) 의논이 없으면 경영이 무너지고 지략이 많으면 경영이 성립하느니라

(새번역) 의논 없이 세워진 계획은 실패하지만, 조언자들이 많으면 그계획이 이루어진다.

(공동) 의논 없이 세운 계획은 무너져도 중론을 모아 세운 계획은 이루어진다.

(NRSV) Without counsel, plans go wrong, but with many advisers they succeed.

(TNK) Plans are foiled for want of counsel,/ But they succeed through many advisers.

(사역) 논의가 없으면 계획들은 실패하지만, 조언자들이 많으면 계획은 성공한다.

1. 〈하페르〉(הָפֵר): '파괴하다'를 뜻하는 동사 〈파라르〉(פָּרַר)의 히필 부정사 절대형이다.[59] 그런데 동사 〈파라르〉의 대상은 주로 약속(창 17:14), 율법(시 119:26), 경건(욥 15:4)이며 조언이 목적어로 사용될 때는 '좌절시키다'를 뜻한다(삼하 15:34; 17:14; 사 14:27; 느 4:9; 스 4:5).[60] 여기서 동사 〈파라르〉는 '(계획이) 실패하다'를 뜻한다. 한편,

---

59 *HALOT*, 974–975.
60 Waltke, *Proverbs 1-15*, 639.

부정사 절대형이 정동사 대신 문장의 처음에 사용될 때는 현재 시제를 의미하며, 뒤에 나오는 미완료 동사 〈타쿰〉(תָקוּם) 역시 "격언의 미완료"(a gnomic yiptol)로 간주된다.[61]

2. 〈마하샤봇〉(מַחֲשָׁבוֹת): '생각'이나 '계획'을 뜻하는 여성 명사 〈마하샤바〉(מַחֲשָׁבָה)의 복수형이다.[62] 개역개정판의 번역인 '경영'(經營)은 "기초를 닦고 계획을 세워 어떤 일을 해 나감"이라는 뜻이 있는데 〈마하샤바〉는 바로 이런 계획을 뜻한다.[63]

3. 〈베엔〉(בְּאֵין): 전치사 〈베〉(בְּ)와 부정어 〈아인〉(אֵין)의 연계형이 합쳐진 말이다. 앞서 잠언 11장 14절에서는 '~이 없는 곳에'를 뜻했다면, 여기서는 '~이 없이는'(without)을 의미한다.[64]

4. 〈솟〉(סוֹד): 잠언에서 주로 '비밀'을 뜻하는 남성 단수 명사이다(잠 11:13; 20:19; 25:9).[65] 다만, 여기서는 "은밀한 논의"(confidential discussion)나 "그러한 논의의 결과로 도출된 계획"(scheme as consequence or result of a discussion)을 뜻한다.[66] 이것은 뒤에 나오는 '많은 조언자'와 대비된다.

5. 〈요아침〉(יוֹעֲצִים): '조언하다'를 뜻하는 동사 〈야아츠〉(יָעַץ)의 분사형이면서 명사형인 〈요에츠〉(יוֹעֵץ)의 남성 복수형으로 그 뜻은 '조언자들'

---

61 Paul Joüon, *A Grammar of Biblical Hebrew*, trans. T. Muraoka, 1st ed., with corrections, Subsidia Biblica, 14/I (Roma: Editrice Pontificio Istituto Biblio, 1993), §123w.

62 *HALOT*, 572.

63 "경영," 『표준국어대사전』, https://stdict.korean.go.kr/search/searchView.do? word_ no=395569&searchKeywordTo=3. (2023.7.23. 최종접속)

64 *HALOT*, 42.

65 위의 책, 745.

66 위의 책.

이며 "조언이나 지도를 해 주는 친구들의 무리"를 가리킨다(잠 3:32; 욥 19:19; 겔 13:9).[67] 클리포드가 주장하듯이 이 절에서 각 주어의 단수와 복수를 교차적으로 사용되어 더욱 그 의미가 대조된다:

סוֹד (논의/단수) - מַחְשָׁבוֹת (계획들/복수) - יוֹעֲצִים (조언자들/복수) - מַחֲשָׁבָה (계획/단수).[68]

6. 〈타쿰〉(תָּקוּם): '일어나다'를 뜻하는 동사 〈쿰〉(קוּם)의 칼 미완료 3인칭 여성 단수형이다.[69] 여기서 3인칭 여성 단수가 가리키는 대상은 앞에 나오는 〈마하샤봇〉(מַחְשָׁבוֹת)이다. 따라서 "계획이 이루어지다"(공동 번역 개정판, 새번역)나 "계획이 성공하다"(개역개정판, NRSV)로 번역될 수 있다.

4. 뇌물

1) 잠언 17장 23절

שֹׁחַד מֵחֵיק רָשָׁע יִקָּח לְהַטּוֹת אָרְחוֹת מִשְׁפָּט:

(LXX) λαμβάνοντος δῶρα ἐν κόλπῳ ἀδίκως οὐ κατευοδοῦνται ὁδοί ἀσεβὴς δὲ ἐκκλίνει ὁδοὺς δικαιοσύνης (선물을 그의 품 안에 잘못 받는 사람의 길은 번성하지 않고 악한 사람은 의로운 사람의 길을 굽게 한다.)

(개정) 악인은 사람의 품에서 뇌물을 받고 재판을 굽게 하느니라

---

67 Yoder, *Proverbs*, 172.
68 Clifford, *Proverbs*, 154.
69 *HALOT*, 1086-1087.

(새번역) 악인은 가슴에 안겨 준 뇌물을 먹고서, 재판을 그르친다.

(공동) 나쁜 사람은 남 몰래 뇌물을 받고 그릇된 판결을 내린다.

(NRSV) The wicked accept a concealed bribe to pervert the ways of justice.

(TNK) The wicked man draws a bribe out of his bosom/ To pervert the course of justice.

(NJB) Under cover of his cloak a bad man takes a gift to pervert the course of justice.

(사역) 악한 사람은 자신의 품으로부터 뇌물을 꺼내어 판결의 과정들을 그르치려고 한다.

1. 〈쇼핫〉 (שֹׁחַד): 기본적으로 '선물'(gift)을 뜻하는 남성 단수 명사이지만 다른 사람의 호의나 마음을 사기 위해서 주는 선물, 즉 '뇌물' (bribe)을 뜻하기도 한다.[70] 그래서 〈쇼핫〉은 정의를 굽게 하는 결과를 낳는다 (출 23:2, 6; 신 16:19; 27:19).[71] 여러 학자가 지적하듯이 이 구절이 문제 삼는 것은 단순히 선물을 주는 행위가 아니라 의도적인 목적으로 선물을 남용하는 행위이다.[72]

2. 〈메헥〉 (מֵחֵיק): 전치사 〈민〉 (מִן)과 '가슴'을 뜻하는 남성 단수 명사 〈헥〉 (חֵיק)의 연계형이 결합된 형태이다.[73] 전치사 〈민〉은 출처를 나타내는 '~로부터'의 뜻을 지니고 있으므로 〈쇼핫〉은 뇌물의 출처를

---

70 위의 책, 1457.

71 Yoder, *Proverbs*, 195.

72 Fox, *Proverbs 10-31*, 635; Yoder, *Proverbs*, 195; Clifford, *Proverbs*, 167.

73 *HALOT*, 312.

어떤 사람의 가슴으로 밝힌다. 그런데 〈헥〉은 신체적인 부위인 가슴을 직접 가리킬 수도 있지만, "허리 띠 위에 있는 옷의 접힌 부분, 그래서 손을 넣을 수 있고 물건을 보관할 수도 있는 주름이나 품"을 의미하기도 한다.[74] 잠언 17장 23절의 〈메헥〉은 바로 이것을 의미하면서 뇌물을 옷의 품에서 꺼내는 장면을 연상시킨다(비교. NJB: his cloak).

3. 〈라샤〉(רָשָׁע): '악한'을 뜻하는 남성 단수 형용사이며 여기서는 악한 행동을 하거나 악한 성품을 가지고 있는 사람을 뜻한다.[75]

4. 〈익카흐〉(יִקָּח): '취하다'를 뜻하는 동사 〈라카흐〉(לָקַח)의 칼 미완료 3 인칭 남성 단수형이다.[76] 〈익카흐〉의 주어는 앞에 있는 〈라샤〉, 즉 악한 사람이다. 따라서 악한 사람은 그 품으로부터 나온 뇌물을 취한다고 해석된다. 여기서 궁극적으로 '뇌물을 취하는 사람은 누구인가?'에 대한 궁금증이 유발된다. 이것은 〈헥〉이 〈라샤〉로 표현된 악한 사람의 품을 가리키는지, 아니면 악한 사람에게 뇌물을 주는 다른 사람의 품을 가리키는지에 달려 있다. 만약 〈헥〉이 악한 사람의 품을 가리키면 악한 사람은 뇌물공여자로 간주되고, 〈헥〉이 다른 사람의 품을 가리키면 악한 사람은 뇌물수수자로 여겨진다. 〈헥〉에 다른 사람을 가리키는 대명접미사나 뒤에 다른 사람을 나타내는 명사가 없으므로 마소라 본문을 직역하면 "악한 사람은 (자신의) 품으로부터 뇌물을 취한다"(비교. TNK: a bribe out of his bosom)이다. 즉, 마소라 본문의 직역에서는 악한 사람이 뇌물공여자로 간주될 수 있다. 이에 반해, 칠십인역은 〈엔 콜포〉(ἐν κόλπῳ, 그의 품 안에)라고 표현하면서 악한

---

74 위의 책.
75 위의 책, 1296.
76 위의 책, 534.

사람을 다른 사람이 주는 뇌물을 자신의 품 안에 넣는 뇌물수수자로 묘사한다. 폭스는 자신의 비평본에서 칠십인역을 반영하여 마소라 본문의 〈메헥〉(מחֵיק, 품으로부터)을 〈베헥〉(בחֵיק, 품 안에)으로 수정하였다.77 NRSV는 마소라 본문의 〈메헥〉이나 칠십인역의 〈엔 콜포〉를 반영하지 않고 다소 모호하게 'a concealed bribe'(은밀한 뇌물)로 번역한다.

5. 〈레핫톳〉(לְהַטּוֹת): '뻗다'를 뜻하는 동사 〈나타〉(נָטָה)의 히필 부정사 연계형인데 〈나타〉가 히필형으로 사용될 경우 '비틀다'나 '왜곡하다'를 뜻한다.78 전치사 〈레〉(לְ)와 결합된 부정사 연계형은 목적이나 결과를 나타내기 때문에 〈레핫톳〉은 악한 사람이 자기 품에서 뇌물을 취해 다른 사람에게 주려는 목적이나 결과를 뜻한다.79 그것은 곧 동사 〈나타〉의 의미처럼 재판을 비틀거나 왜곡하기 위해서이다.

6. 〈오르홋〉(אָרְחוֹת): '길'을 뜻하는 명사 〈오라흐〉(אֹרַח)의 여성 복수 연계형이며 〈오라흐〉가 비유적으로 사용될 때는 '방향'이나 '과정'을 의미한다.80 여기서는 뒤에 있는 명사 〈미쉬팟〉(מִשְׁפָּט)과 연결되면서 문자적으로는 번역하면 '판결의 길들'이지만 의역하면 '판결의 방향이나 과정'이다.

77 Fox, *Proverbs*, 260–261.
78 *HALOT*, 693.
79 Waltke and O'Connor, *An Introduction to Biblical Hebrew Syntax*, 606.
80 *HALOT*, 87.

2) 잠언 21장 14절

מַתָּ֤ן בַּסֵּ֨תֶר יִכְפֶּה־אָ֑ף וְשֹׁ֥חַד בַּ֝חֵ֗ק חֵמָ֥ה עַזָּֽה׃

(개정) 은밀한 선물은 노를 쉬게 하고 품 안의 뇌물은 맹렬한 분을 그치게 하느니라

(새번역) 은밀하게 주는 선물은 화를 가라앉히고, 품속에 넣어 주는 뇌물은 격한 분노를 가라앉힌다.

(공동) 은밀히 안기는 선물은 화를 가라앉히고 몰래 바치는 뇌물은 거센 분노를 사그라뜨린다.

(NRSV) A gift in secret averts anger; and a concealed bribe in the bosom, strong wrath.

(TNK) A gift in secret subdues anger,/ A present in private, fierce rage.

(사역) 은밀한 곳에 있는 선물은 화를 가라앉히고 품 안에 있는 뇌물은 매우 격한 분노를 누그러뜨린다.

1. 〈맛탄〉 (מַתָּן): '선물'을 뜻하는 남성 단수 명사이다.[81] 〈맛탄〉은 잠언 17장 23절에서 사용된 바 있으며 21장 14절 후반절에서 언급된 〈쇼핫〉 (שֹׁחַד)보다는 다소 중립적인 의미에서의 선물을 뜻한다. 다만 21장 14절에서는 앞서 17장 23절의 경우와 같이 은밀한 선물을 가리키기 때문에 〈맛탄〉은 후반절에 나오는 〈쇼핫〉과 비슷한 맥락의 뇌물을 뜻한다고 할 수 있다.

2. 〈밧세테르〉 (בַּסֵּתֶר): 전치사 〈베〉 (בּ), 정관사 〈하〉 (ה), '은밀한 곳'을 뜻

---

81 위의 책, 655.

하는 명사 〈세테르〉(סֵתֶר)가 결합된 형태로 직역하면 '그 은밀한 곳에'
다.[82] 따라서 앞에 있는 〈맛탄〉은 은밀한 곳에 있는 선물을 가리킨다.

3. 〈익페〉(יִכְפֶּה): "화를 가라앉히다"를 뜻하는 동사 〈카파〉(כָּפָה)의 칼 미
완료 3인칭 남성 단수형이다.[83] 〈익페〉의 주어는 앞서 사용된 남성
단수 명사 〈맛탄〉이므로 "은밀한 곳에 있는 선물은 화를 가라앉힌다"
로 해석될 수 있다. 한편, 〈익페〉의 형태는 구약성경 중 잠언 21장 14
절에서만 발견된다. 또한 동사 〈카파〉는 중세 히브리어에서 '구부리
다'를 뜻하는데 이러한 의미는 잠언 21장 14절의 문맥과는 어울리지
않는다.[84] 그래서 BHS 비평장치는 심마쿠스 번역본, 불가타, 탈굼 등
의 읽기에 따라 〈예캅베〉(יְכַבֶּה)로 읽을 것을 제안한다. BHS 비평장치
에서 제안된 〈예캅베〉는 '불을 끄다' 혹은 '진정시키다'를 뜻하는 동사
〈카바〉(כָּבָה)의 피엘 미완료 3인칭 남성 단수형이다.[85] 또한, 폭스는
'(노여움을) 누그러뜨리다'를 뜻하는 동사 〈카파르〉(כָּפַר)의 피엘 미
완료 3인칭 남성 단수형인 〈예캅페르〉(יְכַפֶּר)로 읽을 것을 제안한
다.[86]

4. 〈아프〉(אַף): 본래 '코'를 뜻하기도 하지만 '화'를 의미하기도 하는 남성
명사 〈아프〉(אַף)의 단수형이다.[87] 앞서 나온 동사 〈익페〉의 목적어
로 사용된다.

5. 〈쇼핫 바헥〉(שֹׁחַד בַּחֵק): 앞의 잠언 17장 23절에 나온 〈쇼핫 메헥〉(מֵחֵיק

---

82 *HALOT*, 772.
83 위의 책, 492.
84 Fox, *Proverbs 10-31*, 686.
85 *HALOT*, 457.
86 Fox, *Proverbs*, 290-291.
87 *HALOT*, 77.

ךֵחֵשׁ)과 비슷한 표현이다. 다만, 여기서는 전치사 〈베〉(בּ)가 사용되어 '품 안에 있는 뇌물'을 뜻한다.

6. 〈헤마〉(חֵמָה): 기본적으로 '열'을 뜻하면서도 '(동물의) 독'이나 '격노'를 뜻하는 여성 단수 명사이다.[88] 그 뒤에 '강한'을 뜻하는 형용사 〈앗자〉(עַזָּה, 원형 עַז)가 함께 사용되면서 '매우 격한 분노'를 뜻한다.[89]

7. 잠언 21장 14절은 은밀한 선물과 품 안의 뇌물이 화와 격한 분노를 진정시키는 효력이 있음을 인정한다. 그렇다고 독자에게 은밀한 선물과 뇌물을 주라고 권고하는 것은 아니다. 이것은 현실을 관찰하고 현실의 상황을 그대로 전달하는 격언으로, 뇌물을 주고받는 것이 분명히 잘못된 행동이지만 현실에서는 뇌물의 효력이 있음을 인정한다.

5. 설교를 위한 적용점

1) 분노와 인내

잠언은 분노를 기본적으로 우리가 절제하고 다스려야 할 감정으로 설명한다. 분노가 좋지 않다는 것, 화내는 것이 나쁘다는 것은 잠언의 말씀을 읽거나 공부하지 않아도 알 수 있는 사실이지만, 잠언은 분노를 어떻게 절제하고 다스리느냐에 따라 그 사람이 지혜로운 사람인지 아니면 어리석은 사람인지를 알 수 있다고 강조한다.

잠언 12장 16절("미련한 자는 당장 분노를 나타내거니와 슬기로운 자는

---

88 위의 책, 326.
89 위의 책, 804.

수욕을 참느니라")에서 미련한 자와 슬기로운 자를 구분하는 기준은 분노를 당장 나타내느냐, 아니면 수욕을 참느냐이다. 이 구절이 강조하는 점은 화가 날 때 수욕과 모욕을 참으면서도 분노를 드러내지 않는 사람이 슬기로운 사람이요, 당장 분노를 나타내는 사람이 미련한 사람이라는 것이다. 미련한 사람은 분노를 참고 숨기려고 하는데도 숨기지 못하고 다른 사람들에게 그 분노가 드러난다. 그 이유는 지적 능력이 부족해서가 아니라 마음은 분노를 참으려고 해도 그의 성품과 인격이 성숙하지 못하여 그의 감정과 행동을 통해서 분노가 자신도 모르게 드러나기 때문이다. 반대로 슬기로운 자는 지적 능력이 뛰어나서가 아니라 분노를 드러내고 화를 내게 되면 어떠한 결과를 맞이할지 알기 때문에 그가 당해 왔던 수치마저도 숨긴다.

잠언 15장 18절은 분노를 드러내면 어떠한 결과가 일어나는지를 알려준다.

분을 쉽게 내는 자는 다툼을 일으켜도 노하기를 더디 하는 자는 시비를 그치게 하느니라

분을 쉽게 내는 자는 성급한 사람 혹은 화를 쉽게 내는 사람이다. 분노와 화를 절제하지 않고 벌컥 화를 내고 분노를 쉽게 드러내면 다른 사람에게도 짜증과 화를 유발해 결국은 다툼이 일어난다. 그래서 분노를 쉽게 내지 말고 화를 벌컥 내지 말라고 권면한다. 그런데 후반절은 분노를 완전히 참는 것이 아니라 노하기를 더디 하기만 해도, 화를 내더라도 천천히 시간을 갖고 내면 다툼이 덜 일어나고 더 나아가 이미 일어난 시비와 싸움도 그치게 한다고 강조한다.

그렇다면 어떻게 하면 노하기를 더디 할 수 있을까? 잠언 19장 11절은 노하기를 더디 하는 것이 사람의 슬기라고 한다.

노하기를 더디 하는 것이 사람의 슬기요 허물을 용서하는 것이 자기의 영광이니라

노하기를 더디 하는 것이 슬기인 이유는 자신에게 분노를 유발하는 다른 사람의 허물을 보고 화를 내지 않고 참고 더 나아가 그 허물을 용서해 주면 결국 자신이 영광을 얻게 되기 때문이다. 우리를 짜증 나게 하고 분노를 유발하는 사람의 허물을 덮어주고 그 사람을 사랑하는 것, 그것이 분노를 다스리고 절제하는 지혜다. 그 사람에게 분노하고 화를 내면 분쟁과 다툼만 있다. 하나님께서 우리의 허물을 덮으시고 용서하셨듯이 우리도 다른 사람의 허물을 덮어주고 용서할 때 다툼과 싸움이 그친다.

주와 같은 신이 어디 있으리이까 주께서는 죄악과 그 기업에 남은 자의 허물을 사유하시며 인애를 기뻐하시므로 진노를 오래 품지 아니하시나이다(미 7:18).

하나님께서 우리의 허물을 덮어주고 용서하셨듯이 우리도 그렇게 할 때 분노를 품지 않고 용서하고 이 땅에 화평을 전하는 자로 살 수 있다. 그리고 하나님께서는 그렇게 노하기를 더디 하고 허물을 덮는 사람을 영광스럽게 하신다. 이것이 잠언이 말하는 분노를 절제하는 방법이다.

2) 겸손과 교만

잠언이 분노와 더불어 강조하는 성품은 겸손과 교만이다. 겸손한 사람이 자신의 한계와 분수를 잘 알고 지킨다면, 교만한 사람은 자신의 한계와 분수를 모르고 지키지 않는다. 잠언 11장 2절("교만이 오면 욕도 오거니와 겸손한 자에게는 지혜가 있느니라")은 마치 손님이 연이어 찾아오듯이 교만이 오면 뒤따라 욕도 온다고 설명한다. 사람이 마음이나 태도에 있어서 교만을 갖게 되면 교만만 오는 것이 아니라 욕과 수치도 함께 찾아온다. 반면, 겸손한 자에게는 지혜가 있는데, 겸손한 자에게 지혜가 오는 것이 아니라 지혜가 늘 함께한다는 뜻이다. 잠언에서 자주 강조되지만, 지혜는 머리를 쓰는 지식적인 차원이 아니라 마음을 쓰는 전인격적인 차원과 관계가 있다. 다른 사람을 진심으로 존중하여 자신을 내세우지 않는 사람에게는 늘 지혜가 함께 하는 하나님의 복이 있다.

잠언 18장 12절 역시 교만과 겸손의 결과를 비교한다.

사람의 마음의 교만은 멸망의 선봉이요 겸손은 존귀의 길잡이니라

여기서 교만은 본래 "높이 들려 있다"를 뜻한다. 그래서 마음이 높이 들려 있는 상태가 교만이다. 우리는 부족함이 없이 넘칠 때, 믿을 만한 구석이 있을 때 우리도 모르게 우리 마음이 높이 들려 우쭐하게 된다. 그런데 잠언을 비롯한 구약성경에서 마음은 단순히 사람의 감정을 주관하는 신체 기관이 아니라 심장을 가리키며 사람의 생각과 의지를 주관하는 기관이다. 따라서 마음이 높이 들려 있다는 것은 감정이나 기분뿐만 아니라 생각과 의지를 포함한 모든 것이 교만한 상태이다. 이런 교만은 멸망의 선봉인데, 어떤 사람이 멸망 당하고 그 앞을 보니 그에게 교만이 있었다는 뜻이다.

잠언이 겸손과 교만에 대해 강조하는 점은 간단명료하다. 지혜 있는 사람은 겸손하게 되고 그에 따라 존귀하게 되지만, 지혜가 없는 사람은 교만하게 되고 그에 따라 수치를 당하고 멸망 당한다. 그런데 잠언은 서론인 1장 7절에서 지혜의 출발점이 하나님을 경외하는 것이라고 단언했다. 따라서 진정한 겸손은 하나님을 우리의 주인으로 인정하고, 하나님보다 나를 낮추고, 하나님께서 창조하신 다른 사람들을 존중하는 모습이다. 반대로 교만은 하나님을 주인으로 인정하지 않고, 하나님보다 자신을 높이고, 다른 사람을 업신여기는 모습이다. 하나님을 인정하고 이웃을 사랑하는 지혜로운 사람을 하나님께서는 높이 쓰시고 영광스럽게 하신다. 반면, 하나님을 인정하지 않고 자신이 자기 삶의 주인이라고 생각하며 다른 사람을 업신여기는 사람은 하나님께서 멸망시키신다.

3) 덕과 성품

그렇다면 겸손해지는 방법이나 비법이 있을까? 아쉽게도 그렇지 않다. 그럼에도 겸손해져야 하는 것은 분명하다. 이러한 문제에 대해 스탠리 하우어워스는 『덕과 성품』에서 통찰력 있는 대답을 제시한다.

성품은 덕의 총합이 아니란다. 덕의 총합 같은 것이 존재하는지도 분명치

않다. 덕은 우리의 구체적 방식으로 행동함으로써 우리 안에 스며든단다. 삶의 방식을 구성하는 실천과 활동을 훈련하면서 익히는 습관들이 덕이라는 사실은 변함이 없단다.[90]

즉, 하우어워스는 우리가 덕스러워지려고 노력한다고 해서 덕을 갖추는 것이 아니라 살아가면서 얻는 경험을 통해 자연스럽게 갖추게 된다고 주장한 것이다. 겸손해지는 비결이 있는 것이 아니라, 우리가 삶에서 자신을 낮추고 남을 존중했을 때 얻게 되는 기쁨이 누적될수록 우리도 자연스럽게 겸손해진다. 또한 겸손한 사람이 베푸는 자비와 사랑을 경험할수록 우리 역시 그렇게 겸손해지기를 바라면서 더욱 겸손의 기쁨을 추구할 수 있다.

잠언 16장 18-19절은 우리가 겸손한 사람과 함께 할 때 얻는 기쁨과 경험이 중요하다는 점을 전한다.

교만은 패망의 선봉이요 거만한 마음은 넘어짐의 앞잡이니라 겸손한 자와 함께 하여 마음을 낮추는 것이 교만한 자와 함께 하여 탈취물을 나누는 것보다 나으니라

특히 19절은 겸손한 사람과 함께 했을 때와 교만한 사람과 함께 했을 때의 상반된 결과를 보여준다. 겸손한 사람과 함께 하면 그 사람처럼 마음을 낮추게 되는데 여기서 겸손한 사람은 원래 '고통 중에 있는 사람'을 뜻한다. 마음을 낮춘다는 것은 눈높이를 낮추는

---

90 스탠리 하우어워스, 『덕과 성품: 좋은 삶을 일구는 핵심 미덕 14가지』, 홍종락 옮김 (서울: IVP, 2019), 203.

것과 비슷하다. 마음을 낮춘다는 것은 눈높이를 낮추어 그 사람과 대화하듯이 그 사람의 고통에 동참하며 그 사람의 자리로 낮아지기 위해 자신을 낮추는 행동으로 이것이 겸손이다.

잠언 16장 19절은 겸손의 모습을 교만한 자와 함께 하여 탈취물을 나누는 것보다 낫다고 전한다. 탈취물은 전리품을 뜻하기도 하는데 전리품을 나눈다는 것은 전쟁에서 승리했다는 뜻이며 분명히 좋고 영광스러운 일이다. 그런데 전리품을 나눌 때 교만한 사람과 함께 나누면 고통 중에 있으며, 약한 사람과 함께 하면서 마음을 낮추기보다는 약한 사람에게 돌아갈 전리품마저 가로채고 자신의 공로를 더욱 드러낼 것이다. 그러므로 비록 재물을 더 얻지 못하고 고통 중에 있는 사람에게 주어서 재산이 줄어든다고 할지라도 그것이 더 낫다는 것이다.

제7장

"지혜 있는 자의 말씀"

(잠 22:17-24:34)

1. 특징

1) 단락

(1) '솔로몬의 잠언'이라는 표제 아래 잠언에서 상당한 양을 차지하는 단락(잠 10:1-22:16)이 이어지다가 잠언 22장 17절에 "지혜 있는 자의 말씀"이라는 표제가 나오면서 새로운 단락이 시작됨을 알려준다. 이 표제는 24장 23절의 "이것도 지혜로운 자들의 말씀이라"라는 표현에서 다시 등장한다. 그리고 25장 1절에서는 "이것도 솔로몬의 잠언이요"라는 새로운 표제가 등장한다. 따라서 22장 17절-24장 34절을 하나의 단락으로 볼 수 있으며, 이 단락은 22장 17절-24장 22절과 24장 23-34절의 두 부분으로 나눌 수 있다.

(2) 표제 외에도 잠언 22장 17절에서 새로운 단락이 시작되고 있는 것을 나타내는 증거로는 머피가 주장하듯이 "지혜 있는 자의 말씀을 들으며 내 지식에 마음을 둘지어다"와 같은 권고가 나타나는 점이다.[1] 앞선 단락인 솔로몬의 잠언(10:1-22:16)과는 달리, 1-9장에서 자주 등장하는 "내 아들아"라는 표현이 발견된다(23:15, 19, 26; 24:13, 21).[2] 또한 1-9장에서 자주 나타났던 도입부가 22장 17절, 23장 19, 22, 26절에서 반복되고 가정에 대한 관심(23:15-16, 22-25; 24:3)도 한층 깊어진다. 그래서 요더는 "지혜 있는 자의 말씀"을 1-9장의 "데자뷰"(déjà vu)라고 부른다.[3]

---

1 Murphy, *Proverbs*, 169.
2 위의 책.
3 Yoder, *Proverbs*, 228.

2) 주제 및 형식

(1) '지혜 있는 자의 말씀'은 이전 단락인 솔로몬의 잠언(10:1-22:16)에서 주로 볼 수 있었던 인생에 대한 다양한 조언보다는 특정한 주제에 대한 교훈을 전한다. 또한 한 절 안에서 반대되는 행동을 대조하기도 하지만(예: 23:17; 24:16), 많은 잠언이 두 문장이나 그 이상으로 이루어져 있고(예: 23:29-35; 24:30-34), 질문의 형식을 갖추기도 한다(22:27; 24:12, 22).[4]

(2) '지혜 있는 자의 말씀'은 독자들에게 특정한 행동 양식, 즉 의롭고 선한 길을 수용하거나 불의하고 악한 길을 피하라고 권고한다는 점에서 1-9장의 주제와 비슷하다.

3) 『아메네모페의 교훈』(*Instruction of Amenemope*)과의 연관성

(1) 1888년에 처음 발견된 『아메네모페의 교훈』은 1923년 벗지(A. W. Budge)에 의해 출판된 이후로 잠언을 비롯한 구약성경의 지혜문학 연구에 있어서 새로운 동력을 제공했다.[5] 『아메네모페의 교훈』은 고대 이집트의 라메사이드 시대(Ramesside period), 즉 신왕국 20왕조 시대(주전 약 1300~1069년)에 기록되었을 것으로 추정된다.[6] 『아메네모페의 교훈』은 아메네모페가 자기 아들에게 전하는

---

4 위의 책, 228-229.

5 위의 책, 226-227.

6 Miriam Lichtheim, *Ancient Egyptian Literature: A Book of Readings*, vol. 2 (Berkeley, Calif.; London: University of California Press, 2006), 146-147.

교훈이 주된 내용이고 총 30장으로 구성되어 있으며, 이상적인 사람을 겸손하고 소박한 사람으로 규정하면서 자제력, 침착함, 친절함을 강조한다.[7]

(2) 『아메네모페의 교훈』이 학자들의 관심을 촉발한 이유는 잠언 22장 17절-24장 22절, 그중에서도 특히 22장 17절-23장 11절과 매우 유사하기 때문이다. 따라서 학자들은 『아메네모페의 교훈』과 잠언 22장 17절-24장 22절이 서로 어떤 관계가 있는지에 관심을 가져왔다. 처음 발견되었던 『아메네모페의 교훈』의 사본은 주전 6세기의 것으로 추정되어 어떤 학자들은 이 이집트 본문이 잠언의 영향을 받아 기록된 것이라고 주장했다. 그러나 주전 6세기보다 더 오래된 『아메네모페의 교훈』의 사본이 추가로 발견되면서 학자들은 히브리 성경의 잠언보다 연대적으로 앞선다는 것에 대해서는 대체로 동의한다.[8]

(3) 잠언 22장 17절-24장 22절과 『아메네모페의 교훈』과의 관계에 대한 학자들의 의견은 김정우가 요약했듯이 크게 세 가지로 나뉜다.[9] 첫째, 잠언 22장 17절-24장 22절은 『아메네모페의 교훈』의 영향을 받아 기록되었다는 견해이다. 다만, 잠언 22장 17절-24장 22절의 저자는 『아메네모페의 교훈』의 직접적인 영향을 받아 이 이집트 자료의 사본을 가지고 기록하였거나 잠언의 저자가 『아메네

---

7 위의 책.

8 Christopher B. Hays, *Hidden Riches: A Sourcebook for the Comparative Study of the Hebrew Bible and Ancient Near East*, First edition (Louisville: Westminster John Knox Press, 2014), 317.

9 김정우, 『성서주석 잠언』, 616-617.

모페의 교훈』을 참고하되 선별적으로 혹은 제한적으로 사용하여 기록하였을 수 있다. 둘째, 잠언 22장 17절-24장 22절과 『아메네모페의 교훈』은 동일한 초기 히브리어 자료로부터 기원하여 기록되었다는 견해이다. 셋째, 잠언 22장 17절-24장 22절과 『아메네모페의 교훈』은 서로 직접적인 연관성은 없지만, 공통된 고대 근동의 자료에서 영향을 받아 기록되었다는 견해이다.[10] 이렇게 학자마다 입장의 차이는 있지만, 대체로 잠언의 저자가 『아메네모페의 교훈』을 어떤 식으로든지 활용했을 것으로 가정한다.

2. 서론(잠 22:17-21)

1) 잠언 22장 17절

הַט אָזְנְךָ וּשְׁמַע דִּבְרֵי חֲכָמִים וְלִבְּךָ תָּשִׁית לְדַעְתִּי׃

(LXX) λόγοις σοφῶν παράβαλλε σὸν οὖς καὶ ἄκουε ἐμὸν λόγον τὴν δὲ σὴν καρδίαν ἐπίστησον ἵνα γνῷς ὅτι καλοί εἰσιν

(지혜 있는 사람들의 말씀에 너의 귀를 기울이고 나의 말을 듣고 너의 마음을 정하라. 그러면 너는 그것들이 선하다는 것을 알게 될 것이다.)

(개정) 너는 귀를 기울여 지혜 있는 자의 말씀을 들으며 내 지식에 마음을 둘지어다.

(새번역) 귀를 기울여서 지혜 있는 사람의 말을 듣고, 나의 가르침을 너의

---

10 위의 책.

마음에 새겨라

(공동) 너는 귀를 기울여 현자들의 말을 듣고 그들의 지식에 마음을 쏟아라

(NRSV) The words of the wise: Incline your ear and hear my words, and apply your mind to my teaching;

(TNK) Incline your ear and listen to the words of the sages; Pay attention to my wisdom.

(사역) 너의 귀를 기울여 지혜 있는 사람들의 말씀들을 들으며 나의 지식에 주의를 기울여라

1. 〈핫〉 (הַט): '펼치다'를 뜻하는 동사 〈나타〉 (נָטָה)의 히필 명령 2인칭 남성 단수형이다.[11] 동사 〈나타〉가 히필형으로 사용될 경우 '뻗다'를 뜻하기도 하며 여기에서와 같이 '귀'를 뜻하는 〈오젠〉 (אֹזֶן)과 함께 사용될 때는 "귀를 기울이다"를 의미한다.[12]

2. 〈셰마〉 (שְׁמַע): '듣다'를 뜻하는 동사 〈샤마〉 (שָׁמַע)의 칼 명령 2인칭 남성 단수형이다.[13] 앞서 나온 명령형인 〈핫〉 (הַט)과 평행한다. 칠십인역은 〈셰마〉의 목적어로 〈에몬 로곤〉 (ἐμὸν λόγον, 나의 말)을 삽입하였다. 이러한 이유로 BHS 비평장치는 이에 해당하는 히브리어 〈데바라이〉 (דְּבָרַי)를 본문에 넣어 읽을 것을 제안한다.

3. 〈하카밈〉 (חֲכָמִים): '능숙한', '숙련된', '지혜로운'을 뜻하는 형용사 〈하캄〉 (חָכָם)의 남성 복수형이다.[14] 여기서는 '지혜 있는 사람들' 혹은 '현자

---

11 *HALOT*, 693.

12 David J. A. Clines, ed., *The Dictionary of Classical Hebrew* (Sheffield: Sheffield Academic Press, 1993), 675.

13 *HALOT*, 1571.

제7장 "지혜 있는 자의 말씀" | **189**

들'로 이해될 수 있다. 한편, BHS 비평장치는 〈디브레 하카밈〉(חִכְמִים דִּבְרֵי, 지혜 있는 사람들의 말씀)이 표제로 기능하기 때문에 그것의 위치를 문장의 처음으로 옮길 것을 제안한다. 많은 학자는 〈디브레 하카밈〉이 표제로 기능하는 읽기가 마소라 본문보다 원문에 더 가깝다고 생각하면서 BHS 비평장치의 수정된 읽기를 받아들인다.[15] NRSV도 "The words of the wise"로 번역하면서 표제로 기능하는 수정된 읽기를 반영한다. 이렇게 BHS 비평장치의 수정된 읽기를 지지하는 데에는 다음과 같은 이유가 있다. 첫째, BHS 비평장치의 수정된 읽기는 〈디브레 하카밈〉이 잠언 22장 17절-24장 22절 단락의 표제로서 명확하게 기능하도록 한다. "너의 귀를 기울이고 나의 말을 들으라"라는 수정된 읽기는 잠언 22장 17절-24장 22절의 형성에 영향을 미친 것으로 생각되는 『아메네모페의 교훈』 1장의 첫 구절과도 매우 유사하다 ("Give your ears, hear the sayings"[너의 귀를 기울여라, 말들에 귀를 기울이라]).[16] 둘째, 잠언 24장 23절, "이것들 또한 지혜로운 자들의 것이다"(לַחֲכָמִים אֵלֶּה גַּם)라는 표제는 이미 앞에 '지혜로운 자들의 말씀'이라는 표제가 있다는 점을 전제한다. 셋째, 잠언 1-9장과 같이 잠언에서 도입부는 대개 교훈을 전하는 자의 말에 귀를 기울이라는 표현으로 시작된다.[17] 칠십인역에는 지혜로운 사람들의 말씀에 해당하는 〈로고이스 소폰〉(λόγοις σοφῶν)이 사용되지만, 이 표현이 BHS 비평장

---

14 형용사 〈하캄〉(חָכָם)은 구약성경에서 약 130회 사용되었는데 그중 잠언에서만 46회 사용되었다. 위의 책, 314.

15 예를 들면, Fox, *Proverbs*, 302–304; Clifford, *Proverbs*, 204; Murphy, *Proverbs*, 169.

16 Lichtheim, *Ancient Egyptian Literature*, 2:149.

17 Fox, *Proverbs 10-31*, 707–708.

치의 수정된 읽기처럼 본문에서 표제로 뚜렷하게 기능하지는 않는다. 오히려 마소라 본문처럼 "지혜 있는 사람들의 말씀들에 너의 귀를 기울이라"로 번역된다. 따라서 칠십인역의 22장 17절은 10장 1절부터 계속되는 솔로몬의 잠언과 연결되는 효과를 발생시키며 잠언 전체가 솔로몬의 저작인 것처럼 보이게 하는 의도를 내비친다.

4. 〈타쉿〉(תָּשִׁית): '놓다'를 뜻하는 동사 〈쉿〉(שִׁית)의 칼 미완료 2인칭 남성 단수형이다.[18] 동사 〈쉿〉이 '마음'을 뜻하는 〈레브〉(לֵב)와 함께 사용될 때는 "주의를 기울이다"를 뜻한다.[19] 앞서 사용된 두 동사, 〈핫〉(הַט)과 〈세마〉(שְׁמַע) 모두 명령형으로 사용되었는데 〈타쉿〉만 미완료형으로 사용되었다. 그러나 문맥상 〈타쉿〉 역시 명령의 의미를 담고 있다. 문법적으로 미완료 형태가 화자의 의지를 긍정적인 요청으로 표현하면서 명령과 동일한 의미를 전달하는데 여기에서 사용된 〈타쉿〉의 경우도 그러하다.[20]

5. 〈레다티〉(לְדַעְתִּי): 전치사 〈레〉(לְ)와 '지식'을 뜻하는 여성 명사 〈다앗〉(דַּעַת)의 단수 연계형에 2인칭 남성 단수 대명접미사가 붙은 형태이다.[21] 따라서 '나의 지식에'로 번역된다. 한편, BHS 비평장치는 칠십인역의 읽기인 〈히나 그노스〉(ἵνα γνῷς: '알기 위해' 또는 '알도록')에 따라 마소라 본문의 〈레다티〉(לְדַעְתִּי) 대신 〈라다앗〉(לְדַעַת, 동사 〈야다〉[יָדַע]의 칼 부정사 연계형, '알기 위해')이나 〈레다아탐〉

---

18 *HALOT*, 1484.

19 위의 책, 1485.

20 Gesenius, *Gesenius' Hebrew Grammar*, §107n; Joüon, *A Grammar of Biblical Hebrew*, §113m; Waltke and O'Connor, *An Introduction to Biblical Hebrew Syntax*, 509.

21 *HALOT*, 228–229.

(לְדַעְתָּם, 동사 〈야다〉[יָדַע]의 칼 부정사 연계형에 3인칭 남성 복수 대명 접미사가 붙은 형태, '그것들[말씀들]을 알기 위해')로 읽을 것을 제안한다.

2) 잠언 22장 18절

כִּי־נָעִים כִּי־תִשְׁמְרֵם בְּבִטְנֶךָ יִכֹּנוּ יַחְדָּו עַל־שְׂפָתֶיךָ׃

(개정) 이것을 네 속에 보존하며 네 입술 위에 함께 있게 함이 아름다우니라
(새번역) 그것을 깊이 간직하며, 그것을 모두 너의 입술로 말하면, 너에게 즐거움이 된다.
(공동) 이것을 마음 깊이 새기고 고스란히 입술에 올리면 네가 즐거우리라.
(NRSV) for it will be pleasant if you keep them within you, if all of them are ready on your lips.
(TNK) It is good that you store them inside you, And that all of them be constantly on your lips,
(사역) 그것들을 네 속 깊이 간직하고, 그것들이 네 입술 위에서 준비되도록 한다면 아름답다.

1. 〈나임〉 (נָעִים): '사랑스러운'을 뜻하는 남성 단수 형용사이다.[22] 〈나임〉은 단순히 눈에 보기에 좋을 뿐만 아니라 마음에도 호소할 수 있는 뛰

---

22 위의 책, 705.

어난 아름다움을 소유하고 있는 것을 말한다.[23]

2. 〈티쉬메렘〉(תִּשְׁמְרֵם): '지키다'를 뜻하는 동사 〈샤마르〉(שָׁמַר)의 칼 미완료 2인칭 남성 단수형에 3인칭 남성 복수 대명접미사가 붙은 형태이다.[24] 직역하면 "너는 그것들을 지킬 것이다"이다. 그런데 앞에 조건을 나타내는 접속사 〈키〉(כִּי)가 있으므로 "네가 그것들(지혜 있는 자들의 말씀)을 간직하면"으로 해석할 수 있다.

3. 〈베비트네카〉(בְּבִטְנֶךָ): 전치사 〈베〉(בְּ)와 '복부'를 뜻하는 여성 명사 〈베텐〉(בֶּטֶן)의 단수 연계형에 2인칭 남성 단수 대명접미사가 결합된 형태이다.[25] 그런데 여기에서 〈베텐〉은 "사람의 감정을 주관하는 장소인 장기"를 뜻한다.[26] 다만, 장기를 '네 속 깊이'로 의역할 수 있다.

4. 〈익코누〉(יִכֹּנוּ): '세우다'를 뜻하는 동사 〈쿤〉(כּוּן)의 니팔 미완료 3인칭 남성 복수형으로 "그것들(지혜 있는 자들의 말씀)이 세워질 것이다"로 직역될 수 있다.[27] 다만, 동사 〈쿤〉은 여기에서 '~할 준비가 되다'라는 특별한 의미로 사용된다.[28] 그래서 "그것들(지혜 있는 자들의 말씀)이 준비가 되다"로 해석된다.

5. 〈야흐다브〉(יַחְדָּו): '~와 함께'를 뜻하는 부사이다.[29] BHS 비평장치는 『아메네모페의 교훈』3장 13행("[나의 말들을] 너의 복부의 상자 속에 간직하여라")에 따라 '쐐기같이'를 의미하는 〈케야텟〉(כַּיָּתֵד)으로 고쳐

---

23 Waltke, *Proverbs 16-31*, 222.
24 *HALOT*, 1582.
25 위의 책, 121.
26 위의 책.
27 위의 책, 464.
28 위의 책.
29 위의 책, 406.

서 읽을 것을 제안한다.

6. 〈세파테카〉(שְׂפָתֶיךָ): '입술'을 뜻하는 명사 〈사파〉(שָׂפָה)의 여성 쌍수 연계형에 2인칭 남성 단수 대명접미사가 붙어서 "너의 입술(들)"을 뜻한다.[30]

7. 17-18절에서 지혜 있는 자들의 말씀을 듣고, 마음에 두며, 속에 **보존하고**, 입술 위에 함께 **하라**는 네 단계로 권면한다. 따라서 귀를 통해 들어온 지혜의 말씀은 우리 마음에 두고 보존되어 다시 입술을 통해 전해져야 한다.

3) 잠언 22장 20절

הֲלֹא כָתַבְתִּי לְךָ שָׁלִישִׁים בְּמוֹעֵצֹת וָדָעַת׃

(LXX) καὶ σὺ δὲ ἀπόγραψαι αὐτὰ σεαυτῷ τρισσῶς εἰς βουλὴν καὶ γνῶσιν ἐπὶ τὸ πλάτος τῆς καρδίας σου (그리고 이제 너는 조언과 지식을 위해 그것들을 네 마음의 표면 위에 세 번 옮겨적어라)

(개정) 내가 모략과 지식의 아름다운 것을 너를 위해 기록하여

(새번역) 내가 너에게, 건전한 충고가 담긴 서른 가지 교훈을 써 주지 않았느냐?

(공동) 나는 너에게 서른 가지 잠언을 써주지 않았느냐? 거기에 권고와 지식이 담겨 있다.

(NRSV) Have I not written for you thirty sayings of admonition and

---

30 위의 책, 1347.

knowledge,

(TNK) Indeed, I wrote down for you a **threefold** lore, Wise counsel,

(NJB) Have I not written for you **thirty chapters** of advice and knowledge,

(사역) 내가 너를 위해서 서른 가지의 조언과 지식을 기록하지 않았느냐?

1. ⟨할로⟩ (הֲלֹא): 의문사 ⟨하⟩ (ה)와 부정어 ⟨로⟩ (לֹא)가 결합된 형태이다. 의문사 ⟨하⟩는 대개 의문문의 첫 단어에 접두되기 때문에 여기서도 부정어 ⟨로⟩에 접두되었다.[31] 한편, ⟨할로⟩는 '~하지 않는가?'라는 뜻으로 단순히 '예' 혹은 '아니오'를 요구하는 질문이 아니라 사실의 확인이나 강조를 위해서 사용된다.

2. ⟨카탑티⟩ (כָּתַבְתִּי): '기록하다'를 뜻하는 동사 ⟨카탑⟩ (כתב)의 칼 완료 1인칭 공성 단수형으로 "내가 기록했다"라는 뜻이다.[32] 잠언 22장 20절은 동사 ⟨카탑⟩을 사용하여 저자의 가르침이 기록된 문서로 존재한다는 사실을 전제하고 있다. 자기 아들이나 다른 독자들을 위해 가르침을 기록하여 그것을 말하는 개념은 고대 근동, 특별히 이집트의 지혜문학에 있어서 중요했다.[33]

3. ⟨샬리쉼⟩ (שָׁלִישׁוֹם): BHS 비평장치와 BHQ 비평장치는 마소라 본문의 케티브 형태인 ⟨샬리쉼⟩을 필사상의 오류라고 지적하면서 ⟨쉴숌⟩ (שִׁלְשׁוֹם)이 올바른 케티브 형태라고 제안한다. ⟨쉴숌⟩은 '사흘 전' 혹은 '엊그제'를 뜻하는데, 이 단어는 구약성경에서 ⟨테몰 쉴숌⟩ (תְּמוֹל שִׁלְשׁם)

---

31 위의 책, 236.
32 위의 책, 504.
33 Fox, *Proverbs 10-31*, 709.

의 형태로만 발견된다(출 5:8; 삼상 4:7; 룻 2:11).[34] 그런데 문제는 수정된 케티브 형태인 〈쉴숌〉은 잠언 22장 20절의 의미를 명확하게 밝혀주지 않는다는 점이다. 제시하는 케레 형태의 〈샬리쉼〉(שָׁלִישִׁים)은 '고귀한 것들' 혹은 '세 번'(LXX: τρισσῶς)으로 번역되기도 하지만 본래 왕을 수행하는 사람들이나 군대 장교들을 뜻한다.[35] 따라서 케레 형태의 〈샬리쉼〉으로 읽는다 해도 잠언 22장 20절의 의미가 분명하지 않다는 문제가 있다. 대부분 학자는 BHS 비평장치의 제안을 따라 〈샬리쉼〉(שָׁלִישִׁים)을 〈셸로쉼〉(שְׁלֹשִׁים)으로 고쳐서 읽는데 그 뜻은 '삼십'이다(공동번역 개정판, 새번역, NRSV, NJB). 이것은 "Look to these thirty chapters, They inform, they educate"(이 삼십 장을 보라, 그것들은 유익하며 교훈을 준다)라는 『아메네모페의 교훈』의 결론부(27.7)에서 영향을 받은 것으로 간주된다.[36]

4. 〈베모에촛〉(בְּמוֹעֵצֹת): 전치사 〈베〉(בְּ)와 '조언'을 뜻하는 여성 명사 〈모에차〉(מוֹעֵצָה)의 복수 연계형이 결합되었다.[37] 전치사 〈베〉는 대개 장소를 나타내면서 '~에'를 뜻하지만 여기서는 동격을 나타내면서 앞에 있는 〈셸로쉼〉(שְׁלֹשִׁים)이 무엇인지를 알려주는 기능을 한다.[38] 따라서, '서른 가지의 조언과 지식'으로 번역될 수 있다.

---

34 위의 책, 710.

35 *HALOT*, 1526; *BDB*, 1026.

36 Lichtheim, *Ancient Egyptian Literature*, 2:162.

37 *HALOT*, 558.

38 Waltke and O'Connor, *An Introduction to Biblical Hebrew Syntax*, 198.

3. 교훈들(잠 22:22-24:22)

1) 잠언 23장 1절

כִּי־תֵשֵׁב לִלְחוֹם אֶת־מוֹשֵׁל בִּין תָּבִין אֶת־אֲשֶׁר לְפָנֶיךָ:

(개정) 네가 관원과 함께 앉아 음식을 먹게 되거든 삼가 네 앞에 있는 자가 누구인지를 생각하며

(새번역) 네가 높은 사람과 함께 앉아 음식을 먹게 되거든, 너의 앞에 누가 앉았는지를 잘 살펴라.

(공동) 임금과 한 식탁에 앉게 되거든 네 앞에 무엇이 있는지 잘 살펴라.

(NRSV) When you sit down to eat with a ruler, observe **carefully** what is before you,

(TNK) When you sit down to dine with a ruler,/ Consider **well** who is before you.

(사역) 네가 통치자와 함께 식사를 하기 위해 앉을 때, 네 앞에 있는 것이 무엇인지 너는 반드시 주의 깊게 살펴야 한다.

1. 〈테셉〉(תֵשֵׁב): '앉다'를 뜻하는 동사 〈야샵〉(יָשַׁב)의 칼 미완료 2인칭 남성 단수형이다.[39] 앞서 사용된 접속사 〈키〉(כִּ)가 시간을 나타내면서 '~할 때'를 뜻하기 때문에 '네가 앉을 때'로 번역된다.

2. 〈릴홈〉(לִלְחוֹם): 전치사 〈레〉(לְ)와 "~와 같이 먹다"를 뜻하는 동사 〈라

---

39 *HALOT*, 444.

함〉(לֶחֶם)의 칼 부정사 연계형이 결합되었다.[40] 전치사 〈레〉와 결합된 부정사 연계형은 주로 목적을 나타내므로 〈릴훔〉은 '먹기 위하여'라고 번역된다.

3. 〈모셸〉(מוֹשֵׁל): '다스리다'를 뜻하는 동사 〈마샬〉(מָשַׁל)의 칼 능동분사 남성 단수 절대형이다.[41] 그래서 '다스리는 사람'의 의미를 반영하여 개역개정판에서는 '관원'으로, 새번역에서는 '높은 사람'으로, 공동번역 개정판에서는 '임금'으로, NRSV와 TNK에서는 'ruler'로 번역되었다. 한편, 〈모셸〉은 구약성경에서 왕(수 12:2; 왕상 5:1), 고관(창 45:8; 슥 6:13), 지방 관리(사 28:14; 대하 23:20)를 가리키기도 한다.[42] 이 구절에서 〈모셸〉과 함께 식사하는 것을 전제로 하는 점은 이 잠언을 듣거나 읽는 대상이 왕이나 관리와 접촉할 수 있는 기회를 가지고 있는 고위 계층 또는 그의 자녀임을 알게 해 준다.

4. 〈빈 타빈〉(בִּין תָּבִין): 앞에 있는 〈빈〉은 '이해하다' 혹은 '보다'를 뜻하는 동사 〈빈〉(בִּין)의 칼 부정사 절대형이다.[43] 뒤에 있는 〈타빈〉은 같은 동사의 칼 미완료 2인칭 남성 단수형이다. 이렇게 같은 동사의 부정사 절대형과 정동사가 나란히 사용되면 부정사 절대형은 '반드시' 혹은 '확실히'를 뜻하면서 정동사의 의미를 한층 더 강조해 준다. 여기서도 "반드시 너는 이해해야 한다" 혹은 "너는 확실히 보아야 한다"를 뜻하는데, 의역하면 "너는 반드시 주의 깊게 살펴보아야 한다"(NRSV: to observe carefully; TNK: consider well)이다.

---

40 위의 책, 526.
41 위의 책, 647.
42 Fox, *Proverbs 10-31*, 720.
43 *HALOT*, 122.

5. 〈아셰르 레파네카〉(אֲשֶׁר לְפָנֶיךָ): 앞에 전치사 〈엣〉(אֵת)이 사용되면서 뒤에 있는 〈아셰르 레파네카〉가 동사 〈타빈〉의 목적어가 된다. 〈아셰르〉는 주로 관계사로 사용되면서 앞에 있는 선행사를 수식하지만, 때로는 선행사 없이 독립적인 관계절을 이끌 수 있다.[44] 따라서 〈아셰르〉는 사람을 가리키는 '누구' 혹은 사물을 가리키는 '무엇'으로 번역될 수 있고 〈레파네카〉가 '너의 앞에'를 뜻하므로 〈아셰르 레파네카〉는 두 가지로 번역된다. 첫째, 너의 앞에 있는 사람이 누구인지, 즉 함께 식사하는 사람의 지위를 고려하여 그 상황에 맞는 식사 예절을 지키라는 것이다. 둘째, 너의 앞에 있는 것이 무엇인지, 즉 앞에 차려져 있는 음식에 주의하여 탐하지 말라는 것이다.[45]

2) 잠언 23장 2절

וְשַׂמְתָּ שַׂכִּין בְּלֹעֶךָ אִם-בַּעַל נֶפֶשׁ אָתָּה:

(개정) 네가 만일 음식을 탐하는 자이거든 네 목에 칼을 둘 것이니라
(새번역) 식욕이 마구 동하거든, 목에 칼을 대고서라도 억제하여라.
(공동) 식욕이 마구 동하거든 입에 망을 씌워라.
(NRSV) and put a knife to your throat if you have a big appetite.
(TNK) Thrust a knife into your gullet If you have a large appetite.
(사역) 그리고 만약 네가 먹성이 좋은 사람이라면 너의 목구멍에 칼을

---

44 Ronald J. Williams, *Williams' Hebrew Syntax*, 3rd ed. (Toronto: University of Toronto Press, 2007), 164.
45 Clifford, *Proverbs*, 209.

두어야 한다.

1. 〈붸삼타〉(וְשַׂמְתָּ): '놓다'를 뜻하는 동사 〈심〉(שִׂים)의 칼 봐브 연속 완료 2인칭 남성 단수형이다.[46] 따라서 "그리고 너는 둘 것이다"의 미완료 의미로 번역되는데, 다만 앞서 1절에서 부정사 절대형이 사용되어 저자가 전달하는 내용이 강조되므로 여기서도 "그리고 너는 두어야 한다"로 번역될 수 있다.

2. 〈삭킨〉(שַׂכִּין): '칼'이나 '단검'을 뜻하는 남성 단수 명사이다.[47] 앞에 사용된 동사 〈붸삼타〉의 목적어이다.

3. 〈벨로에카〉(בְּלֹעֶךָ): 전치사 〈베〉(בְּ)와 '목구멍'을 뜻하는 명사 〈로아〉(לֹעַ)의 남성 단수 연계형에 2인칭 남성 단수 대명 접미사가 합쳐진 형태로 "너의 목구멍에"로 번역된다.[48] 따라서 2절 전반절은 "너는 칼을 너의 목구멍에 두어야 한다"를 뜻한다. 그렇다면 목구멍에 칼을 두라는 것은 무엇을 뜻하는가? 음식을 삼키는 목구멍에 칼을 두어 식욕을 억제하라는 것을 뜻하고 폭넓게는 자신을 절제하라는 뜻이다.

4. 〈바알 네페쉬〉(בַּעַל נֶפֶשׁ): '주인'을 뜻하는 남성 명사 〈바알〉의 단수 연계형과 '영혼'을 뜻하는 명사 〈네페쉬〉가 합쳐진 말이다.[49] 뒤에 있는 2인칭 남성 대명사 〈앗타〉(אַתָּה)와 연결하여 번역하면 "너는 영혼의 주인이다"라고 할 수 있다. 그런데 〈바알〉은 '특정한 성격, 몸가짐, 직업을 소유하고 있는 사람'을 가리킨다.[50] 이러한 용법은 〈바알〉 외에

---

46 *HALOT*, 143.
47 위의 책, 1327.
48 위의 책, 532.
49 위의 책, 143, 713.

도 〈이쉬〉(אִישׁ)나 〈벤〉(בֶּן)의 경우도 마찬가지이며 특별히 뒤의 명사와 속격으로 연결된다.[51] 그래서 〈바알 네페쉬〉는 일종의 관용어구로 사용되어 '욕심이 많은 사람'(greedy person)을 뜻한다.[52] 여기에서는 음식과 관련되는 문맥에서 사용되어 식욕이 왕성한 사람 혹은 먹성이 좋은 사람으로 이해될 수 있다.

4. 지혜로운 자들의 말씀(잠 24:23-34)

1) 잠언 24장 23절

גַּם־אֵלֶּה לַחֲכָמִים הַכֶּר־פָּנִים בְּמִשְׁפָּט בַּל־טוֹב:

(LXX) ταῦτα δὲ λέγω ὑμῖν τοῖς σοφοῖς ἐπιγινώσκειν αἰδεῖσθαι πρόσωπον ἐν κρίσει οὐ καλόν

(내가 또한 지혜로운 너희들에게 이것들을 말하여 그것들을 알도록 하겠다. 재판할 때 얼굴을 보아 주는 것은 좋지 않다)

(개정) 이것도 지혜로운 자들의 말씀이라 재판할 때에 낯을 보아 주는 것이 옳지 못하니라

(새번역) 몇 가지 교훈이 더 있다. 재판할 때에 얼굴을 보아 재판하는 것은 옳지 않다.

(공동) 이것도 현자들의 말씀이다. 재판할 때 공정하지 못한 것은 옳지

---

50 위의 책, 143.

51 Gesenius, *Gesenius' Hebrew Grammar*, §128u.

52 *HALOT*, 143.

않다.

(NRSV) These also are sayings of the wise: Partiality in judging is not good.

(TNK) These also are by the sages: It is not right to be partial in judgment.

(사역) 이것들 또한 지혜 있는 사람들에게 속한다. 재판할 때 편파성을 보이는 것은 좋지 않다.

1. 〈라하카밈〉 (לַחֲכָמִים): 전치사 〈레〉 (לְ)와 '지혜로운'을 뜻하는 형용사 〈하캄〉 (חָכָם)의 남성 복수형이 결합된 형태이다.[53] "그 지혜로운 사람들에게 속한" 혹은 "그 지혜로운 사람들에 의한"으로 번역된다. 특별히 〈하카밈〉 (חֲכָמִים)은 앞서 22장 17절에서 표제로 사용된 바가 있다. 따라서 24장 23절에서도 표제로 사용되면서 또 다른 표제가 등장하는 25장 1절 전까지가 하나의 단락이라는 점을 알려준다. 또한 〈라하카밈〉 앞에 '또한'을 뜻하는 부사 〈감〉 (גַּם)이 사용되어서 이 단락을 기록하거나 편집한 사람은 '지혜 있는 사람들의 말씀'(22:17-24:22)의 존재를 알고 있으며 24장 23-34절을 앞선 단락에 이어지는, 하나의 부록으로 첨가한 것임을 알게 한다.[54] 한편, 칠십인역에는 마소라 본문의 '지혜 있는 사람들에게 속한'을 뜻하는 구절이 없고, '지혜로운'을 뜻하는 형용사 〈소포이스〉 (σοφοῖς)가 말씀을 듣는 대상인 독자를 수식한다. 칠십인역은 앞서 22장 17절과 마찬가지로 24장 23절에서도

---

53 위의 책, 314.
54 Fox, *Proverbs 10-31*, 770.

특별한 표제를 구성하지 않아서 24장 23-34절의 단락도 10장 1절부터 계속되는 솔로몬의 잠언에 속하는 것으로 보이게 한다.

2. 〈학케르〉(הַכֵּר): '분별하다'를 뜻하는 동사 〈나카르〉(נָכַר)의 히필 부정사 절대형이다.[55] 동사 〈나카르〉가 히필로 사용되면서 '얼굴'을 뜻하는 명사 〈파님〉(פָּנִים)과 함께 사용될 때 "얼굴을 알아보다", 즉 "편파성을 보이다" 혹은 "남을 차별 대우하다"를 의미한다.[56] 부정사 절대형은 자주는 아니지만 때로는 문장의 주어로 사용된다.[57] 바로 여기에서도 문장의 주어로 사용되어 "편파성을 보이는 것은"으로 해석된다. 또한 뒤에 '판결'을 뜻하는 〈미쉬팟〉(מִשְׁפָּט)과 함께 사용되어 "재판을 할 때 편파성을 보이는 것"으로 번역된다(참고. "내가 그 때에 너희의 재판장들에게 명하여 이르기를 너희가 너희의 형제 중에서 송사를 들을 때에 쌍방간에 공정히 판결할 것이며 그들 중에 있는 타국인에게도 그리 할 것이라"[신 1:16]).

3. 〈발〉(בַּל): 주로 구약성경의 시문에서 사용되는 부정어이며 강조의 의미가 있는 〈로〉(לֹא)와 유사하다.[58] 여기에서는 뒤에 있는 형용사 〈토브〉(טוֹב)를 부정한다.

---

55 *HALOT*, 700.
56 위의 책, 701.
57 Joüon, *A Grammar of Biblical Hebrew*, §123b.
58 Gesenius, *Gesenius' Hebrew Grammar*, §152t.

2) 잠언 24장 26절

שְׂפָתַיִם יִשָּׁק מֵשִׁיב דְּבָרִים נְכֹחִים׃

(개정) 적당한 말로 대답함은 입맞춤과 같으니라

(새번역) 바른말을 해주는 것이, 참된 우정이다.

(공동) 바른말 해주는 것이 참된 우정이다.

(NRSV) One who gives an **honest** answer gives a kiss on the lips.

(TNK) Giving a straightforward reply Is like giving a kiss.

(NJB) Whoever returns an **honest** answer, plants a kiss on the lips.

(사역) 정직한 말들로 대답하는 사람, 바로 그 사람이 입을 맞추는 사람이다.

1. 〈세파타임〉 (שְׂפָתַיִם): '입술'을 뜻하는 명사 〈사파〉 (שָׂפָה)의 여성 쌍수형이다.[59]

2. 〈잇샥〉 (יִשָּׁק): '입맞추다'를 뜻하는 동사 〈나샥〉 (נָשַׁק)의 칼 미완료 3인칭 남성 단수형이다.[60] 앞에 사용된 〈세파타임〉과 함께 "입술을 맞추다"를 의미한다. 구약성경에서 〈세파타임 잇샥〉은 여기에서만 사용되는데 창세기 41장 40절에서 사용되는 표현과 관련하여 생각할 수 있다(עַל־פִּיךָ יִשַּׁק כָּל־עַמִּי, 나의 모든 백성이 너의 입에 입맞출 것이다[사역]).[61] 따라서 〈세파타임 잇샥〉은 존경의 의미로 해석될 수 있고 또한 사랑과 헌신의 표현을 가리킬 수도 있다(아 4:11; 5:13).[62]

---

59 *HALOT*, 1347.

60 위의 책, 731.

61 Fox, *Proverbs 10-31*, 772.

3. 〈메쉽〉(מֵשִׁיב): '돌아오다'를 뜻하는 동사 〈슈브〉(שׁוּב)의 히필 능동분
   사 남성 단수형이다.[63] 〈슈브〉의 히필형이 '말'을 뜻하는 〈다바
   르〉(דָּבָר)와 함께 사용될 때는 '대답하다'를 의미한다.[64] 여기서도 〈슈
   브〉가 〈데바림〉(דְּבָרִים)과 함께 사용되면서 능동 분사의 형태로 나타
   나기 때문에 '대답하는 사람' 혹은 '대답하는 것'으로 번역된다.

4. 〈네코힘〉(נְכֹחִים): '똑바른'을 뜻하는 형용사 〈나코아흐〉(נָכֹחַ)의 남성
   복수형이다.[65] 앞에 있는 명사 〈데바림〉(דְּבָרִים)을 수식하면서 '똑바
   른 말들', 즉 '정직한 말들'을 뜻한다. 개역개정판의 "적당한 말"은 상황
   에 맞는 말을 뜻하는데 오히려 〈네코힘〉은 정직한 말 또는 바른 말이
   다(NRSV, NJB: "honest"). 따라서 입맞춤처럼 가장 좋은 사랑과 존경
   의 표현은 정직과 진실을 말하는 것이다.

5. 설교를 위한 적용점

1) 관계의 원칙과 기초

데일 카네기는 『인간관계론』에서 인간관계의 세 가지 기본 원칙
을 다음과 같이 제시한다. "첫째, 비난이나 비평, 불평을 하지 말라.
둘째, 솔직하고 진지하게 칭찬하라. 셋째, 다른 사람의 마음에 열렬
한 욕구를 불러일으켜라."[66] 이 세 가지 원칙 모두 우리 자신보다는

---

62 Yoder, *Proverbs*, 243.
63 *HALOT*, 1429.
64 위의 책, 1433.
65 위의 책, 699.

우리가 관계를 맺고 싶어 하는 다른 사람에게 초점이 맞춰져 있다. 다른 사람과 관계를 잘 맺고 싶다면 그 사람을 비난하지 말고 진실한 마음으로 칭찬하고 그 사람이 관심 있는 것을 얘기하면서 마음을 얻으라는 것이다. 이러한 원칙은 황금률이라고 불리는 예수님의 말씀인 마태복음 7장 12절과도 일맥상통한다.

그러므로 무엇이든지 남에게 대접을 받고자 하는 대로 너희도 남을 대접하라 이것이 율법이요 선지자니라

남에게 대접받고 싶으면 먼저 남을 대접해야 하듯이 사람과의 관계에서도 다른 사람의 마음을 얻고 싶으면 그 사람이 원하는 대로, 그 사람의 입장에서 생각하고 행동해야 한다.

그런데 잠언에서 말하는 관계의 원칙은 다른 사람의 마음을 얻기 전에 먼저 하나님과의 관계를 올바로 세우는 것이다. 잠언 16장 7절("사람의 행위가 여호와를 기쁘시게 하면 그 사람의 원수라도 그와 더불어 화목하게 하시느니라")에서 두 가지의 관계가 나오는데 하나님과의 수직적 관계 그리고 다른 사람, 특별히 원수와의 수평적 관계이다. 하나님과의 수직적 관계가 신앙적인 측면이라면 다른 사람과의 수평적 관계는 신앙과 관련이 없는 인간관계라고 생각하기 쉽다. 그러나 잠언 16장 7절은 하나님과의 수직적 관계가 다른 사람과의 수평적 관계와 긴밀히 연결되어 있다고 강조한다. 우리의 행위, 더 넓게는 우리의 삶이 하나님을 기쁘시게 하여 하나님과의 관계가

---

66 데일 카네기/임상훈 옮김, 『데일 카네기 인간관계론』 (서울: 현대지성, 2019), 26-76.

올바로 정립되어 있다면, 다른 사람과의 관계도 원만해지며 나와 관계가 좋지 않은 원수와도 더불어 화목한 관계를 맺을 수 있다. 그만큼 하나님과의 관계가 우리의 삶에 있어서 매우 중요하다.

잠언 3장 3-4절은 우리가 인자와 진리를 베풀 때 하나님을 기쁘시게 하고 사람 앞에서도 귀중히 여김을 받는다고 한다.

인자와 진리가 네게서 떠나지 말게 하고 그것을 네 목에 매며 네 마음판에 새기라 그리하면 네가 하나님과 사람 앞에서 은총과 귀중히 여김을 받으리라

하나님께서 베푸시는 인자와 진리, 신실하심과 진실하심을 우리가 기억하고 새기며, 하나님께서 우리를 사랑하셨듯이 우리도 우리 삶에서 다른 사람들에게 그 인자와 진리를 베풀며 삶의 모든 영역에서 그 은혜를 전하라는 것이다. 그러면 3장 4절처럼 우리가 하나님뿐만 아니라 사람 앞에서도 은총과 귀중히 여김을 받는다. 3장 3-4절을 16장 7절과 함께 생각해 보면 하나님을 기쁘시게 하는 삶의 모습이 하나님과 나와의 개인적이고 친밀한 영역에서만 적용되는 것이 아님을 깨달을 수 있다. 하나님을 기쁘시게 하는 삶은 하나님께서 베푸시는 인자하심과 진실하심을 내가 경험하고 감사하는 데서 끝나지 않고 하나님께서 창조하신 이 세상에서 더불어 살아가는 다른 사람들에게 그 인자와 진리를 베푸는 삶이다.

2) 우정의 현실

구약성경에서 친구는 우정을 깊이 나누는 동무뿐만 아니라 함께 일을 하는 동료나 이웃을 가리키기도 한다. 잠언 14장 20절은 친구의 범위를 이웃이나 동료로 확대하면서 이 세상에서 이루어지는 우정의 현실을 전한다.

가난한 자는 이웃에게도 미움을 받게 되나 부요한 자는 친구가 많으니라

우정과 인간관계의 현실에서 부요한 사람에게는 그를 좋아하는 혹은 그와 관계를 맺고 싶어 하는 사람이 많이 몰려 친구가 많지만, 가난한 사람은 그를 좋아하거나 그와 친구가 되고 싶은 사람도 별로 없거니와 오히려 이웃에게 미움을 받는다. 그 이유는 부요한 사람 그 자체보다는 그 사람이 갖고 있는 재물과 권력 때문에 따르는 친구가 많기 때문이다. 그런데 잠언 14장 20절은 우리가 가지고 있는 재물, 우리가 사회에서 누리고 있는 지위 때문에 친구가 많다고 해서 자랑할 필요가 없다는 점을 강조한다. 왜냐하면 그 사람들은 우리의 인격과 내면을 보고 친구가 된 것이 아니라 우리의 재물과 지위를 보고 친구가 되었기 때문이다. 이렇게 재물과 지위에 기초하여 맺어진 우정은 오래가지 못한다. 우리가 재물과 지위를 잃는 순간, 즉 우리가 가난하게 되면 대부분의 친구는 떠난다.

그래서 잠언 18장 24절은 친구가 많은 것이 해를 당할 수도 있다고 경고한다.

많은 친구를 얻는 자는 해를 당하게 되거니와 어떤 친구는 형제보다 친밀하니라

그 이유는 우리가 가진 재물과 힘을 보고 친구가 된 사람들은 우리를 도와주려고 하기보다는 어떻게 하면 우리의 재물과 힘을 이용할 수 있을지에만 관심을 가지기 때문이다. 반면, 18장 24절 후반절에 나오는 어떤 친구는 피를 나눈 형제보다 더 친밀하다. 우리를 이용하려는 많은 친구보다 우리가 어떠한 상황에 있더라도 도와줄 수 있는 신실한 친구가 우리에게 참 힘이 된다.

잠언 24장 26절은 정직한 말과 바른말을 해 주는 것이 참된 우정이라고 한다. "적당한 말로 대답함은 입맞춤과 같으니라." 적당한 말은 정도에 알맞다는 뜻으로 사용된 것이 아니라 상황에 맞는 말을 뜻하지만, 히브리어 단어는 원래 정직한 말이나 바른말을 의미한다. 따라서 "정직한 말로 대답함은 입맞춤과 같다"로 이해할 수 있다. 여기서 입맞춤은 연인이 서로를 위해 사랑을 표현하는 수단보다는 친구 간의 신뢰나 우정을 표현하는 것이다(참고. 새번역: "바른말을 해주는 것이, 참된 우정이다"). 결국 잠언 24장 26절은 친구가 서로를 위해 할 수 있는 가장 좋은 사랑과 존경의 표현은 정직과 진실을 말하는 것이라고 역설한다.

3) 참된 우정

그러므로 잠언 13장 20절은 지혜로운 친구와 더불어 우정을 나누라고 권면한다.

지혜로운 자와 동행하면 지혜를 얻고 미련한 자와 사귀면 해를 받느니라

잠언 13장 20절이 제시하는 우리가 지혜롭게 되는 길은 지혜로운 자와 동행하는 것이다. 우리가 하나님을 경외하고 의롭게 살려고 노력하는 것도 중요하지만, 우리가 누구와 동행하며 누구와 교제하느냐에 따라 우리가 지혜를 얻기도 하고 해를 받기도 한다. "친구를 보면 그 사람을 알 수 있다"라는 말이 있듯이 우리가 함께 생활하고, 교제하고 함께 걸어가는 친구가 지혜로우면 그 영향을 받아 지혜를 얻는다. 그러나 미련한 자와 사귀면 그 영향을 받아 해를 받는다. 그래서 우리가 누구와 사귀느냐, 우리가 어떠한 공동체에 속해 있느냐가 중요하다. 하나님을 예배하는 공동체에 속해 있으면서 그 가운데 믿음의 길을 걸어가는 신앙의 친구가 우리에게 참으로 중요하다. 특별히 잠언 13장 20절에서 사용된 '사귀면'이라는 표현은 잠언에서 '노를 품는 자'(22:24), '음식을 탐하는 자'(28:7), '창기'(29:3)와 어울려 사귀지 말라고 할 때 사용된다. 이런 사람들과 사귀지 말아야 할 이유는 이들과 어울리게 되면 우리도 모르게 그들과 똑같이 노를 품고 음식을 탐하고 음란하게 되기 때문이다.

그렇다면 잠언이 말하는 진정한 우정은 무엇인가? 잠언 17장 17절("친구는 사랑이 끊어지지 아니하고 형제는 위급한 때를 위하여 났느니라") 은 사랑이 끊어지지 않는 우정이 진정한 우정이라고 알려준다. 친구 사이의 정을 뜻하는 우정에는 신실함, 진실함, 정직함, 신뢰 등 여러 가지 속성이 있다. 그런데 잠언 17장 17절은 우정을 사랑으로 표현하며 끊어지지 않는 사랑을 베푸는 것이 우정이고 그 사람이 참 친구라고 강조한다. 여기서 '끊어지지 아니하고'는 '항상, 언제나' 또는 '한결같이'를 뜻한다. 진정한 친구는 친구가 어떠한 상황에 있든지 무슨 일을 당하든지 항상, 한결같이 사랑하고 어떤 고난과 유혹에도 끊어지지 않는 사랑을 베푸는 사람이다. 이 고귀한 사랑과 우정을 예수 그리스도께서 몸소 보여주시며 가르치셨다.

> 사람이 친구를 위하여 자기 목숨을 버리면 이보다 더 큰 사랑이 없나니 너희는
> 내가 명하는 대로 행하면 곧 나의 친구라 이제부터는 너희를 종이라 하지 아니
> 하리니 종은 주인이 하는 것을 알지 못함이라 너희를 친구라 하였노니 내가 내
> 아버지께 들은 것을 다 너희에게 알게 하였음이라(요 15:13-15).

예수 그리스도는 말로만 제자들과 우리를 친구라고 부르시지
않았다. 그들과 우리에게 친구로서 보여줄 수 있는 제일 큰 사랑,
즉 자기 목숨을 기꺼이 제자들과 우리를 위해 버리셨다.

제8장

"철이 철을 날카롭게 하는 것 같이"

(잠 25:1-29:27)

1. 특징

1) 잠언 25장 1절에 "이것도 솔로몬의 잠언이요 유다 왕 히스기야의 신하들이 편집한 것이니라"(개역개정판)는 표제가 나오면서 새로운 단락이 시작됨을 알려준다. "이것도"(נָם־אֵלֶּה)라는 표현은 앞서 '솔로몬의 잠언'(10:1-22:16)이라는 단락이 이미 존재하고 있음을 전제하는 동시에, 25장 1절이 10장 1절의 표제, '솔로몬의 잠언이라'(מִשְׁלֵי שְׁלֹמֹה)에 이어지는 표제임을 알려준다.[1] 따라서 25장 1절부터 다음 표제가 나오는 30장 1절 이전까지의 단락은 잠언에서 솔로몬의 둘째 잠언이며 히스기야의 신하들이 편집한 것이라는 점에서 앞서 나온 솔로몬의 첫째 잠언(10:1-22:16)과 구별된다.

2) 잠언 25장 1절에서 언급되는 히스기야는 약 주전 715~687년에 활동했던 남 유다 왕국의 왕으로 각종 우상을 제거하고 개혁했던 것으로 유명하다(참고. 왕상 18:1-20:21; 대하 29:1-32:33). 그런데 '히스기야의 신하들'이 누구인지 정확히 알 수는 없다. 다만 기존의 잠언을 후세에 전수하고, 다른 잠언을 모으고, 필사하고, 편집하던 일을 담당했던 왕궁의 서기관들로 추측할 수 있다(참고. "복되도다 당신의 사람들이여 복되도다 당신의 이 신하들이여[עֲבָדֶיךָ] 항상 당신 앞에 서서 당신의 지혜[חָכְמָתֶךָ]를 들음이로다"[왕상 10:8]).[2]

3) 솔로몬의 첫째 잠언(10:1-22:16)과 비슷하게 둘째 잠언(25:1-29:27)도 25-27장과 28-29장의 두 부분으로 나뉜다. 25-27장에는

---

1 Fox, *Proverbs 10-31*, 776.
2 Yoder, *Proverbs*, 245.

주로 직유와 은유가 사용되어 '~같은'과 '~처럼' 등의 표현을 자주
볼 수 있다.[3] 이에 반해, 28-29장에는 비유보다는 서로 대조되는
두 행동이나 인물을 비교하는 격언이 주로 사용된다.[4]

2. 잠언 25-27장

1) 잠언 25장 1절

גַּם־אֵלֶּה מִשְׁלֵי שְׁלֹמֹה אֲשֶׁר הֶעְתִּיקוּ אַנְשֵׁי חִזְקִיָּה מֶלֶךְ־יְהוּדָה:

(LXX) Αὗται αἱ παιδεῖαι Σαλωμῶντος αἱ ἀδιάκριτοι ἃς ἐξεγράψαντο
οἱ φίλοι Εζεκιου τοῦ βασιλέως τῆς Ιουδαίας

(이것들은 유다 왕 히스기야의 **친구들**이 복사한 것으로 솔로몬의 다양한
훈계들이다.)

(개정) 이것도 솔로몬의 잠언이요 유다 왕 히스기야의 신하들이 편집한
것이니라

(새번역) 이것도 솔로몬의 잠언으로, 유다 왕 히스기야의 신하들이 편집
한 것이다.

(공동) 이것도 솔로몬의 금언인데 유다 왕 히즈키야가 사람들을 시켜 베
낀 것이다.

(NRSV) These are other proverbs of Solomon that the officials of King
Hezekiah of Judah copied.

---

3 Murphy, *Proverbs*, 189.
4 Yoder, *Proverbs*, 245.

(TNK) These too are proverbs of Solomon, which the men of King Hezekiah of Judah copied:

(NJB) Here are some more of Solomon's proverbs, transcribed at the court of Hezekiah king of Judah:

(사역) 이것들은 또한 솔로몬의 잠언이며 유다 왕 히스기야의 신하들이 편집한 것들이다.

1. 〈헤티쿠〉 (הֶעְתִּיקוּ): '움직이다'를 뜻하는 동사 〈아텍〉 (עָתַק)의 히필 완료 3인칭 남성 복수형인데 〈아텍〉이 히필일 경우 '장소를 옮기다'(to move on further)를 뜻한다(창 12:8; 26:22).[5] 이러한 의미를 적용하여 〈헤티쿠〉는 "기존의 자료를 다른 기록 형태로 바꾸다(transcribe)" 혹은 "그대로 옮겨 적다"(copy)로 이해할 수 있다. 그래서 한글성경에서는 '편집'(개역개정판, 새번역)이나 '베낀'(공동번역 개정판)으로, 영어성경에서는 'copied'(NRSV, TNK)나 'transcribed' (NJB)로 번역된다. 다만, 폭스는 동사 〈아텍〉의 어원이 '옮기다'라는 점에 근거해서 히스기야 신하들의 활동이 단순히 자료를 복사했다는 것을 뜻하기보다는 다양한 자료를 모으고 내용을 추가하는 등의 편집 활동으로 보아야 하며, 이러한 활동은 한 명의 서기관이 아닌 여러 명의 신하가 할 수 있는 일이라고 주장한다.[6] 클리포드 역시 동사 〈아텍〉은 단순한 수집 활동이 아니라 자료를 배열하고 정리하는 활동까지도 포함한다고 주장한다.[7]

---

5 *HALOT*, 905.

6 Fox, *Proverbs 10-31*, 777.

7 Clifford, *Proverbs*, 219.

2. 〈안셰〉(אַנְשֵׁי): '사람' 혹은 '남자'를 뜻하는 명사 〈이쉬〉(אִישׁ)의 남성 복수 연계형이다.[8] 뒤에 있는 〈히즈키야〉(חִזְקִיָּה)와 연결되면서 '히스기야의 사람들'을 뜻한다. 다만, 히스기야가 유다의 왕(מֶלֶךְ־יְהוּדָה)으로 묘사되고 있는 것으로 볼 때 그의 사람들은 왕궁에서 왕을 섬기는 신하였을 가능성이 크다. 한편, 칠십인역에서는 〈호이 필로이 에제키우〉(οἱ φίλοι Εζεκιου, 히스기야의 친구들)로 되어 있다.

2) 잠언 25장 4-5절

הָגוֹ סִיגִים מִכָּסֶף וַיֵּצֵא לַצֹּרֵף כֶּלִי:
הָגוֹ רָשָׁע לִפְנֵי־מֶלֶךְ וְיִכּוֹן בַּצֶּדֶק כִּסְאוֹ:

(LXX) τύπτε ἀδόκιμον ἀργύριον καὶ καθαρισθήσεται καθαρὸν ἅπαν κτεῖνε ἀσεβεῖς ἐκ προσώπου βασιλέως καὶ κατορθώσει ἐν δικαιοσύνῃ ὁ θρόνος αὐτοῦ

(정제되지 않은 은을 때려라. 그러면 모든 깨끗한 것이 깨끗해질 것이다. 왕 앞에서 불경건한 사람들을 제거하라. 그러면 그의 왕위가 의로 견고해질 것이다)

(개정) 은에서 찌꺼기를 제하라 그리하면 장색의 쓸 만한 그릇이 나올 것이요 왕 앞에서 악한 자를 제하라 그리하면 그의 왕위가 의로 말미암아 견고히 서리라

(새번역) 은에서 찌꺼기를 없애라. 그래야 은장색의 손에서 그릇이 되어

---

8 *HALOT*, 43–44.

나온다. 왕 앞에서는 악한 사람을 없애라. 그래야 왕위가 공의 위에 굳게
선다.

(공동) 은에서 찌꺼기를 거두어 내어야 은장색의 손에서 그릇이 되어 나
온다. 나쁜 사람을 임금 앞에서 물리쳐라. 그래야 정의 위에 왕좌가 튼튼히
선다.

(NRSV) Take away the dross from the silver, and the smith has material
for a vessel; take away the wicked from the presence of the king, and
his throne will be established in righteousness.

(TNK) The dross having been separated from the silver, A vessel
emerged for the smith. Remove the wicked from the king's presence,
And his throne will be established in justice.

(사역) 은으로부터 찌꺼기들을 제거하라 그러면 그릇이 은장색으로 나온
다. 왕 앞에서 악한 사람을 제거하라 그러면 그의 왕위가 의로 세워진다.

1. 〈하고〉(הָגוֹ): '제거하다'를 뜻하는 동사 〈하가〉(הָגָה)의 칼 부정사 절대
형이다.9 부정사 절대형이 문장이나 단락 처음에 사용될 때 명령을 나
타내면서 조건절의 의미를 전하거나(개역개정판, NRSV) 생생한 묘
사를 전달해 주면서 수동으로 해석되기도 한다(TNK).10 따라서 〈하
고〉(הָגוֹ)는 '제거하라' 혹은 '제거되는 것'으로 번역될 수 있다. 한편,
칠십인역은 '때리다'를 뜻하는 〈투프테〉(τύπτε)라는 단어를 사용하

9 위의 책, 237.

10 Gesenius, *Gesenius' Hebrew Grammar*, §113ff; Joüon, A *Grammar of Biblical
    Hebrew*, §123w; Waltke and O'Connor, *An Introduction to Biblical Hebrew
    Syntax*, 593; Murphy, *Proverbs*, 187; Waltke, *Proverbs 16-31*, 314.

였는데 이 동사는 대장장이가 은을 두들기고 쳐서 불순물을 제거하는 모습을 묘사한다.[11] 칠십인역이 동사 〈투프테〉를 사용한 것은 '때리다'를 뜻하는 히브리어 동사 〈핫쿠〉(הַכּוּ)의 읽기를 반영하는 것으로 보인다.[12]

2. 〈시김〉(סִיגִים): '은 찌꺼기'를 뜻하는 명사 〈식〉(סִיג)의 남성 복수 절대형이다.[13]

3. 〈믹카셉〉(מִכֶּסֶף): '~로부터'를 뜻하는 전치사 〈민〉(מִן)과 '은'을 뜻하는 명사 〈케셉〉(כֶּסֶף)이 합쳐진 말이다.[14] 앞서 사용된 명사 〈시김〉이 은 찌꺼기들을 뜻하면서 그 자체에 은을 포함하고 있는데 〈믹카셉〉과 함께 사용되어 '은으로부터 찌꺼기들을'이라는 의미를 명확하게 전달한다.

4. 〈봐예체〉(וַיֵּצֵא): '나오다'를 뜻하는 동사 〈야차〉(יָצָא)의 칼 봐브 연속 미완료 3인칭 남성 단수형이다.[15] HALOT은 동사 〈야차〉가 잠언 25장 4절에서 문맥상 '제련하는 데 성공하다'를 뜻한다고 제안한다.[16] 앞서 조건을 나타내는 명령의 부정사 절대형 〈하고〉와 연결하여 이해하면 "찌꺼기를 은으로부터 제거하라. 그러면 ~이 나온다(~을 제련하는 데 성공한다)"로 번역할 수 있다(개역개정판, NRSV).

5. 〈랏초렙〉(לַצֹּרֵף): 전치사 〈레〉(לְ), 정관사 〈하〉(הַ), '제련하다'를 뜻하는 동사 〈차랍〉(צָרַף)의 칼 능동분사 남성 단수형이 결합된 단어이

---

11 Liddell et al., *Greek-English Lexicon*, 1836.

12 Fox, *Proverbs 10-31*, 1043.

13 *HALOT*, 750.

14 위의 책, 490.

15 위의 책, 425-426.

16 위의 책, 426.

다.[17] 능동분사는 '~하는 사람'을 뜻하기 때문에 ⟨초렙⟩ (צֹרֵף)은 '세공인' 혹은 '장색'으로 번역된다.

6. ⟨켈리⟩ (כְּלִי): '그릇'을 뜻하는 명사 ⟨켈리⟩ (כְּלִי)의 남성 단수형이다.[18]

7. ⟨라샤⟩ (רָשָׁע): '악한'을 뜻하는 형용사이며 남성 단수형이다.[19] 여기서는 어떤 사람을 악하다고 묘사하는 형용사로 사용되지 않고 악함을 가지고 있는 사람, 즉 '악한 사람'을 뜻하는 명사로 사용된다.

8. ⟨붸익콘⟩ (וְיִכּוֹן): '세우다'를 뜻하는 동사 ⟨쿤⟩ (כּוּן)의 니팔 미완료 3인칭 남성 단수형이다.[20] 니팔은 수동형이므로 "그것(왕위)이 세워질 것이다"로 번역된다.

9. ⟨밧체덱⟩ (בַצֶּדֶק): 전치사 ⟨베⟩ (בְּ)와 정관사 ⟨하⟩ (ה)와 '의'를 뜻하는 명사 ⟨체덱⟩ (צֶדֶק)이 합쳐진 형태이다.[21] 특별히 여기서 사용된 정관사 ⟨하⟩는 추상적 개념인 ⟨체덱⟩을 표현하기 위해서 사용되었는데 이 경우에는 그것(여기서는 '의')의 속성, 특질, 상태 등을 나타낸다.[22]

10. ⟨키스오⟩ (כִסְאוֹ): '의자' 혹은 '왕위'를 뜻하는 명사 ⟨킷세⟩ (כִּסֵּא)의 남성 단수 연계형에 3인칭 남성 단수 대명접미사가 붙은 형태이다.[23] 따라서 '그의 왕위'로 번역된다.

11. 잠언 25장 4-5절을 함께 읽을 때 그 의미를 명확하게 파악할 수 있다.

---

17 위의 책, 1057.

18 위의 책, 478.

19 위의 책, 1295.

20 위의 책, 464.

21 위의 책, 1005.

22 Gesenius, *Gesenius' Hebrew Grammar*, §126n; Waltke and O'Connor, *An Introduction to Biblical Hebrew Syntax*, 246.

23 *HALOT*, 487.

왜냐하면 5절을 강조하기 위해 4절의 내용이 은유로 제시되기 때문이다. 4절의 은은 5절의 왕을, 4절의 찌꺼기는 5절의 악한 사람을, 4절의 그릇은 5절의 왕위를 가리키는 비유로 사용된다.

3) 잠언 26장 20-21절

בְּאֶפֶס עֵצִים תִּכְבֶּה־אֵשׁ וּבְאֵין נִרְגָּן יִשְׁתֹּק מָדוֹן׃

פֶּחָם לְגֶחָלִים וְעֵצִים לְאֵשׁ וְאִישׁ מִדְוָנִים לְחַרְחַר־רִיב׃

(개정) 나무가 다하면 불이 꺼지고 말쟁이가 없어지면 다툼이 쉬느니라
숯불 위에 숯을 더하는 것과 타는 불에 나무를 더하는 것 같이 다툼을
좋아하는 자는 시비를 일으키느니라
(새번역) 땔감이 다 떨어지면 불이 꺼지듯이, 남의 말을 잘하는 사람이
없어지면 다툼도 그친다. 숯불 위에 숯을 더하는 것과, 타는 불에 나무를
더하는 것과 같이, 다투기를 좋아하는 사람은 불난 데 부채질을 한다.
(공동) 섶이 없으면 불이 꺼지듯 고자질하는 사람 없으면 말썽이 그친다.
숯불에 숯을 넣고, 타는 불에 나무를 던지듯 말썽꾸러기는 싸움에 부채질
만 한다.
(NRSV) For lack of wood the fire goes out, and where there is no whis-
perer, quarreling ceases. As charcoal is to hot embers and wood to
fire, so is a quarrelsome person for kindling strife.
(TNK) For lack of wood the fire goes out, And where there is no whis-
perer, quarreling ceases. Charcoal for embers and wood for a fire And
a contentious man for kindling strife.

(사역) 나무가 없으면 불이 꺼지고 비방자가 없으면 싸움이 잠잠해진다. 타는 숯에 숯을 더하는 것과 불에 나무를 더하는 것처럼 싸움을 좋아하는 사람은 말다툼을 부채질한다.

1. 〈베에페스〉(בְאֶפֶס): 전치사 〈베〉(בּ)와 '없음'을 뜻하는 명사 〈에페스〉(אֶפֶס)의 남성 단수 연계형이 결합된 형태이다.[24] 명사 〈에페스〉가 연계형으로 사용되면서 뒤에 나오는 단어와 연결하여 '~이 없으면, ~이 없는 경우에'를 뜻한다.

2. 〈에침〉(עֵצִים): '나무'를 뜻하는 명사 〈에츠〉(עֵץ)의 남성 복수형이다.[25] 앞에 있는 〈베에페스〉와 연결하여 해석하면 '나무가 없으면' 혹은 '나무가 없는 경우에'이다.

3. 〈틱베〉(תִּכְבֶּה): '불이 꺼지다'를 뜻하는 동사 〈카바〉(כָּבָה)의 칼 미완료 3인칭 여성 단수형이다.[26] 동사 〈틱베〉의 주어는 뒤에 막켑으로 연결된, 불을 뜻하는 〈에쉬〉(אֵשׁ)이기 때문에 '불이 꺼진다'로 번역된다.

4. 〈우베엔〉(וּבְאֵין): 접속사 〈붸〉(וּ), 전치사 〈베〉(בּ), '없음'을 뜻하는 명사 〈아인〉(אֵין)의 단수 연계형이 결합된 형태이다.[27] 특별히 명사 〈아인〉이 전치사 〈베〉와 함께 사용될 경우 그 뜻은 '~이 없으면'(without)이다. 앞서 사용된 〈베에페스〉와 비슷한 의미를 지닌다.[28]

---

24 위의 책, 79.
25 위의 책, 863.
26 위의 책, 457.
27 위의 책, 41-42.
28 위의 책, 42.

5. 〈니르간〉(נִרְגָּן): '소곤거리다'를 뜻하는 동사 〈라간〉(רָגַן)의 니팔 능동 분사 남성 단수 절대형인데 〈라간〉이 니팔일 경우 '중상하다'를 뜻한다.[29] 여기서는 능동분사로 사용되었기 때문에 '중상하는 사람' 혹은 '비방자'를 의미한다.

6. 〈이쉬톡〉(יִשְׁתֹּק): '잠잠해지다'를 뜻하는 동사 〈샤탁〉(שָׁתַק)의 칼 미완료 3인칭 남성 단수형이다.[30]

7. 〈마돈〉(מָדוֹן): '싸움'을 뜻하는 명사이다.[31] 앞서 사용된 동사 〈이쉬톡〉과 연결한다면 "싸움이 잠잠해진다"로 번역할 수 있다.

8. 20절은 비방자(נִרְגָּן)를 나무(עֵצִים)에, 싸움(מָדוֹן)을 불(אֵשׁ)에 비유한다. 그래서 나무가 없으면 더 이상 불이 계속되지 않고 꺼지듯이 남을 중상하고 비방하는 사람들이 없으면 다툼이 잠잠해진다고 강조한다.

9. 〈페함〉(פֶּחָם): '숯'을 뜻하는 남성 단수 명사이다.[32] 한편, 칠십인역에는 '화로' 혹은 '풀무'를 뜻하는 명사 〈에스카라〉(ἐσχάρα)가 사용되었다.[33] 또한 페쉬타와 탈굼도 칠십인역의 읽기를 지지한다. 그래서 BHS 비평장치는 '풀무'를 뜻하는 〈맙푸아흐〉(מַפֻּחַ)로 읽을 것을 제안한다.

10. 〈레게할림〉(לְגֶחָלִים): 전치사 〈레〉(לְ)와 '타는 숯'을 뜻하는 명사 〈가할〉(גֶּחַל)의 남성 복수형이 결합된 형태이다.[34] 바로 앞에 사용된 명사 〈페함〉과 연결 지으면 '타는 숯에 숯'으로 직역할 수 있다. 다만, 자연

---

29 위의 책, 1188.
30 위의 책, 1671.
31 위의 책, 548.
32 위의 책, 924.
33 Liddell et al., *Greek-English Lexicon*, 699.
34 *HALOT*, 188.

스러운 번역을 위해서 개역개정판과 새번역에서는 '더하는 것'이라는 문구를 추가하였다.

11. 〈밋봐님〉(מִדְיָנִים): 이것은 케티브 형태이며, 케레 형태는 〈미드야님〉(מִדְיָנִים)이다. 앞서 사용된, 싸움을 뜻하는 명사 〈마돈〉의 복수형이다. 이것은 앞에 있는 명사 〈이쉬〉와 연결되면서 '싸움의 사람'으로 직역할 수 있다. 그런데 잠언과 같은 운문에서 사람이 어떤 특성을 갖는 것으로 표현하기 위해서 명사 〈이쉬〉와 다른 명사가 결합하는 경우가 많다. 따라서 〈이쉬 밋봐님〉(אִישׁ מִדְיָנִים)은 '싸움의 특성을 갖고 있는 사람', 즉 '싸움을 좋아하는 사람'으로 이해할 수 있다.[35]

12. 〈레하르하르〉(לְחַרְחַר): 전치사 〈레〉(לְ)와 '태우다, 부채질하다'를 뜻하는 동사 〈하라르〉(חָרַר)의 필펠(pilpel) 부정사 연계형이 결합된 형태이다.[36] 막켑으로 연결된 명사 〈립〉(רִיב)이 목적어가 되는데, 그 뜻은 '말다툼'이므로 "말다툼을 부채질한다"라고 번역될 수 있다.

13. 21절은 20절과 마찬가지로 나무, 숯, 불 등을 사용하여 싸움과 말다툼에 대한 경고를 제공한다. 특별히 동사 없이 명사로만 이루어진 문장에서 〈베〉(וְ)는 단어를 연결하는 비교의 접속사로 기능한다.[37] 따라서 개역개정판, 공동번역 개정판, 새번역 등과 같은 한글성경은 〈베〉를 '~같이'로 번역한다. 또한 〈에쉬〉(אֵשׁ)와 〈이쉬〉(אִישׁ)는 의미적으로도 연결되어 있을 뿐만 아니라 발음도 비슷하다.[38]

---

35 Gesenius, *Gesenius' Hebrew Grammar*, §128s.
36 *HALOT*, 357.
37 Gesenius, *Gesenius' Hebrew Grammar*, §161a.
38 Yoder, *Proverbs*, 257.

4) 잠언 27장 17절

בַּרְזֶל בְּבַרְזֶל יָחַד וְאִישׁ יַחַד פְּנֵי־רֵעֵהוּ׃

(LXX) σίδηρος σίδηρον ὀξύνει ἀνὴρ δὲ παροξύνει πρόσωπον ἑταίρου
(철은 철을 날카롭게 하고 사람은 그의 친구의 얼굴을 자극한다.)

(개정) 철이 철을 날카롭게 하는 것 같이 사람이 그의 친구의 얼굴을 빛나게 하느니라

(새번역) 쇠붙이는 쇠붙이로 쳐야 날이 날카롭게 서듯이, 사람도 친구와 부대껴야 지혜가 예리해진다.

(공동) 쇠는 쇠에 대고 갈아야 날이 서고 사람은 이웃과 비비대며 살아야 다듬어진다.

(NRSV) Iron sharpens iron, and one person sharpens the wits of another.

(TNK) As iron sharpens iron So a man sharpens the wit of his friend.

(NJB) Iron is sharpened by iron, one person is sharpened by contact with another.

(사역) 철이 **철로써** 날카롭게 하고 사람은 그의 친구의 **인격을** 다듬어 준다.

1. 〈바르젤〉(בַּרְזֶל): '철'을 뜻하는 남성 단수 명사이다.[39] 바로 뒤에 나오는 〈베바르젤〉(בְּבַרְזֶל) 역시 같은 단어인 〈바르젤〉에 전치사 〈베〉(בְּ)가

---

39 *HALOT*, 156.

붙은 형태이다. 전치사 〈베〉는 '함께' 또는 수단이나 도구를 나타내는 '~로써'를 뜻한다.[40] 따라서 〈바르젤 베바르젤〉은 "철은 철과 함께 ~한다" 또는 "철은 철로써 ~한다"로 번역할 수 있다.

2. 〈야핫〉 (יַחַד): 마소라 본문의 〈야핫〉 (יַחַד)은 '함께'를 뜻한다.[41] 이 경우 '철은 철로써 함께'로 번역된다. 그런데 부사 〈야핫〉은 전치사 〈베〉 (בְּ)와 의미상으로 중첩된다. 한편, 칠십인역은 '날카롭게 하다'를 뜻하는 동사 〈옥쉬네이〉 (ὀξύνει)로 읽는다.[42] 그래서 BHS 비평장치는 이에 해당하는 히브리어 동사 〈야헷〉 (יַחַד)으로 읽을 것을 제안한다. 동사 〈야헷〉은 '빠르다'를 뜻하는 동사 〈하닷〉 (חָדַד)의 히필 미완료 3인칭 남성 단수형인데 〈하닷〉이 히필일 경우 '날카롭게 하다'를 뜻하면서 "철이 철로써 날카롭게 한다"로 번역된다.[43] 탈굼과 불가타의 읽기는 히브리어로 〈유핫〉 (יוּחַד)인데, 이 형태는 동사 〈하닷〉의 호팔 미완료 3인칭 남성 단수형이다. 이 경우 "철이 철로써 날카롭게 된다"로 번역된다. 개역개정판, 새번역, 공동번역 개정판과 NRSV, TNK에서는 각각 '날카롭게 하다'와 'sharpen'으로 번역되었다. 또한 NJB에서는 'is sharpened by'(~에 의해 날카롭게 되다)로 번역되었다. 폭스는 〈예핫〉 (יַחַד)으로 읽을 것을 제안하는데 이것은 '합치다'를 뜻하는 동사 〈야핫〉 (יָחַד)의 칼 미완료 3인칭 남성 단수형이다(참고. 창 49:6; 사 14:20).[44] 이 경우 "철이 철과 함께 연합하다"로 번역된다.

---

40 Williams, *Williams' Hebrew Syntax*, 98.

41 *HALOT*, 405–406.

42 Liddell et al., *Greek-English Lexicon*, 1236.

43 *HALOT*, 291.

44 Fox, *Proverbs 10-31*, 811.

3. 〈페네〉(פְּנֵי): '얼굴'을 뜻하는 명사 〈파네〉(פָּנֶה)의 남성 복수 연계형으로 직역하면 '~의 얼굴들'이다.[45] 명사 〈파네〉는 또한 칼이나 도끼의 '날'(edge)을 뜻하기 때문에(참고. 전 10:10; 겔 21:21), 칼이 다른 칼의 날을 날카롭게 하듯이 사람은 다른 사람의 얼굴을 날카롭게 한다고 이해할 수 있다.[46] 여기서 얼굴은 그 사람의 성격이나 인격으로 이해될 수 있어서 다른 사람의 인격을 성숙시킨다는 뜻이다.[47] 한편, 잠언 15장 13절과 27장 19절에서 〈파네〉는 다른 사람과의 말이나 대화를 통해 얼굴을 빛나게 한다는 것을 암시하기 때문에 NRSV와 TNK에서는 'wits'(재치)로 번역되었다.[48] 반면에 새번역, 공동번역 개정판, NJB는 다른 사람의 얼굴을 날카롭게 하는 것을 사람과 사람 사이의 관계로 이해한다. 결국 잠언 27장 17절은 사람은 혼자서 성숙하거나 지혜로워질 수 없다는 점을 강조한다.

4. 〈레에후〉(רֵעֵהוּ): '친구', '이웃', '다른 사람'을 뜻하는 명사 〈레아〉(רֵעַ)에 3인칭 남성 단수 대명접미사가 붙은 형태로 '그의 친구' 혹은 '그의 다른 사람'으로 이해될 수 있다.[49]

---

45 *HALOT*, 938–939.

46 *DCH*, 711.

47 Yoder, *Proverbs*, 261.

48 Clifford, *Proverbs*, 239.

49 *HALOT*, 1254.

3. 잠언 28-29장

1) 잠언 28장 15절

אֲרִי־נֹהֵם וְדֹב שׁוֹקֵק מֹשֵׁל רָשָׁע עַל עַם־דָּל׃

(개정) 가난한 백성을 압제하는 악한 관원은 부르짖는 사자와 주린 곰 같으니라

(새번역) 가난한 백성을 억누르는 악한 통치자는, 울부짖는 사자요, 굶주린 곰이다.

(공동) 가난한 백성을 억울하게 다스리는 통치자는 울부짖는 사자요, 굶주린 곰이다.

(NRSV) Like a roaring lion or a charging bear is a wicked ruler over a poor people.

(TNK) A roaring lion and a **prowling** bear Is a wicked man ruling a helpless people.

(사역) 으르렁거리는 사자와 **배회하는** 곰은 가난한 백성을 억누르는 악한 통치자이다.

1. 〈아리〉 (אֲרִי): '사자'를 뜻하는 남성 단수 명사이다.[50] 고대 근동 문헌과 구약성경에서 사자는 왕과 비교되거나 왕을 나타내는 동물로 자주 사용된다(잠 19:12; 20:2; 겔 32:2).[51] 여기서도 〈아리〉는 통치자를 의미

---

50 위의 책, 87.

51 Clifford, *Proverbs*, 246; Yoder, *Proverbs*, 269.

하는 〈모셀〉 (מֹשֵׁל)을 가리킨다.

2. 〈노헴〉 (נֹהֵם): '(사자가) 으르렁거리다'를 뜻하는 동사 〈나함〉 (נָהַם)의 칼 능동분사 남성 단수형이며 앞에 있는 〈아리〉 (אֲרִי)와 막켑으로 연결되어 있다.[52] 여기서의 능동분사는 어떤 행동을 계속해서 하는 상태를 가리킨다.[53] 따라서 '(계속해서) 으르렁거리는 사자'로 번역할 수 있다.

3. 〈돕〉 (דֹּב): '곰'을 뜻하는 단수 명사이다.[54] 구약성경에서 사자(אֲרִי)와 곰(דֹּב)이 함께 언급되는 경우, 그들은 사람에게 매우 위험한 동물로 묘사된다(삼상 17:34, 37; 암 5:19).[55]

4. 〈쇼켁〉 (שֹׁקֵק): '방황하다' 혹은 '공격하다'를 뜻하는 동사 〈샤 칵〉 (שָׁקַק)의 칼 능동분사 남성 단수형이다.[56] 앞서 사용된 능동분사 〈노헴〉과 마찬가지로 〈쇼켁〉 역시 곰이 굶주려서 잡아먹을 대상을 찾아 계속해서 방황하는 상태나 대상을 찾는 순간 바로 공격하려는 모습을 묘사한다. 개역개정판, 새번역, 공동번역 개정판은 '(굶)주린 곰'으로 번역하여 곰이 방황하게 된 이유를 강조하고, NRSV는 'a charging bear'로 번역하여 곰이 공격하는 모습에 초점을 맞추었다. 반면, TNK는 'a prowling bear'로 번역하여 곰이 굶주려 배회하는 상태를 강조한다. 필자도 TNK와 같이 굶주려 배회하는 곰의 모습을 반영하여 사역했다.

---

52 *HALOT*, 676.
53 Gesenius, *Gesenius' Hebrew Grammar*, §116a.
54 *HALOT*, 208.
55 Clifford, *Proverbs*, 246.
56 *HALOT*, 1647.

5. 〈모셀〉(מֹשֵׁל): '통치하다'를 뜻하는 동사 〈마샬〉(מָשַׁל)의 칼 능동분사 남성 단수 절대형이다.[57] 능동분사는 그 행동을 하는 사람을 가리키기 때문에 〈모셀〉은 '통치자'로 번역된다. 전반절에서 사용된 사자 (אֲרִי)와 곰(דֹּב) 모두 통치자(מֹשֵׁל)를 가리킨다. 특별히 〈모셀〉 뒤에 '악한'을 뜻하는 형용사 〈라샤〉(רָשָׁע)를 사용하여 으르렁거리는 사자나 배회하는 곰이 동물을 닥치는 대로 잡아먹듯이 백성을 억압하는 악한 통치자를 묘사한다.

6. 〈알〉(עַל): '~위에'를 뜻하는 전치사이다.[58] 백성을 억압하는 통치자를 더욱 구체적으로 묘사하여 자신의 힘으로 힘이 없는 백성을 위에서 억누르고 짓누르는 것을 나타낸다.[59]

7. 〈암-달〉(עַם-דָּל): '백성'을 뜻하는 명사 〈암〉(עַם)과 '가난한', '힘이 없는'을 뜻하는 형용사 〈달〉(דָּל)이 막켑으로 연결되어 있다.[60] 으르렁거리는 사자와 배회하는 곰 같은 사악한 통치자가 잡아먹는 대상은 바로 힘이 없는 가난한 백성이다.

2) 잠언 29장 4절

מֶלֶךְ בְּמִשְׁפָּט יַעֲמִיד אָרֶץ וְאִישׁ תְּרוּמוֹת יֶהֶרְסֶנָּה׃

(개정) 왕은 정의로 나라를 견고하게 하나 뇌물을 억지로 내게 하는 자는

---

57 위의 책, 647.
58 위의 책, 825-826.
59 Yoder, *Proverbs*, 269.
60 *HALOT*, 221-222, 838.

나라를 멸망시키느니라

(새번역) 공의로 다스리는 왕은 나라를 튼튼하게 하지만, 뇌물을 좋아하는 왕은 나라를 망하게 한다.

(공동) 임금이 정의로 다스리면 나라가 튼튼히 서지만 마구 긁어들이면 나라가 망한다.

(NRSV) By justice a king gives stability to the land, but one who makes heavy exactions ruins it.

(TNK) By justice a king sustains the land, But a fraudulent man tears it down.

(NJB) A king gives a country stability by justice, an extortioner brings it to ruin.

(사역) 왕은 정의로써 나라를 세우지만 예물을 욕심내는 사람은 나라를 멸망시킨다.

1. 〈베미쉬팟〉 (בְּמִשְׁפָּט): 전치사 〈베〉 (בּ)와 '정의'를 뜻하는 명사 〈미쉬팟〉 (מִשְׁפָּט)이 합쳐진 형태이다.[61] 여기서 전치사 〈베〉는 수단을 의미한다. 따라서 정의는 왕이 나라를 다스리는 수단으로 묘사되고 후반절에 나오는, 또 다른 통치 수단인 뇌물과 상반된다.

2. 〈야아밋〉 (יַעֲמִיד): '서다'를 뜻하는 동사 〈아맛〉 (עָמַד)의 히필 미완료 3인칭 남성 단수형으로 〈아맛〉이 히필로 사용될 경우 '~을 세우다' 혹은 '~을 존재하게 하다'를 뜻한다.[62] 동사 〈야아밋〉의 목적어는 뒤에

---

61 위의 책, 651.
62 위의 책, 841.

나오는 〈아레츠〉(אֶרֶץ)인데 이 단어는 기본적으로 땅을 뜻하지만 나라를 가리키기도 한다.[63] 그러므로 "왕은 정의로 나라를 세운다" 혹은 "왕은 정의로 나라를 존재하게 한다"로 이해할 수 있다.

3. 〈테루못〉(תְּרוּמוֹת): '예물' 혹은 '제물'을 뜻하는 여성 명사 〈테루마〉(תְּרוּמָה)의 복수형이다.[64] NRSV(heavy exactions: 가혹한 세금)와 NJB(an extortioner: 세금 착취자)에서는 세금을 징수하는 것으로 번역되었고 개역개정판, 새번역에서는 '뇌물'이라고 번역되었다. 그런데 명사 〈테루마〉는 대부분 자발적으로 드려지는 예물이나 제물을 가리킨다(민 15:17-21; 신 12:6, 11).[65] 따라서 〈테루마〉 자체가 혈세나 뇌물과 같은 부정적인 의미를 전달하지 않는다. 오히려 잠언 29장 4절 후반절은 〈테루마〉를 통해 성전에 바쳐진 제물이나 예물 등 백성들로부터 얻은 수입을 잘못 사용하는 왕의 부정을 지적한다.[66] 또한, 〈테루못〉은 명사 〈이쉬〉(אִישׁ)와 결합하면서 백성들이 내는 '제물이나 예물에 욕심이 있는 사람'을 뜻한다.[67] 여기서는 왕을 가리킨다.

4. 〈예헤르센나〉(יֶהֶרְסֶנָּה): '멸망시키다'를 뜻하는 동사 〈하라스〉(הָרַס)의 칼 미완료 3인칭 남성 단수형에 3인칭 여성 단수 대명접미사가 붙었다.[68] 여기서 3인칭 여성 단수 대명접미사가 가리키는 대상은 앞에 나온 〈아레츠〉이다.

---

63 위의 책, 90.
64 위의 책, 1789-1790.
65 Yoder, *Proverbs*, 272.
66 Van Leeuwen, *The Book of Proverbs*, 242.
67 *HALOT*, 1970.
68 위의 책, 256.

4. 설교를 위한 적용점

1) 말다툼과 싸움

우리가 속해 있는 공동체에서 종종 구성원 간 말다툼이나 싸움이 일어난다. 아무리 한 공동체를 이루는 구성원이라도 서로의 의견이나 생각이 다를 수 있기에 말다툼이나 싸움이 일어날 수는 있다. 그런데 말다툼이나 싸움이 확대되는 과정을 유심히 살펴보면, 당초에 말다툼이나 싸움을 벌였던 당사자나 원인과는 관계없이 전개되는 양상을 발견할 수 있다. 이런 경우, 말다툼이나 싸움은 걷잡을 수 없는 지경에 이르러 당사자 간의 합의나 화해로는 해결되지 않는다.

잠언 26장 20-21절은 말다툼이나 싸움을 잠잠하게 할 수 있는 지혜를 전한다.

> 나무가 다하면 불이 꺼지고 말쟁이가 없어지면 다툼이 쉬느니라 숯불 위에 숯을 더하는 것과 타는 불에 나무를 더하는 것 같이 다툼을 좋아하는 자는 시비를 일으키느니라

잠언 26장 20-21절은 말다툼과 싸움을 숯불과 불에 비유하는데 불이 일어나는 요소 중 하나인 가연물에 해당하는 나무와 숯에 주목한다. 즉, 불을 잠잠하게 하거나 끄려면 물을 부어도 되지만, 그 안에 불이 계속 일어나도록 하는 가연물인 나무와 숯을 제거하면 자연스럽게 불이 꺼진다는 것이다.

그렇다면 불과 같은 말다툼이나 싸움을 계속 일어나게 만드는 나무와 숯에 비유되는 대상은 누구인가? 바로 '말쟁이'와 '다툼을 좋아하는 자'이다. 말쟁이는 "말이 많거나 말을 잘하는 사람을 낮잡아 이르는 말"을 뜻한다.[69] 그런데 말쟁이로 번역된 <니르간>은 단순히 말을 많이 하는 사람이기보다는 남을 비방하는 사람을 가리킨다. 남을 중상하고 비방하는 사람은 싸움에 있어서 마치 마른 장작에 불과 같은 존재라서 그 싸움을 더욱 부추긴다. 따라서 잠언 26장 20절은 다툼이 그치려면 다른 사람을 중상하고 비방하는 사람이 없어져야 한다고 강조한다. 한편, 잠언 26장 21절에서 다툼을 좋아하는 자로 번역된 <이쉬 밋봐님>은 기질적으로 다투기를 좋아하는 사람을 뜻한다. 그러므로 다툼을 좋아하는 사람은 사람들 사이에 시비를 일으키고 다툼을 일으켜 마치 숯불 위에 숯을 더하는 격이다.

잠언 26장 20-21절은 말다툼이나 싸움을 잠잠하게 하기 위해서는 말다툼이나 싸움의 원인이 되는 말쟁이와 다툼을 좋아하는 사람들이 없어져야 한다고 강조한다. 그렇다고 해서 말쟁이와 다툼을 좋아하는 사람을 인위적으로 없애거나 공동체에서 반드시 내쫓아야 한다는 뜻은 아니다. 오히려 잠언 26장 20-21절은 독자에게 말쟁이와 다툼을 좋아하는 사람이 되지 말라고 권면하고 있으며, 본인이 말쟁이와 다툼을 좋아하는 사람이라면 언제든지 공동체에 말다툼이나 싸움을 일으킬 수 있다는 점을 잊지 말라고 당부한다.

---

69 "말쟁이," 『표준국어대사전』, https://stdict.korean.go.kr/search/ searchView. do?word_no=423904&searchKeywordTo=3. (2023.7.30. 최종접속)

2) 친구에게 주는 영향력

잠언 27장 17절은 우정에 관한 격언 중 하나이다. 다른 격언이 주로 우정에 관한 현실을 알려주거나(잠 14:20; 18:24) 지혜로운 자와 교제하라고 권면한다면(잠 13:20), 잠언 27장 17절은 우리가 친구에게 줄 수 있는 영향력을 강조한다.

철이 철을 날카롭게 하는 것 같이 사람이 그의 친구의 얼굴을 빛나게 하느니라

전반절에서 언급되는 '철이 철을 날카롭게 하는 것'이라는 표현은 고대에 칼을 벼리는 것을 염두에 두고 있다. '벼리다'는 무디어진 연장의 날을 불에 달구어 두드려서 날카롭게 만든다는 뜻이다.[70] 고대에는 철을 이용하여 연장을 벼리었고 칼날을 철로 벼렸다. 그 이유는 무디어진 연장이나 칼날을 벼리기 위해서는 그와 비슷한 성질을 가지고 있거나 그보다 더 단단한 금속이 필요하기 때문이다. 결국 철로 만들어진 연장이나 칼날은 그와 같은 종류의 철을 통해서만 날카롭게 될 수 있었다.

잠언 27장 17절 후반절은 이와 같은 전반절의 비유를 사용하여 사람이 그의 친구의 얼굴을 빛나게 한다는 교훈을 전한다. 그런데 '빛나게 하느니라'는 앞서 사용된 '날카롭게 하는 것'과 비슷한 의미를 전달한다. 마치 철로 무디어진 연장이나 칼날을 벼려서 날카롭게 하듯이 사람이 그의 친구의 얼굴을 날카롭게 한다는 뜻이다. 그런데

---

70 "벼리다," 『표준국어대사전』, https://stdict.korean.go.kr/search/ searchView.do?word_no=146234&searchKeywordTo=3. (2023.7.30. 최종접속)

얼굴을 날카롭게 한다는 말이 정서상 긍정적인 표현으로 들리지는 않는다. '얼굴'로 번역된 히브리어 <파네>는 사람을 겉으로 드러내는 신체 기관으로서의 얼굴을 뜻하기도 하지만, 눈에 보이지 않는 사람의 성품이나 인격 등을 뜻하기도 한다. 그러므로 사람은 친구의 얼굴을 빛나게 할 수도 있고, 친구 내면의 인격이나 성품에 선한 영향력을 미쳐 다듬어 줄 수도 있다. 반대로 사람은 친구의 얼굴을 어둡게 할 수도 있고, 친구 내면의 인격이나 성품에 악영향을 끼쳐 망가뜨릴 수도 있다. 결국 지혜로운 사람은 그가 갖고 있는 지혜와 명철로 친구를 빛나게 할 수도 있지만, 어리석은 사람은 그가 갖고 있는 어리석음과 미련함으로 친구를 멸망으로 이끌 수도 있다.

그리고 좋은 친구란 무조건 좋은 말만 해 주는 사람이 아니라 때로는 칼로 베는 듯한 아픔을 주더라도 그 사람의 인격과 명철을 더욱 예리하게 다듬어 주는 사람이다. 우리는 혼자만의 노력으로는 성숙해질 수 없고 다듬어질 수 없다. 우리의 인격과 삶을 성숙하게 하고 다듬어 주는 친구가 있다면 그 친구는 좋은, 지혜로운 친구다.

3) 왕권과 정의

한 나라를 다스리는 왕의 권위는 그가 갖고 있는 권력에 기초한다. 이러한 이유로 역사상의 많은 왕이 강력한 왕권을 가지려고 했고, 그러한 왕권을 바탕으로 나라의 발전을 이루어 내기도 했다. 그러나 강력한 왕권은 불가피하게 수많은 사람의 희생을 초래할 수밖에 없었고, 왕에게 집중된 권력은 수직적 체계에서 또 다른 권력자들과 희생자들을 양산했다. 잠언은 정의에 기초한 왕권을 강조한다는 점에서 일반적인 왕권과는 매우 다르다.

잠언 25장 4-5절은 왕위가 의로 세워져야 하며 그러기 위해서는 악한 사람들을 왕 앞에서 제거하라고 권면한다.

은에서 찌꺼기를 제하라 그리하면 장색의 쓸 만한 그릇이 나올 것이요 왕 앞에 서 악한 자를 제하라 그리하면 그의 왕위가 의로 말미암아 견고히 서리라

권력이 있는 곳에 사람들이 모인다는 말이 있다. 왕이 권력을 많이 갖고 있을수록 그 주변에는 왕의 권력을 이용하거나 권력을 통해 이익을 얻으려는 사람들이 많다. 이러한 사람들은 악한 수단이나 방법을 사용하여 사사로운 이익을 추구한다. 따라서 잠언 25장 5절은 왕 앞에서 악한 사람을 제거할 때 그의 왕위가 의로 세워진다는 것을 강조한다. 그리고 잠언 25장 4절은 이 점을 분명하게 전달하기 위해 은으로부터 찌꺼기들을 제거할 때 쓸 만한 그릇이 은장색에게 나온다는 비유를 사용한다. 이는 아무리 왕이 선하고 의롭다고 해도 그와 함께 일하는 신하들이나 관리들이 악하다면, 불순물이 섞여 있는 은으로 만들어진 그릇이 쓸모없듯이 왕권 역시도 무너질 수밖에 없다는 점을 알려준다.

잠언 28장 15절은 수직적 권력 구조에서 통치자가 자신의 권력을 사용하여 피통치자들을 억압하는 상황을 굶주린 사자와 곰에 비유하여 설명한다.

가난한 백성을 압제하는 악한 관원은 부르짖는 사자와 주린 곰 같으니라

다른 구약성경에서와 마찬가지로 잠언 28장 15절에서 사자와 곰은 목숨을 빼앗아 갈 수 있는 존재로 언급되지만, 초점은 이들이 굶주려서 배회한다는 데 있다. 굶주린 사자와 곰은 자신들의 배고픔을 으르렁거림과 배회함으로 표현하면서 다른 동물을 언제든지 잡아먹을 준비가 되어 있다. 잠언 28장 15절은 가난한 백성을 억누르는 악한 통치자를 이런 굶주린 사자와 곰에 비유한다. 굶주린 사자와 곰이 자신의 본능적인 배고픔을 해결하기 위해 자기보다 약하고 힘이 없는 동물을 마구 잡아먹듯이 자신의 허기를 채우기 위해 가난하고 힘없는 백성을 억압한다면 그는 악한 통치자이다.

이러한 모습은 잠언 29장 4절에 나오는 '뇌물을 억지로 내게 하는 자'와도 일맥상통한다.

왕은 정의로 나라를 견고하게 하나 뇌물을 억지로 내게 하는 자는 나라를 멸망시키느니라

'뇌물'이라고 번역된 <테루못>은 제물 또는 예물을 뜻한다는 점에서, '뇌물을 억지로 내게 하는 자'는 백성이 내는 제물이나 예물에 욕심이 있는 자를 뜻한다. 한 나라의 통치자로서 주어진 책임을 다하여 모든 백성이 평안하게 살도록 하기보다 백성이 내는 제물이나 예물을 취하는 데에만 혈안이 되어 있다면 그저 배고픔과 허기를 채우려고 급급한 사자나 곰과 다를 바가 없다. 그러므로 잠언이 강조하는 왕권은 이런 것들과는 반대로, 사사로운 이익을 채우기보다는 공공의 이익을 우선시하고 가난하고 힘없는 백성을 위해 권력을 올바로 사용할 줄 아는, 정의에 기초한 왕권이다.

제9장

"내가 주께 구하였사오니"

(잠 30:1-33)

1. 특징

(1) 잠언 30장 1절에 "이 말씀은 야게의 아들 아굴의 잠언이니" (דִּבְרֵי אָגוּר בִּן־יָקֶה הַמַּשָּׂא)라는 표제가 나오면서 새로운 단락이 시작됨을 알려준다. 특별히 30장 1절의 표제 뒤에 "그가 이디엘 곧 이디엘과 우갈에게 이른 것이니라"고 하면서 앞서 나왔던 단락들과는 다르게 이 단락을 듣고 읽는 대상을 구체적으로 명시하고 있다.

잠언 30장 1-33절의 저자 혹은 편집자로 명시된 아굴이 누구인지에 대해 많은 논의가 있었지만, 아직도 아굴의 정체는 신비에 싸여 있다. 일단 아굴이라는 이름이 구약성경의 다른 곳에서는 언급되지 않는다. 또한 아굴이라는 이름은 히브리 사람들이 흔히 쓰는 이름이 아니다.[1] HALOT은 아굴이 이집트식 아람어, 고대 아라비아어와 관련된다고 제안한다.[2] 다만 1절에서 '잠언'으로 번역된 히브리어 단어 <맛사>(מַשָּׂא)는 창세기 25장 14절과 역대상 1장 30절에 나오는 이스마엘의 후손의 이름 <맛사>와 같다. 따라서 학자들은 아굴이 북아라비아에 거주했던 맛사의 후손일 것으로 추측하기도 한다.[3] 아굴의 아버지로 기록된 야게 역시 구약성경의 다른 곳에 나오지 않는다. 그리고 뒤에 언급된 이디엘은 느헤미야 11장 7절에서 발견되는데 이와 동일 인물인지는 알 수 없다. 우갈 역시 구약성경의 다른 곳에서 언급되지 않을 뿐만 아니라 셈족 언어에서는 발견되지 않는 이름이다.[4]

---

1 Yoder, *Proverbs*, 279.

2 *HALOT*, 10.

3 Fox, *Proverbs 10-31*, 852; Clifford, *Proverbs*, 260; Murphy, *Proverbs*, 226.

(2) 아굴의 잠언은 잠언 전체에서 이해하기 가장 어려운 부분으로 알려져 있다. 왜냐하면 전도서와 같이 회의적이고 염세주의적인 잠언이 등장하기 때문이다. 또한 수를 이용한 잠언이 많이 등장한다. 잠언 1-29장은 삶에 대한 다양한 교훈과 그 가운데 있는 하나님의 섭리를 강조하지만, 아굴의 잠언은 오히려 인간의 삶에 있어서 하나님의 섭리를 이해하기 어려운 부분이 많다는 점을 인정한다. 그러나 아굴의 잠언은 삶에 대한 회의를 드러내는 데서 끝나지 않고 인간이 갖고 있는 지혜의 한계를 인정하는 동시에 하나님의 권능과 지혜의 무한함을 강조하는 데까지 나아간다.[5]

(3) 아굴의 잠언은 크게 두 부분으로 나뉜다. 30장 1-9절은 자신의 무지에서 출발하여 하나님의 권능과 말씀에 대한 권위를 인정하는 것으로 발전된다. 30장 10-33절에서는 주로 수와 관련된 격언이 많이 등장한다.

2. 아굴의 잠언(잠 30:1-9)

1) 잠언 30장 1절

דִּבְרֵי אָגוּר בִּן־יָקֶה הַמַּשָּׂא נְאֻם הַגֶּבֶר לְאִיתִיאֵל לְאִיתִיאֵל וְאֻכָל׃

(LXX) τοὺς ἐμοὺς λόγους υἱέ φοβήθητι καὶ δεξάμενος αὐτοὺς μετανόει τάδε λέγει ὁ ἀνὴρ τοῖς πιστεύουσιν θεῷ καὶ παύομαι

---

4 Yoder, *Proverbs*, 280.
5 Clifford, *Proverbs*, 257.

(나의 말들을 두려워하라, 아들아! 그리고 네가 그것들을 받을 때 회개하라! 이것들은 하나님을 믿는 사람들에게 말하는 것이다. 이제 나는 멈춘다)

(개정) 이 말씀은 야게의 아들 아굴의 잠언이니 그가 이디엘 곧 이디엘과 우갈에게 이른 것이니라

(새번역) 이것은 야게의 아들 아굴이 말한 잠언이다. 이 사람이 이디엘에게 말하고, 또 이디엘과 우갈에게 말하였다.

(공동) 이것은 **마싸 사람** 야케의 아들 아굴의 말이다. 그가 이렇게 이른다. 하느님께서 나와 함께 계셨더라면, 하느님께서 나와 함께 계셨더라면, 내가 이렇게 되지는 않았으리라.

(NRSV) The words of Agur son of Jakeh. An oracle. Thus says the man: I am weary, O God, I am weary, O God. How can I prevail?

(TNK) The words of Agur son of Jakeh, **man of Massa**; The speech of the man to Ithiel, to Ithiel and Ucal:

(NJB) The sayings of Agur son of Jakeh, **of Massa**. Prophecy of this man for Ithiel, for Ithiel and for Ucal.

(사역) 야게의 아들 아굴의 말씀, 곧 선포의 말씀이다. 이디엘을 위한 그 사람의 신탁이다. 이디엘과 우갈을 위한.

1. 〈빈〉 (בִּן): '아들'을 뜻하는 명사 〈벤〉 (בֵּן)의 남성 단수 연계형이다.6 사실 명사 〈벤〉의 남성 단수 연계형은 대개 〈벤-〉 (בֶּן-)이 사용되지만 드물게 〈빈-〉 (בִּן-)의 형태가 사용되기도 하는데, 잠언 30장 1절의 경우

---

6 *HALOT*, 137.

도 그렇다(참고. 신 25:2; 욘 4:10).[7]

2. 〈함맛사〉(הַמַּשָּׂא): 정관사 〈하〉(ה)와 〈맛사〉(מַשָּׂא)가 결합된 단어다. 〈맛사〉를 어떻게 이해하느냐에 따라 해석이 달라진다. 〈맛사〉의 기본적인 뜻은 '짐'(load, burden)인데[8] 여기서는 문맥상 적절하지 않아 다음의 두 가지로 이해된다. 첫째, '선포'(pronouncement)를 뜻하는 것으로 이해하면 '아굴의 잠언'이나 '아굴의 말씀'으로 번역된다(개역 개정판, 새번역, NRSV).[9] 이 경우, 1절의 처음에 등장하는 단어 〈디브레〉(דִּבְרֵי, 말씀)와도 의미상으로 연결된다. 둘째, 사람의 이름을 뜻하는 '맛사'로 이해하면 야게의 출신을 설명하는 민족적 표현으로 번역된다. 따라서 직역하면 '야게, 즉 그 맛사'로 이해된다.[10] 다만, BHS 비평장치가 제안하듯이 마소라 본문의 〈함맛사〉(הַמַּשָּׂא)를 〈밈맛사〉(מִמַּשָּׂא, 맛사 출신의) 또는 〈함맛사이〉(הַמַּשָּׂאִי, 맛사 사람)로 고쳐서 읽을 필요가 있다(공동번역 개정판, TNK, NJB). 그러나 폭스의 주장처럼 하나님을 경배하며(30:9) 하나님의 계시(30:5-6)에 관심을 가지고 있던 야게의 아들 아굴을 굳이 북아라비아 출신의 사람으로 묘사할 당위성은 발견되지 않는다.[11] 따라서 마소라 본문을 반드시 수정할 필요는 없다.

3. 〈네움 학게베르〉(נְאֻם הַגֶּבֶר): '선포'를 뜻하는 〈네움〉(נְאֻם)은 구약성경의 예언서에서 주로 예언 신탁을 시작하는 도입구로 그 뒤에 〈아마르

---

7 Joüon, *A Grammar of Biblical Hebrew*, §98b; Gesenius, *Gesenius' Hebrew Grammar*, §96.

8 *HALOT*, 639.

9 위의 책, 640.

10 위의 책.

11 Fox, *Proverbs 10-31*, 852.

아도나이〉(יהוה אָמַר)와 함께 등장한다.[12] 한편, 잠언 30장 1절에서 〈네움〉은 뒤에 '그 사람'을 뜻하는 〈학게베르〉와 함께 사용되어 '그 사람(아굴)의 신탁'을 뜻한다. 구약성경에서 〈네움 학게베르〉라는 표현은 다윗의 마지막 말(삼하 23:1)이나 발람의 신탁(민 24:3, 15)을 가리킬 때도 사용된다.

4. 〈레이티엘 레이티엘 붸우칼〉(וְאֻכָל לְאִיתִיאֵל לְאִיתִיאֵל): 아굴의 신탁이 선포되는 대상을 전치사 〈레〉(לְ)와 사람의 이름인 이디엘(אִיתִיאֵל), 우갈(אֻכָל)과 결합하여 나타내고 있다. 여기의 이디엘이 느헤미야 11장 7절에 등장하는 이디엘과 동일한 사람인지는 알 수 없다. 또한, 〈레이티엘〉이 왜 두 번이나 반복되는지 알 수 없다. 그래서 BHS 비평장치는 〈라이티 엘 라이티 엘〉(אֵל לָאִיתִי אֵל לָאִיתִי)의 수정된 읽기를 제안한다. 수정된 읽기의 첫 단어 〈라이티〉는 동사 〈라아〉(לָאָה)의 칼 완료 1인칭 공성 단수형으로 그 뜻은 "나는 지쳤다"이다(비교. 렘 20:9).[13] 뒤에 하나님을 뜻하는 〈엘〉이 나오므로 이 문장은 "나는 지쳤습니다! 하나님이여! 나는 지쳤습니다! 하나님이여!"의 일종의 탄식을 표현한다. 또한 BHS 비평장치는 1절의 마소라 본문의 마지막 단어 〈붸우칼〉(וְאֻכָל)을 〈봐에켈〉(וָאֵכֶל)로 고쳐서 읽을 것을 제안한다. 〈봐에켈〉은 동사 〈칼라〉(כָּלָה)의 칼 봐브 연속 미완료 1인칭 공성 단수형으로 그 뜻은 "나는 완전히 녹초가 되었다"이다.[14] 뒤의 7절에서 '죽기 전에'라는 표현이 나와 수정된 읽기(나는 지쳤습니다! 하나님이여! 나는 지쳤습니다! 하나님이여! 나는 완전히 녹초가 되었습니다!)와 그 의미가

---

12 *HALOT*, 657–658.
13 위의 책, 512.
14 위의 책, 477.

연결된다.[15] 공동번역 개정판(하느님께서 나와 함께 계셨더라면, 하느님께서 나와 함께 계셨더라면, 내가 이렇게 되지는 않았으리라)과 NRSV의 번역(I am weary, O God, I am weary, O God)은 이러한 수정된 읽기를 반영한다.

5. 한편, 칠십인역은 마소라 본문과는 전혀 다른 읽기를 보여준다. 칠십인역 30장 1절은 칠십인역 24장 22a절과 비슷하다. 아마도 이것은 칠십인역 24장 22a절과 22b-e절 사이에 30장 1절이 위치하기 때문인 것으로 보인다. 칠십인역에서는 본문의 배열이 22장 17절-24장 22절 이후에 30장 1-14절이 이어진다. 따라서 30장 1절과 24장 22a절의 유사성은 칠십인역의 본문 배열에서 기인하는 것으로 보인다.[16]

2) 잠언 30장 2-3절

כִּי בַעַר אָנֹכִי מֵאִישׁ וְלֹא־בִינַת אָדָם לִי׃

וְלֹא־לָמַדְתִּי חָכְמָה וְדַעַת קְדֹשִׁים אֵדָע׃

(개정) 나는 다른 사람에게 비하면 짐승이라 내게는 사람의 총명이 있지 아니하니라 나는 지혜를 배우지 못하였고 또 거룩하신 자를 아는 지식이 없거니와

(새번역) 참으로 나는, 사람이라기보다는 우둔한 짐승이며, 나에게는 사람의 총명이 없다. 나는 지혜를 배우지도 못하였고, 지극히 거룩하신 분을

---

15 Fox, *Proverbs*, 378.
16 위의 책, 379.

아는 지식도 깨우치지 못하였다.

(공동) 나는 사람의 슬기조차 갖추지 못해 다른 사람에 견주면 짐승이라. 나는 지혜도 못 배웠고, 거룩하신 분을 아는 지식도 깨치지 못했다.

(NRSV) Surely I am too stupid to be human; I do not have human understanding. I have not learned wisdom, nor have I knowledge of the holy ones.

(TNK) I am brutish, less than a man; I lack common sense. I have not learned wisdom, Nor do I possess knowledge of the Holy One.

(NJB) I am myself the stupidest of people, bereft of human intelligence, I have not learnt wisdom, and I lack the knowledge of the holy ones.

(사역) 참으로 나는 그 어떤 사람과 비교해도 짐승이다. 나에게는 사람의 분별력이 없다. 나는 지혜를 배우지 못했고 거룩하신 자를 아는 지식을 알지도 못한다.

1. ⟨키⟩ (כִּי): 접속사 ⟨키⟩는 주로 이유를 나타내면서 '~때문이다' 혹은 '왜냐하면'으로 번역된다.[17] 그런데 여기서는 이유를 나타내기보다는 문장 전체를 수식하면서 '참으로'(indeed) 혹은 '확실히'(surely)를 뜻한다.[18] NRSV의 'Surely'는 이러한 의미를 반영한다.

2. ⟨바아르⟩ (בַּעַר): '짐승 같은' 혹은 '어리석은'을 뜻하는 형용사다.[19] ⟨바아르⟩는 잠언 12장 1절("훈계를 좋아하는 자는 지식을 좋아하거니와 징계를 싫어하는 자는 짐승과 같으니라")에서도 사용되었는데 징계를

---

17 *HALOT*, 470.
18 Waltke and O'Connor, *An Introduction to Biblical Hebrew Syntax*, 665.
19 *HALOT*, 146.

싫어하는 사람을 가리켜 짐승과도 같다고 했다. 따라서 잠언에서 지혜를 추구하지 않아 어리석다고 평가되는 사람은 짐승과 똑같이 간주된다. 한편, 〈바아르〉는 시편에서 종종 등장하면서 짐승과 같은 무지함을 강조할 때 사용된다(예. 시 73:22; 92:6-7).[20]

3. 〈메이쉬〉(מֵאִישׁ): 전치사 〈민〉(מִן)과 '사람'을 뜻하는 〈이쉬〉(אִישׁ)가 결합된 단어이다.[21] 여기서 전치사 〈민〉은 비교를 위해 사용되었으며 '~보다'를 뜻하므로 '사람보다'로 번역된다. 〈이쉬〉에 정관사가 없으므로 특정한 사람이 아니라 일반적인 사람을 가리킨다. 따라서 '다른 어떤 사람보다도'를 뜻한다. 한편, NRSV는 "I am too stupid to be human"로 번역하면서 비교의 의미보다는 사람의 수준이 되지 못할 정도의 어리석음을 강조한다.

4. 〈비낫〉(בִּינַת): '분별력'을 뜻하는 명사 〈비나〉(בִּינָה)의 여성 단수 연계형이다.[22] 바로 뒤의 단어 〈아담〉(אָדָם)과 연결되면서 '사람의 분별력'으로 번역된다. 즉, 앞서 아굴은 자신이 다른 사람과 비교할 때 짐승이라고 했는데, 그 이유는 사람이라면 가지고 있어야 할 분별력이 자신에게는 없기 때문이다.

5. 〈라맛티〉(לָמַדְתִּי): '배우다'를 뜻하는 동사 〈라맛〉(לָמַד)의 칼 완료 1인칭 공성 단수형이다.[23] 앞에 부정어 〈로〉(לֹא)가 있으므로 "나는 배우지 못했다"로 번역된다.

6. 〈다앗 케도쉼〉(דַּעַת קְדֹשִׁים): '지식'을 뜻하는 명사 〈다앗〉(דַּעַת)의 연계

---

20 Yoder, *Proverbs*, 280; Clifford, *Proverbs*, 261.
21 *HALOT*, 43.
22 위의 책, 123.
23 위의 책, 531.

형에 '거룩한'을 뜻하는 형용사 〈카도쉬〉(קָדוֹשׁ)의 남성 복수 절대형
이 이어진 형태이다.[24] 〈케도쉼〉을 직역하면 '거룩한 자들'이지만 이
것은 일종의 '존엄의 복수'(plural of majesty)이기 때문에 '거룩하신
자'로 번역되며 하나님을 가리킨다.[25] 또한 〈다앗 케도쉼〉은 목적격
속격(objective genitive)으로 이해되기 때문에 '거룩하신 자를 아는
지식'으로 이해할 수 있다.[26]

7. 〈에다〉(אֵדָע): '알다'를 뜻하는 동사 〈야다〉(יָדַע)의 칼 미완료 1인칭 공
성 단수형이다.[27] 앞의 〈다앗 케도쉼〉(דַעַת קְדשִׁים)이 목적어이므로
"나는 거룩하신 자를 아는 지식을 알고 있다"로 번역된다. 그러나 대부
분의 성경은 후반절에 부정어가 없는데도 "나는 거룩하신 자를 아는
지식을 알고 있지 않다"로 번역한다. 그 이유는 전반절의 부정어
〈로〉(לֹא)가 후반절에도 영향을 미치는 것으로 생각하기 때문이다.[28]

3) 잠언 30장 7-9절

〈7절〉

שְׁתַּיִם שָׁאַלְתִּי מֵאִתָּךְ אַל־תִּמְנַע מִמֶּנִּי בְּטֶרֶם אָמוּת׃

(개정) 내가 두 가지 일을 주께 구하였사오니 내가 죽기 전에 내게 거절하
지 마시옵소서

---

24 위의 책, 229-230, 1066.
25 위의 책, 1067.
26 Murphy, *Proverbs*, 226.
27 *HALOT*, 390-391.
28 Fox, *Proverbs 10-31*, 855; Murphy, *Proverbs*, 226.

(새번역) 주님께 두 가지 간청을 드리니, 제가 죽기 전에 그것을 이루어 주십시오.

(공동) 저에게는 당신께 간청할 일이 두 가지 있습니다. 그것을 제 생전에 이루어 주십시오.

(NRSV& TNK) Two things I ask of you; do not deny them to me before I die:

(NJB) Two things I beg of you, do not grudge me them before I die:

(사역) 제가 두 가지를 당신께 간구하오니 제가 죽기 전에 나를 거부하지 마소서

1. 〈세타임〉(שְׁתַּיִם): 수 2를 뜻하는 명사 〈세나임〉(שְׁנַיִם)의 쌍수 절대형이다.[29] 보통 수사는 실명사 앞이나 뒤에 사용되지만 여기서는 〈세타임〉이 실명사 없이 독립적으로 사용되면서 '두 가지의 서로 다른 간구들'을 뜻한다.[30] 이 두 가지 간구는 8절에서 구체적으로 언급된다. 다만, 8절에서 아굴은 두 가지가 아닌 세 가지 간구를 하나님께 드린다고 간주하면 7-8절도 일종의 수 격언으로 볼 수 있다.[31]

2. 〈샤알티〉(שָׁאַלְתִּי): '간구하다'를 뜻하는 동사 〈샤알〉(שָׁאַל)의 칼 완료 1인칭 공성 단수형이다.[32] "내가 간구했다"로 번역된다.

3. 〈메잇탁〉(מֵאִתָּךְ): 전치사 〈민〉(מִן)과 전치사 〈엣〉(אֵת)과 2인칭 남성 단수 대명접미사가 결합된 형태다. 여기서 〈메잇탁〉은 아굴의 간구를

---

29 *HALOT*, 1605.

30 위의 책.

31 Murphy, *Proverbs*, 229.

32 *HALOT*, 1373.

듣는 대상을 표현한다. 따라서 직역하면 '당신께'이지만 많은 번역본은 간구를 듣는 대상을 하나님으로 간주한다.

4. 〈알-팀나〉(אַל-תִּמְנַע): 부정어 〈알〉(אַל)과 '거절하다'를 뜻하는 동사 〈마나〉(מָנַע)의 칼 지시법(jussive) 2인칭 남성 단수형이 결합되었다.[33] 〈팀나〉는 형태상으로 보면 칼 미완료로 분석할 수 있지만 앞에 연결되어 있는 부정어 〈알〉이 사용되면서 금지를 나타내는 명령으로 해석되기 때문에 지시법으로 간주해야 한다. 또한 동사 〈마나〉는 뒤에 전치사 〈민〉(מִן)과 함께 사용되면서 '~를 거부하다'를 뜻한다.[34] 따라서 〈알-팀나〉는 "(주님!) 나를 거부하지 마소서"라고 번역된다.

5. 〈베테렘〉(בְּטֶרֶם): 전치사 〈베〉(בְּ)와 전치사 〈테렘〉(טֶרֶם)이 결합된 단어이다. 전치사 〈테렘〉은 '~전에'라는 뜻을 지니고 있는데 시간을 나타내는 전치사 〈베〉와 함께 사용되어 더욱 분명하게 '~하기 전에'를 의미한다.[35]

6. 〈아뭇〉(אָמוּת): '죽다'를 뜻하는 동사 〈뭇〉(מוּת)의 칼 미완료 1인칭 공성 단수형으로 "나는 죽을 것이다"를 뜻한다.[36] 다만, 앞서 〈베테렘〉이 사용되었기 때문에 "내가 죽기 전에"로 번역된다.

---

33 위의 책, 602.
34 위의 책.
35 위의 책, 379-380.
36 위의 책, 562.

〈8절〉

שָׁוְא וּדְבַר־כָּזָב הַרְחֵק מִמֶּנִּי רֵאשׁ וָעֹשֶׁר אַל־תִּתֶּן־לִי הַטְרִיפֵנִי לֶחֶם חֻקִּי:

(개정) 곧 헛된 것과 거짓말을 내게서 멀리 하옵시며 나를 가난하게도
마옵시고 부하게도 마옵시고 오직 필요한 양식으로 나를 먹이시옵소서
(새번역) 허위와 거짓말을 저에게서 멀리하여 주시고, 저를 가난하게도
부유하게도 하지 마시고, 오직 저에게 필요한 양식만을 주십시오.
(공동) 허황된 거짓말을 하지 않게 해주십시오. 가난하게도, 부유하게도
마십시오. 먹고 살 만큼만 주십시오.
(NRSV) Remove far from me falsehood and lying; give me neither pov-
erty nor riches; feed me with the food that I need,
(TNK) Keep lies and false words far from me; Give me neither poverty
nor riches, But provide me with my daily bread,
(NJB) keep falsehood and lies far from me, give me neither poverty
nor riches, grant me only my share of food,
(사역) 속임수와 거짓말을 나에게서 제거하여 주소서. 나에게 가난과 부
를 주지 마소서. 나에게 알맞은 몫의 양식을 공급하소서.

1. 〈샤붸〉(שָׁוְא): '헛된 것' 혹은 '속임수'를 뜻하는 명사이다.[37] 특별히 여
   기에서와 같이 '거짓말'을 뜻하는 〈카잡〉(כָּזָב)과 함께 사용되기도 한
   다(겔 21:24).
2. 〈카잡〉(כָּזָב): '거짓말'을 뜻하는 명사이다.[38] 바로 앞에 사용된 명사

---

37 위의 책, 1425-1426.
38 위의 책, 468.

〈샤붸〉와 비슷한 뜻을 나타내면서 그 의미를 한층 강화한다.[39] 앞서 막켑으로 연결된 단어 〈데바르〉(דְּבַר)와 함께 '거짓의 말'로 번역된다. 여기서 아굴이 간구하는 것은 단순히 다른 사람들의 속임수와 거짓말에 현혹되지 않도록 해달라는 것이 아니다. 오히려 자기 자신이 속임수와 거짓말에 현혹되지 않고 정직하고 진실할 수 있도록 구한다.[40]

3. 〈하르헥〉(הַרְחֵק): '떨어져 있다'를 뜻하는 동사 〈라학〉(רָחַק)의 히필 명령 2인칭 남성 단수형으로 〈라학〉이 히필일 경우 사역의 의미가 첨가되어 '멀리 떨어지게 하다'나 '제거하다'를 뜻한다.[41] 앞서 나온 단어들이 목적어이기 때문에 "속임수와 거짓말을 나로부터(מִמֶּנִּי) 제거하여 주소서"로 번역된다.

4. 〈레쉬〉(רֵאשׁ): '가난'을 의미하는 이 단어의 원형은 〈레쉬〉(רִישׁ)이나 여기서는 〈레쉬〉(רֵאשׁ)의 형태로 사용된다(비교. 잠 6:11, רֵאשֶׁךָ).[42]

5. 〈오셰르〉(עֹשֶׁר): '부'를 뜻하는 명사이다.[43] 앞서 사용된 〈레쉬〉와 반대의 의미이며 〈레쉬〉와 함께 아굴이 하나님께 구하는 간구의 내용이다.

6. 〈알-팃텐-리〉(אַל־תִּתֶּן־לִי): '주다'를 뜻하는 동사 〈나탄〉(נָתַן)의 칼 지시법 2인칭 남성 단수형이며 부정어 〈알〉이 결합되어 "나에게 주지 마소서"로 번역된다.[44] 동사 〈팃텐〉의 형태는 미완료로도 볼 수 있지만 부정어 〈알〉이 사용되었기 때문에 지시법으로 간주해야 한다.

---

39 Fox, *Proverbs 10-31*, 860.

40 위의 책.

41 *HALOT*, 1222.

42 위의 책, 1229.

43 위의 책, 898.

44 위의 책, 733.

7. 〈하트리페니〉(הַטְרִיפֵנִי): '찢다'를 뜻하는 동사 〈타랍〉(טָרַף)의 히필 명령 2인칭 남성 단수형에 1인칭 공성 단수 대명접미사가 붙었는데 동사 〈타랍〉이 히필일 경우 '공급하다'(to provide)를 뜻한다.[45] 따라서 "나에게 공급하소서"로 번역된다.

8. 〈레헴 훅키〉(לֶחֶם חֻקִּי): '빵'을 뜻하는 〈레헴〉(לֶחֶם)과 '몫'을 뜻하는 〈훅〉(חֹק)에 1인칭 공성 단수 대명접미사가 붙은 형태가 결합되었다.[46] 따라서 직역하면 '내 몫의 빵'인데 이것은 개역개정판에서는 "오직 필요한 양식"(비교. NRSV: the food that I need)으로, 공동번역 개정판에서는 "먹고 살만큼만"으로 번역된다. 그런데 〈훅〉의 어근이 되는 동사 〈하칵〉(חָקַק)은 '지정하다' 혹은 '할당하다'를 뜻한다.[47] 따라서 이러한 의미를 고려한다면 이 구절은 하나님께 자신에게 알맞은 몫과 양의 음식을 달라고 간구한다는 점을 뜻한다.[48] NJB의 'my share of food'가 이러한 의미를 반영한 번역이다.

〈9절〉

פֶּן אֶשְׂבַּע וְכִחַשְׁתִּי וְאָמַרְתִּי מִי יְהוָה וּפֶן־אִוָּרֵשׁ וְגָנַבְתִּי
וְתָפַשְׂתִּי שֵׁם אֱלֹהָי:

(개정) 혹 내가 배불러서 하나님을 모른다 여호와가 누구냐 할까 하오며 혹 내가 가난하여 도둑질하고 내 하나님의 이름을 욕되게 할까 두려워

---

45 위의 책, 380.
46 위의 책, 346, 526.
47 위의 책, 348.
48 Fox, *Proverbs 10-31*, 860.

함이니이다

(새번역) 제가 배가 불러서, 주님을 부인하면서 '주가 누구냐'고 말하지
않게 하시고, 제가 가난해서, 도둑질을 하거나 하나님의 이름을 욕되게
하거나, 하지 않도록 하여 주십시오.

(공동) 배부른 김에, "야훼가 다 뭐냐?" 하며 배은망덕하지 않게, 너무 가난
한 탓에 도둑질하여 하느님의 이름에 욕을 돌리지 않게 해주십시오.

(NRSV) or I shall be full, and deny you, and say, "Who is the LORD?"
or I shall be poor, and steal, and profane the name of my God.

(TNK) Lest, being sated, I renounce, saying, "Who is the LORD?" Or,
being impoverished, I take to theft And profane the name of my God.

(사역) 내가 배불러서 부인하며 "주님이 누구인가?"라고 말하지 않도록,
그리고 내가 가난하게 되어 도둑질하고 나의 하나님의 이름을 모독하지
않도록 하소서.

1. 〈펜〉(פֶּן): '~하지 않도록'을 뜻하는 접속사이다.[49] 접속사 〈펜〉은 전반
   절과 후반절에 모두 사용되면서 9절 전체를 '~하지 않게 해달라'는 간
   구로 만든다.

2. 〈에스바〉(אֶשְׂבַּע): '~에 만족하다' 혹은 '~을 충분히 가지다'를 뜻하는
   동사 〈사바〉(שָׂבַע)의 칼 미완료 1인칭 공성 단수형이다.[50] 따라서 '내
   가 만족하여서', '내가 충분히 가져서', '내가 배불러서' 등으로 번역
   된다.

---

49 *HALOT*, 936.
50 위의 책, 1303.

3. 〈붸키하쉬티〉(וְכִחַשְׁתִּי): '부인하다' 혹은 '~를 모른다고 하다'를 뜻하는 동사 〈카하쉬〉(כָּחַשׁ)의 피엘 봐브 연속 완료 1인칭 공성 단수형이다.[51] 따라서 '(내가 배불러서) 부인하다'로 번역된다.

4. 〈붸아마르티〉(וְאָמַרְתִּי): '말하다'를 뜻하는 동사 〈아마르〉(אָמַר)의 칼 봐브 연속 완료 1인칭 공성 단수형이다.[52] 따라서 '(내가 배불러서 부인하면서) 말한다'로 번역된다. 〈에스바〉 다음에 〈붸키하쉬티〉와 〈붸아마르티〉가 봐브 연속으로 이어지면서 독립적인 행동이 아닌 연속적이면서 인과관계가 있는 행동으로 묘사된다.

5. 〈미 아도나이〉(מִי יְהוָה): '누구'를 뜻하는 의문사 〈미〉가 사용된 일종의 의문문으로 "주님이 누구인가?"로 번역된다.[53] 그런데 이 물음은 단순히 주님이 누구인지 궁금해서 묻는 말이 아니다. 배불러서 하나님의 존재를 부인하고 더 나아가 하나님이 필요하지 않다는 교만의 질문이다(비교. 출 5:2, "바로가 이르되 여호와가 누구이기에[מִי יְהוָה] 내가 그의 목소리를 듣고 이스라엘을 보내겠느냐 나는 여호와를 알지 못하니 이스라엘을 보내지 아니하리라").[54]

6. 〈이봐레쉬〉(אִוָּרֵשׁ): '소유하다'를 뜻하는 동사 〈야라쉬〉(יָרַשׁ)의 니팔 미완료 1인칭 공성 단수형이다.[55] 그런데 동사 〈야라쉬〉가 니팔로 사용될 경우 그 뜻이 정반대인 "가난하게 되다"이다.[56]

7. 〈붸가납티〉(וְגָנַבְתִּי): '훔치다'를 뜻하는 동사 〈가납〉(גָּנַב)의 칼 봐브 연

---

51 위의 책, 470.
52 위의 책, 66.
53 위의 책, 575.
54 위의 책.
55 위의 책, 441.
56 위의 책.

속 완료 1인칭 공성 단수형이다.[57] 따라서 "(내가 가난하게 되어) 도둑 질하다"로 번역된다.

8. 〈붸타파스티〉(וְתָפַשְׂתִּי): '잡다'를 뜻하는 동사 〈타파스〉(תָּפַשׂ)의 칼 봐 브 연속 완료 1인칭 공성 단수형인데 여기서는 '모독하다' 혹은 "신성 을 더럽히다"를 뜻한다.[58] 따라서 "(내가 가난하게 되어 도둑질하고) 모독하다"로 번역된다.

3. 수 격언(잠 30:10-33)

1) 수 격언

수 격언은 어떤 주제에 관한 예 또는 내용과 관련하여 하나의 수를 언급한 다음에 그보다 하나가 많은 수를 언급하는 형식의 격언을 뜻한다(주제+수/수+1). 물론 수 격언이 잠언에서만 발견되는 것은 아니다. 아모스 1장 3절-2장 6절, 미가 5장 4절, 전도서 11장 2절에서도 발견되며 잠언 내에서도 6장 16-19절에 이미 나온 바 있다.[59]

예를 들면, 30장 21절의 "세상을 진동시키며 세상이 견딜 수 없게 하는 것 서넛이 있나니"처럼 먼저 주제(세상을 진동시키며 세상이 견딜 수 없게 하는 것)를 말한 뒤 그것에 해당하는 수 '서넛'을 언급한다. 이때 중요한 점은 뒤의 수다('서'가 아니라 뒤의 수 '넷'이 이어서 나오는

---

57 위의 책, 198.
58 위의 책, 1779-1780.
59 Murphy, *Proverbs*, 234.

내용과 일치한다). 즉 22-23절에 세상을 진동시키며 세상이 견딜 수 없게 하는 것이 네 개(종이 임금 된 것과 미련한 자가 음식으로 배부른 것과 미움받는 여자가 시집간 것과 여종이 주모를 이은 것)가 나온다.

2) 잠언 30장 15-16절

〈15절〉

לַעֲלוּקָה שְׁתֵּי בָנוֹת הַב הַב שָׁלוֹשׁ הֵנָּה לֹא תִשְׂבַּעְנָה אַרְבַּע לֹא־אָמְרוּ הוֹן׃

(개정) 거머리에게는 두 딸이 있어 다오 다오 하느니라 족한 줄을 알지 못하여 족하다 하지 아니하는 것 서넛이 있나니
(새번역) 거머리에게는 '달라, 달라' 하며 보채는 딸이 둘이 있다. 전혀 배부른 줄 모르는 것이 셋, 만족할 줄 모르는 것 넷이 있으니,
(공동) 거머리에게는 달라고 보채는 딸이 둘, 아무리 먹어도 배부른 줄 모르는 것이 셋, "족하다." 할 줄 모르는 것이 넷 있으니,
(NRSV) The leech has two daughters; "Give, give," they cry. Three things are never satisfied; four never say, "Enough":
(TNK) The leech has two daughters, "Give!" and "Give!" Three things are insatiable; Four never say, "Enough!":
(사역) 거머리에게는 두 딸이 있어서 '달라 달라'고 한다. 세 개의 것들, 그것들은 만족하지 않으며 네 개의 것들은 '족하다'라고 말하지 않는다.

1. 〈라알루카〉 (לַעֲלוּקָה): 전치사 〈레〉 (לְ)와 '거머리'를 뜻하는 명사 〈알루카〉 (עֲלוּקָה)가 결합된 형태이다.[60] 특별히 〈알루카〉는 여성 명사로 사

용되면서 두 딸이 있는 어머니로 묘사된다.[61] 또한 〈알루카〉는 그 뒤의 '족한 줄을 알지 못하여 족하다 하지 아니하는 것'을 소개하는 도입부인 동시에 그러한 것에 비유되는 동물이다.

2. 〈셰테 바놋〉 (שְׁתֵּי בָנוֹת): 수 2를 가리키는 〈셰나임〉 (שְׁנַיִם)의 여성 쌍수 연계형과 '딸'을 뜻하는 〈밧〉 (בַּת)의 여성 복수 절대형이 결합되어 '두 딸들'을 의미한다.[62]

3. 〈합 합〉 (הַב הַב): '주다'를 뜻하는 동사 〈야합〉 (יָהַב)의 칼 명령 2인칭 남성 단수형이다.[63] 두 번 반복되면서 '주라 주라' 혹은 '달라 달라'로 번역된다. 〈합 합〉은 거머리의 두 딸의 이름일 수도 있고 그들이 부르짖는 소리일 수도 있다. 그런데 거머리는 몸체의 양쪽 끝에 빨판이 있어서 자기 몸의 다섯 배로 부풀어 오를 때까지 피를 빤다.[64] 이 구절에서는 이 두 빨판을 '두 딸'로 의인화시켜 '달라 달라'한다고 설명하면서, 만족하지 못하고 계속 달라고 하는 탐욕스러운 사람을 조롱한다.

4. 〈샬로쉬〉 (שָׁלוֹשׁ): 수 3을 뜻하는 단수 명사 절대형이다.[65]

5. 〈헨나〉 (הֵנָּה): '그것들'로 번역되는 3인칭 여성 복수를 가리키는 대명사다. 여기서는 앞에 있는 단어 〈샬로쉬〉를 가리킨다.

6. 〈티스바나〉 (תִשְׂבַּעְנָה): '충분히 먹다' 혹은 '만족하다'를 뜻하는 동사 〈사바〉 (שָׂבַע)의 칼 미완료 3인칭 여성 복수형이다.[66] 바로 앞에 부정

---

60 *HALOT*, 831.
61 Fox, *Proverbs 10-31*, 867.
62 *HALOT*, 166.
63 위의 책, 236.
64 Yoder, *Proverbs*, 283.
65 *HALOT*, 1544.
66 위의 책, 1303.

어 〈로〉(לֹא)가 있으므로 "(세 개의 것들, 그것들은) 만족하지 않는다"
로 번역된다.

7. 〈아르바〉(אַרְבַּע): 수 4를 뜻하는 단수 명사 절대형이다.[67]

8. 〈아므루〉(אָמְרוּ): '말하다'를 뜻하는 동사 〈아마르〉(אָמַר)의 칼 완료 3
인칭 공성 복수형이다.[68] 앞에 부정어 〈로〉(לֹא)가 있으므로 "(네 개의
것들은) 말하지 않는다"로 번역된다.

9. 〈혼〉(הוֹן): '부'를 뜻하는 명사로 자주 사용되지만 여기서는 '충분한,
족한'을 뜻하는 형용사로 사용되었다.[69] 다만, 여기서는 네 개의 것들
이 말하지 않는 내용을 가리킨다. 따라서 "(네 개의 것들은) '족하다'라
고 (말하지 않는다)"로 번역된다.

〈16절〉

שְׁאוֹל וְעֹצֶר רָחַם אֶרֶץ לֹא־שָׂבְעָה מַּיִם וְאֵשׁ לֹא־אָמְרָה הוֹן׃

(개정) 곧 스올과 아이 배지 못하는 태와 물로 채울 수 없는 땅과 족하다
하지 아니하는 불이니라

(새번역) 곧 스올과 아기 못 낳는 태와 물로 갈증을 없앨 수 없는 땅과
만족하다고 말할 줄 모르는 불이다.

(공동) 곧 지옥과 애기 못 낳는 모태와 물로 채울 수 없는 땅과 "족하다."
할 줄 모르는 불이다.

(NRSV) Sheol, the barren womb, the earth ever thirsty for water, and

---

67 위의 책, 84.
68 위의 책, 66.
69 위의 책, 242.

the fire that never says, "Enough."

(TNK) Sheol, a barren womb, Earth that cannot get enough water,

And fire which never says, "Enough!"

(사역) 스올과 아이를 배지 못하는 태, 물로 만족하지 않는 땅과 "족하다"

고 말하지 않는 불.

1. 〈세올〉(שְׁאוֹל): 죽은 자들이 있는 곳인 스올은 여기서 만족할 줄 모르는
   대상으로 의인화되었다. 스올은 인간의 생명을 삼키는 데 만족할 줄
   모른다. 구약성경에서 스올은 종종 탐욕스럽게 묘사된다(사 5:14, "그
   러므로 스올이 욕심을 크게 내어 한량없이 그 입을 벌린즉…"; 합 2:5,
   "스올처럼 자기의 욕심을 넓히며").[70]

2. 〈오체르〉(עֹצֶר): '억누르다'를 뜻하는 동사 〈아차르〉(עָצַר)에서 파생된
   명사 〈오체르〉(עֹצֶר)의 연계형으로 '억제' 혹은 '닫힘'을 뜻한다.[71] 여
   기서는 뒤에 있는 명사 〈라함〉(רֶחֶם)과 함께 사용되어 '태의 닫힘,'
   즉 '아이를 배지 못하는 태'로 번역된다. 따라서 아이를 가질 수 없는
   데도 만족하지 못하는 여인,[72] 더 나아가서는 아이를 갖고자 하는 열
   망에 더 많은 성관계를 요구하는 여인을 비유적으로 가리킨다(참고.
   창 16:2; 30:1).[73]

3. 〈사브아〉(שָׂבְעָה): '충분히 먹다' 혹은 '만족하다'를 뜻하는 동사 〈사
   바〉(שָׂבַע)의 칼 완료 3인칭 여성 단수형이다.[74] 동사 〈사브아〉의 주어

---

70 위의 책, 1369.

71 위의 책, 870-871.

72 Clifford, *Proverbs*, 265.

73 Fox, *Proverbs 10-31*, 869.

는 앞에 나온 여성 단수 명사 〈에레츠〉(אֶרֶץ)이며 목적어는 뒤에 나온
남성 복수 명사 〈마임〉(מַיִם)이다. 따라서 '(충분한 물을 먹었는데도)
물로 만족하지 않는 땅'으로 번역된다. 이 말씀의 배경이 되는 팔레스
타인 땅은 건조하여 항상 더 많은 물이 필요하다는 점을 고려할 때 이
말씀을 듣고 읽었던 독자들에게 더욱 설득력을 얻었을 것이다.

4. 〈에쉬〉(אֵשׁ): '불'을 뜻하는 단수 명사이다.[75]

5. 〈로-아므라 혼〉(לֹא-אָמְרָה הוֹן): 앞서 15절에 나왔던 표현과 거의 비슷하
다. 다만 주어가 단수 명사인 〈에쉬〉이므로 칼 완료 3인칭 여성 단수
형의 동사 〈아므라〉가 사용되었다. 따라서 '족하다고 말하지 않는 불'
로 번역된다. 모든 것을 삼켜버리며 태워버리는 불을 연상시킨다.[76]

4. 설교를 위한 적용점

1) 부자의 유익/가난한 자의 궁핍

우리가 살아가는 이 세상에서 재물은 필요하며 재물이 많으면
우리에게 유익하다. 반대로 재물이 적으면 불편을 겪을 수밖에
없다. 잠언도 재물이 주는 유익을 분명히 인정한다.

부자의 재물은 그의 견고한 성이요 가난한 자의 궁핍은 그의 멸망이니라(잠
10:15).

---

74 *HALOT*, 1303.
75 위의 책, 92.
76 Yoder, *Proverbs*, 284.

이 구절은 부자와 가난한 자를 비교하지 않고, 부자가 가지고 있는 재물과 가난한 자가 재물이 부족해서 겪는 궁핍을 비교한다. 부자가 갖고 있는 재물은 그에게 견고한 성과 같아서 어떠한 적의 공격에도 함락되지 않는 요새라고 할 수 있다. 즉, 재물이 많으면 어려움에 부닥치더라도 대처할 수 있다. 반면, 재물이 부족한 사람이 겪는 궁핍은 그의 멸망, 즉 재물이 부족하고 궁핍하면 이 세상에서 멸망 당하게 된다는 것이다. 여기서 멸망을 꼭 '망하여 없어지는 것'으로 이해할 필요는 없다. 부자는 삶의 어려운 순간에 맞닥뜨리더라도 견고한 성이 되어 주는 재물 때문에 안전할 수 있다. 반대로 가난한 사람은 견고한 성이 되어 줄 재물이 없어서 뜻밖의 고난을 만날 때 어려움을 겪게 된다. 이러한 현실은 잠언이 기록될 당시나 지금이나 별반 차이가 없다.

2) 금보다 더 귀한 주님을 경외하라

많은 사람이 부자가 되고 싶어 하며 재물로 견고한 성을 쌓으려고 치열하게 살아가는 사람들이 많다. 열심히 일을 해서 그에 대한 대가로 부를 얻는 것은 잠언이 강조하는 삶의 태도이다.

> 손을 게으르게 놀리는 자는 가난하게 되고 손이 부지런한 자는 부하게 되느니라
> (잠 10:4).

손을 게으르게 놀리는 사람은 손뿐만 아니라 모든 행동이 게으르고 결국 가난하게 된다. 반면에 손이 부지런한 사람, 모든 행동이

부지런하고 근면한 사람은 부하게 된다. 따라서 근면하고 부지런한 태도는 우리가 기본적으로 가져야 할 삶의 태도이다. 그런데 잠언 23장 4-5절은 열심히 일하여 재물을 얻는 것은 권면하지만 부자가 되기에는 애쓰지 말라고 경고한다.

> 부자 되기에 애쓰지 말고 네 사사로운 지혜를 버릴지어다 네가 어찌 허무한 것에 주목하겠느냐 정녕히 재물은 스스로 날개를 내어 하늘을 나는 독수리처럼 날아가리라(잠 23:4-5).

이 구절은 우리에게 왜 부자 되기에 애쓰지 말라고 하는가? 부자가 제일 관심을 두는 것, 부자가 제일 의지하는 것은 돈, 즉 재물이다. 그 재물이 견고한 요새와 같이 영원히 지켜줄 것 같아 의지하지만, 5절에서 말하듯 재물은 날개 달린 독수리처럼 날아가 사라지고 만다. 그러므로 5절은 "네가 어찌 허무한 것에 주목하겠느냐"라고 질문한다. 허무한 것은 스스로 사라지는 재물이다. 재물을 복과 상급으로 주시는 하나님을 바라보지 않고 오히려 재물에 눈이 멀어 사사로운 지혜를 써서 재물을 모으려는 부자가 되기에 애쓰지 말라는 것이다. 그 허무한 것에 온통 관심을 쏟고 마음이 빼앗기면 그 인생 역시 하나님을 떠난 허무한 인생이 된다.

잠언 11장 28절은 하나님을 의지하지 않고 재물을 의지하는 인생을 "자기의 재물을 의지하는 자는 패망하려니와 의인은 푸른 잎사귀 같아서 번성하리라"라고 묘사한다. 이 말씀에 따르면 재물을 의지하는 사람은 망한다. 재물이 필요해서 의지하는 사람이 아니라 재물을 많이 모아서 그것이 견고한 성과 같이 자신을 영원히 보호해

줄 것으로 생각하며 의지하는 사람은 패망한다. 반대로 의인은 푸른 잎사귀 같아서 번성한다. 의인은 의로운 사람으로 잠언에서는 지혜로운 사람이다. 자신을 지으신 하나님을 경외하고 겸손하게 하나님을 의지하는 사람, 하나님의 말씀에 순종하며 그것을 삶에서 실천하는 사람이 지혜로운 사람이요 의로운 사람이다. 그런 사람을 하나님께서는 푸른 잎사귀처럼 번성하게 해주신다. 앞서 약속하신 재물, 명예, 생명을 주셔서 번성하게 하신다. 때로는 재물이나 명예를 주시지 않더라도 푸른 잎사귀처럼 살아있는 생명의 은혜를 주신다.

3) 아굴의 기도

재물이 많아도 문제고, 재물이 없어도 문제인 우리의 고달픈 삶에 관해 아굴의 기도가 시사하는 바는 크다. 아굴은 주님께 두 가지 일을 구하였다.

> 곧 헛된 것과 거짓말을 내게서 멀리하옵시며 나를 가난하게도 마옵시고 부하게도 마옵시고 오직 필요한 양식으로 나를 먹이시옵소서(잠 30:8).

아굴이 구했던 첫째 것은 헛된 것과 거짓말을 자신에게서 멀리해 달라는 것이었다. 헛된 것과 거짓말 모두 하나님을 속이고 사람을 속이는 말들이다. 불이익을 받더라도 하나님과 사람들에게 정직하게 살 수 있도록 해달라는 간구다. 아굴이 구했던 둘째 것은 자신을 가난하게도 마옵시고 부하게도 마옵시고 오직 필요한 양식으로 자신을 먹여달라는 것이었다. 여기서 가난과 부는 우리가 경제적으로 처할 수 있는 양극단을 뜻한다. 가난도 힘들고 지나친 부유함도 힘드니 자기가 감당할 수 있는 수준의 삶을 하나님께 구하는 것처럼 보인다.

그런데 중요한 점은 8절에는 아굴의 고백이 담겨 있다는 것이다. "저를 가난하게 하시는 분도 주님이시고 저를 부유하게 하시는 분도 주님입니다. 그러니 주님께서 보시기에 저에게 필요한 만큼의 양식으로 저를 먹여 주옵소서! 제 삶을 인도하시고 주관하시는 주님께서 주시는 대로 저는 감사하겠습니다!" 하나님께서 주시는 대로 만족하겠다는 결단과 확신이 들어 있는 간구다. 그래서 예수 그리스도께서 가르쳐주신 기도에 나오는 간구, "오늘 우리에게 일용할 양식을 주시옵고"(마 6:11)와도 같다. 단순히 굶지 않도록 도와 달라는 간구보다도 더 나아가 나에게 필요한 것을 아시는 주님께서 베푸시는 일용할 양식에 내가 만족하고 감사하겠다는 결단의 고백이다.

그렇다면 아굴은 왜 하나님께 자신을 "가난하게도 마옵시고 부하게도 마옵시고"라고 간구했는가? 그 이유는 30장 9절에 나와 있다.

혹 내가 배불러서 하나님을 모른다 여호와가 누구냐 할까 하오며 혹 내가 가난 하여 도둑질하고 내 하나님의 이름을 욕되게 할까 두려워함이니이다

먼저 아굴은 "부하게도 마옵시고"라고 간구하는 이유를 자신이 배불러서, 즉 부유하게 되면 하나님을 모른다, 하나님이 누구냐 할까 염려되기 때문이라고 밝힌다. 부유해지고 모든 것이 풍족하게 되면 하나님께서 재물을 주셨다고 생각하지 않고 자신이 열심히 해서 이룬 것으로 생각하고, 더 나아가 하나님을 모른다고 하면서 믿음을 잃어버릴까 염려하는 것이다. 사람의 마음은 간사해서 부족할 때는 하나님께 달라고 간구하지만, 막상 그것을 얻게 되면 만족하지 않고 더 달라고 하거나 아예 하나님을 잊고 자기가 했다고 생각한다. 우리는 배부르면 교만해서 하나님을 잊을 수 있다. 하나님께서 주시는 물질의 은혜로 배부를수록 하나님께 감사하면서 자신에게 필요한 만큼의 양식을 남기고 배고픈 사람에게 주라는 권면이다.

반면 아굴이 하나님께 "가난하게도 마옵시고"라고 간구하는 이유는 혹 그가 가난하여 도둑질하고 그의 하나님의 이름을 욕되게 할까 두렵기 때문이다. 가난 때문에 힘들고 어려워 도둑질하고 악한 행동을 해서 배고픔을 채울 수 있다. 그러면 우리가 손가락질받고 욕먹는 데서 그치지 않고 우리 하나님의 이름을 욕되게까지 한다. 아굴은 바로 자신 때문에 하나님의 이름이 욕 받는 것을 두려워했다. 가난 때문에 자신이 불편하고 힘들까 봐 두려운 것이 아니라 이 가난 때문에 하나님의 이름을 욕되게 할까 두려운 것이다. 아굴은 자신이 도둑질하면 안 된다는 것을 알면서도 가족을 살리고자 불의한 일을 하게 될 수도 있는 연약한 인간임을 잘 알고 있었다. 그래서 "나를 가난하게도 마옵시고 부하게도 마옵시고 오직 필요한 양식으로 나를 먹이시옵소서"라고 간절히 하나님께 간구했다.

제10장

"누가 현숙한 여인을 찾아 얻겠느냐"

(잠 31:1-31)

1. 특징

1) 잠언 31장 1절에 "르무엘 왕이 말씀한 바 곧 그의 어머니가 그를 훈계한 잠언이라"라는 표제가 나오면서 새로운 단락이 시작됨을 알려준다. 또한 31장 10절에 '현숙한 여인'이라는 새로운 주제어가 등장하고 이후 31절까지 한 단락을 형성한다. 따라서 31장은 크게 1-9절과 10-31절의 두 개의 단락으로 구성된다.

2) 30장의 아굴과 마찬가지로 31장의 르무엘 왕에 대해서 이름 외에는 알려진 바가 없다. 유대인들은 전통적으로 르무엘을 솔로몬으로, 르무엘의 어머니를 밧세바로 간주하지만, 이를 뒷받침할 만한 증거는 없다.[1] 30장 1절과 마찬가지로 31장 1절에서 '잠언'으로 번역된 히브리어 단어 <맛사>(משא)는 창세기 25장 14절과 역대상 1장 30절에 나오는 이스마엘의 후손인 '맛사'(Massa)라는 인물의 이름과 비슷하다. 이런 이유로 일부 학자들은 아굴처럼 르무엘도 맛사의 후손일 것으로 추측한다.[2]

3) 고대 근동의 문화에서는 왕들이 자녀의 교육을 위해 남긴 교훈집이나 조언집이 있기는 했지만, 잠언 31장 1-9절과 같이 왕의 어머니가 왕을 위해 남긴 사례는 없다.[3] 이러한 면에서 잠언 31장 1-9절은 고대 근동의 지혜문학에서 매우 독특한 위치를 차지한다.

4) 잠언 31장 10-31절에서 각 절의 첫 글자가 히브리어 알파벳 순서대로 시작되는 문학적 특징이 나타난다. 주제로 볼 때 잠언

---

1 Fox, *Proverbs 10-31*, 884.

2 Clifford, *Proverbs*, 269; Yoder, *Proverbs*, 290.

3 Fox, *Proverbs 10-31*, 883.

31장 10-31절에 등장하는 현숙한 여인은 1-9장에 나오는 지혜 여인과 비슷하게 묘사된다. 지혜 여인이 3장 15절과 8장 11절에서 진주보다 귀하듯이 현숙한 여인도 31장 10절에서 그녀의 가치가 진주보다 더 귀하다. 또한 지혜 여인이 3장 14절과 8장 21절에서 물질적인 이득을 가져다주듯이 31장 11절에서 현숙한 여인도 그러하다.[4] 따라서 1-9장의 지혜 여인이 현실 속에서 구체적인 구현된 모습이 31장 10-31절의 현숙한 여인이라고 볼 수 있다.

2. 르무엘의 어머니의 잠언 (잠 31:1-9)

1) 잠언 31장 1절

דִּבְרֵי לְמוּאֵל מֶלֶךְ מַשָּׂא אֲשֶׁר־יִסְּרַתּוּ אִמּוֹ׃

(개정) 르무엘 왕이 말씀한 바 곧 그의 어머니가 그를 훈계한 잠언이라

(새번역) 르무엘 왕의 잠언, 곧 그의 어머니가 그에게 교훈한 말씀이다.

(공동) 마싸 왕 르무엘이 그의 어머니에게서 배운 교훈.

(NRSV) The words of King Lemuel. An oracle that his mother taught him:

(TNK) The words of Lemuel, king of Massa, with which his mother admonished him:

(NJB) The sayings of Lemuel king of Massa, taught him by his mother:

---

4 Yoder, *Proverbs*, 290.

(사역) 르무엘 왕의 말들, 곧 그의 어머니가 그를 가르친 선포의 말이다.

1. 〈레무엘〉(לְמוֹאֵל): 왕의 이름 '르무엘'을 가리키는 단어 〈레무엘〉은 31
   장 4절에서 〈레모엘〉(לְמוֹאֵל)의 비슷한 형태로 나타난다. 〈레무엘〉
   또는 〈레모엘〉은 문자적으로 '하나님께 속한'(belong to God)을 뜻
   한다.5 앞에 있는 명사 〈디브레〉(דִּבְרֵי)가 남성 복수 연계형이므로 〈디
   브레 레무엘〉은 '르무엘의 말들'로 번역된다. 이렇게 연계형으로 이
   어진 〈디브레 레무엘〉은 '르무엘이 말한 말들'을 뜻하는 주어적 속격
   (subjective genitive), 즉 르무엘이 말하고 기록한 활동을 포함하는
   저작의 속격(genitive of authorship)으로 볼 수 있다.6 그런데 후반절
   은 이 말들이 그의 어머니가 그를 가르친 데서 비롯된다고 명시한다.
   따라서 〈디브레 레무엘〉을 목적격 속격(objective genitive)으로 이
   해하여 '(그의 어머니가) 르무엘에게 선포한 말'로 볼 수도 있다.7 폭스
   는 이 두 가지를 종합하여 〈디브레 레무엘〉은 르무엘이 자신의 어머
   니에게서 가르침을 받은 말들을 가리킬 뿐만 아니라 그것을 바탕으로
   르무엘이 다른 대상(그의 아들)을 가르칠 때 했던 말들도 가리킨다고
   주장한다.8 따라서 〈디브레 레무엘〉은 문법적으로는 주어적 속격이
   지만 문맥상으로는 목적격 속격으로도 이해될 수 있다.

---

5 위의 책; *HALOT*, 532.

6 Waltke and O'Connor, *An Introduction to Biblical Hebrew Syntax*, 143.

7 Gesenius, *Gesenius' Hebrew Grammar*, §128h. 클리포드는 '목적격 속격'이라는 표현을
  사용하지 않았지만, 잠언 1장 8절과 6장 20절에서 어머니와 아버지가 교훈을 전달하는
  역할을 할 수 있다는 점을 설명하면서 '왕(곧 르무엘)'에 의해서 선포된 말들이 아니라 그의
  어머니가 그에게 선포한 말'로 이해한다. Clifford, *Proverbs*, 270.

8 Fox, *Proverbs 10-31*, 884.

2. ⟨맛사⟩ (מַשָּׂא): 잠언 30장 1절에서와 같이 '선포'(pronouncement)를 뜻하는 것으로 이해할 수도 있고(개역개정판, 새번역, NRSV) 맛사 집안의 사람 또는 맛사 지역 출신의 사람을 가리키는 것으로 이해할 수도 있다(공동번역 개정판, TNK, NJB).[9] 클리포드는 ⟨맛사⟩를 '맛사 출신'으로 읽어야 하는 이유를 바로 앞에 사용된 단어 ⟨멜렉⟩ (מֶלֶךְ)에서 찾는데, 왜냐하면 대개 왕이 소개될 때는 그가 통치하는 나라의 이름도 함께 언급되기 때문이라고 주장한다.[10]

3. ⟨잇세랏투⟩ (יִסְּרַתּוּ): '지시하다'를 뜻하는 동사 ⟨야사르⟩ (יָסַר)의 피엘 완료 3인칭 여성 단수형에 3인칭 남성 단수 대명접미사가 붙은 형태인데 동사 ⟨야사르⟩가 피엘일 경우 '가르치다'(to teach) 혹은 '양육하다'(to bring up)를 뜻한다.[11] 따라서 "(그녀가) 그를 가르쳤다"로 이해되는데 앞에 있는 명사 ⟨맛사⟩를 수식하므로 '(그녀가) 그를 가르친 선포'로 번역된다. 한편, ⟨맛사⟩를 인명이나 지명으로 이해할 때 ⟨잇세랏투⟩는 ⟨맛사⟩가 아닌 ⟨디브레⟩를 수식하는 것으로 이해할 수 있다.

4. ⟨임모⟩ (אִמּוֹ): '어머니'를 뜻하는 명사 ⟨엠⟩ (אֵם)의 여성 단수 연계형에 3인칭 남성 단수 대명접미사가 붙었다.[12] 앞서 사용된 동사 ⟨잇세랏투⟩의 주어이므로 "그의 어머니가 그를 가르쳤다"로 이해된다.

9 Yoder, *Proverbs*, 290.
10 Clifford, *Proverbs*, 269.
11 *HALOT*, 418–419.
12 위의 책, 61.

2) 잠언 31장 8-9절

〈8절〉

פְּתַח־פִּיךָ לְאִלֵּם אֶל־דִּין כָּל־בְּנֵי חֲלוֹף׃

(개정) 너는 말 못 하는 자와 모든 고독한 자의 송사를 위하여 입을 열지니라

(새번역) 너는 벙어리처럼 할 말을 못하는 사람과 더불어, **고통 속에 있는**
사람들의 송사를 변호하여 입을 열어라.

(공동) 너는 할 말 못하는 사람과 버림받은 사람의 송사를 위해 입을 열어라.

(NRSV) Speak out for those who cannot speak, for the rights of all
the destitute.

(TNK) Speak up for the dumb, For the rights of all the unfortunate.

(NJB) Make your views heard, on behalf of the dumb, on behalf of
all the unwanted;

(사역) 말을 못 하는 사람을 위해서, **죽을 운명의 모든 사람의 법적 권리를**
위해서 너의 입을 열어라.

1. 〈페타흐〉(פְּתַח): '열다'를 뜻하는 동사 〈파타흐〉(פָּתַח)의 칼 명령 2인
   칭 남성 단수형이다.[13] 막켑으로 연결된 단어 〈피카〉(פִּיךָ)가 목적어
   인데 이것은 '입'을 뜻하는 명사 〈페〉(פֶּה)에 2인칭 남성 단수 대명접
   미사가 붙어서 '너의 입'을 뜻한다.[14] 따라서 '너의 입을 열어라'로 번역
   된다.

---

13 위의 책, 986.
14 위의 책, 914.

2. 〈레일렘〉(לְאִלֵּם): 전치사 〈레〉(לְ)와 '말을 못하는'(dumb)을 뜻하는 형용사 〈일렘〉(אִלֵּם)이 합쳐져 '말을 못하는 사람을 위해서'로 번역된다.[15] 〈일렘〉은 구약성경에서 선천적으로 또는 후천적으로 말을 할 수 있는 능력을 상실하여 언어 장애가 있는 사람을 가리킨다(출 4:11; 사 35:6; 56:10; 합 2:18; 시 38:14).[16] 폭스는 〈일렘〉에 관해 잠언 31장 8절에서 "다른 종류의 육체적 장애가 언급되지 않으므로 여기의 '말을 못 하는 사람'은 바른 재판을 받기에는 효과적으로 목소리를 낼 수 없는 모든 사람, 예를 들면 과부, 고아, 외국인, 가난한 사람들과 같이 정치적, 사회적 힘을 박탈당한 사람들을 대변한다"라고 주장한다.[17] 후반절에 법적 권리를 뜻하는 〈딘〉이 언급되는 것으로 보아 말을 하고 싶어도 약자라는 이유로 할 수 없는 사람들을 가리키는 것으로 이해해야 한다.

3. 〈엘-딘〉(אֶל-דִּין): '~을 향하여'를 뜻하는 전치사 〈엘〉(אֶל)에 막켑으로 '법적 권리'를 뜻하는 명사 〈딘〉(דִּין)이 이어졌다.[18] 다만, 여기서는 전치사 〈엘〉의 대상이 사람이 아닌 법적 권리이므로 '~을 위해서'로 번역하는 것이 자연스럽다.

4. 〈할롭〉(חֲלוֹף): '지나가다' 혹은 '죽다'를 뜻하는 동사 〈할랍〉(חָלַף)의 칼 부정사 절대형이다.[19] 앞에 〈콜-베네〉(כָּל-בְּנֵי)가 있어서 직역하면 '지나가는 모든 아들들' 혹은 '죽는 모든 아들들'이다. 따라서 〈콜-베네

---

15 위의 책, 57.
16 위의 책.
17 Fox, *Proverbs 10-31*, 888.
18 *HALOT*, 220.
19 위의 책, 321.

할롭〉은 죽을 수밖에 없는 '모든 사람'(mortals)을 가리키는 표현으로 이해할 수 있다.[20] 한편, BHS 비평장치는 〈할룹〉을 '병'이나 '고통'을 뜻하는 〈홀리〉(חֹלִי)로 읽을 것을 제안한다. 이 경우, 전반절의 〈일렘〉(אִלֵּם)과 의미가 연결되면서 사회적 약자를 포함하는 '고통 중에 있는 자'로 이해된다(비교. 새번역). 다만, 마소라 본문의 읽기를 받아들이면 왕이 입을 열어 도울 대상은 장애나 고통 중에 있는 사람뿐만 아니라 죽을 수밖에 없는 모든 사람에게까지 확대된다.

〈9절〉

פְּתַח־פִּיךָ שְׁפָט־צֶדֶק וְדִין עָנִי וְאֶבְיוֹן׃

(개정) 너는 입을 열어 공의로 재판하여 곤고한 자와 궁핍한 자를 신원할지니라

(새번역) 너는 공의로운 재판을 하고, 입을 열어, 억눌린 사람과 궁핍한 사람들의 판결을 바로 하여라.

(공동) 입을 열어 바른 판결을 내려 불쌍하고 가난한 사람들의 권리를 세워주어라.

(NRSV) Speak out, judge righteously, defend the rights of the poor and needy.

(TNK) Speak up, judge righteously, Champion the poor and the needy.

(NJB) make your views heard, pronounce an upright verdict, defend the cause of the poor and the wretched.

---

20 Fox, *Proverbs 10-31*, 888.

(사역) 너의 입을 열어라! 정의롭게 재판하라! 가난한 사람들과 궁핍한
사람들의 소송을 변호하라!

1. 〈페타흐-피카〉(פְּתַח־פִּיךָ): 앞의 8절에서 사용된 같은 표현이다. "너의
   입을 열어라!"라는 명령은 9절에서도 르무엘이 왕으로서 해야 할 중
   요한 책무가 백성을 위한 변호라는 점을 강조한다.

2. 〈셰팟〉(שְׁפָט): '재판하다'를 뜻하는 동사 〈샤팟〉(שָׁפַט)의 칼 명령 2인
   칭 남성 단수형이다.[21] 바로 뒤에 막켑으로 이어진 명사 〈체덱〉(צֶדֶק)
   이 목적어인 것처럼 보이지만 〈체덱〉은 부사로 사용되면서 '정의롭
   게'를 뜻한다.[22] HALOT은 특별히 동사 〈샤팟〉이 부사 〈체덱〉과 함
   께 사용될 때 "정당한 대우를 받다" 혹은 "정의를 바로 세우다"를 뜻한
   다고 제안한다.[23] 또한 폭스는 〈셰팟-체덱〉이 "왕이 재판관처럼 의자
   에 앉아 재판하는 행위를 가리키지 않고 가난하고 힘없는 사람들의
   권리를 보호해 주고 그들에게 정의를 베푸는 것"이라고 설명한다.[24]

3. 〈뻬딘〉(וְדִין): 접속사 〈뻬〉(וְ)와 '~의 소송을 변호하다'를 뜻하는 동사
   〈딘〉(דִּין)의 칼 명령 2인칭 남성 단수형이 결합되었다.[25] 따라서 "그리
   고 ~의 소송을 변호하라!"로 번역된다. 앞서 8절에서는 〈딘〉이 명사
   로 사용되었다면, 여기에서는 동사로 사용되었다. 〈딘〉의 품사가 8
   절과 9절에서 각기 다르게 사용되었지만, 서로의 주제를 하나로 묶는

---

21 *HALOT*, 1625.

22 위의 책, 1005.

23 위의 책, 1625.

24 Fox, *Proverbs 10-31*, 839.

25 *HALOT*, 220.

역할을 한다.

4. 〈아니〉(עָנִי): '가난한'을 뜻하는 형용사이지만 여기서는 '가난한 사람들'을 가리키는 명사로 사용되었다.[26] 앞서 사용된 동사 〈딘〉의 목적어로 사용되었다.

5. 〈붸에브욘〉(וְאֶבְיוֹן): 접속사 〈붸〉(וֹ)와 '궁핍한'을 뜻하는 형용사 〈에브욘〉(אֶבְיוֹן)이 합쳐진 말이다.[27] 바로 앞의 〈아니〉와 마찬가지로 〈에브욘〉은 '궁핍한 사람들'을 뜻한다. 또한 〈에브욘〉은 〈아니〉와 함께 동사 〈딘〉의 목적어로 사용되었다. 따라서 〈붸딘 아니 붸에브욘〉은 "가난한 사람들과 궁핍한 사람들의 소송을 변호하라!"로 번역된다.

6. 오늘날도 마찬가지지만 잠언이 기록될 당시 가난한 사람들과 궁핍한 사람들이 억울한 일을 당했을 때 자기 힘으로 법적 소송을 제기하기는 현실적으로 어려웠을 것이다. 따라서 르무엘의 어머니는 자기 아들 르무엘 왕이 가난하고 궁핍한 사람들, 정치적으로나 경제적으로 힘이 없는 사람들이 억울한 일을 당했을 때 법적으로 소송할 수 있는 제도적 정의를 세우고 더 나아가서는 재판과 관련된 관리들과 지도자들이 가난하고 곤고한 사람들의 어려움을 듣고 올바르고 진실하게 그들의 원통함을 풀어줄 수 있도록 지도하라는 것도 당부한다.

---

26 위의 책, 856.
27 위의 책, 5.

3. 현숙한 여인을 위한 노래(잠 31:10-31)

1) 잠언 31장 10-11절

〈10절〉

אֵשֶׁת־חַיִל מִי יִמְצָא וְרָחֹק מִפְּנִינִים מִכְרָהּ׃

(개정) 누가 현숙한 여인을 찾아 얻겠느냐 그의 값은 진주보다 더하니라

(새번역) 누가 유능한 아내를 맞겠느냐? 그 값은 진주보다 더 뛰어나다.

(공동) 누가 어진 아내를 얻을까? 그 값은 진주보다 더하다.

(NRSV) A capable wife who can find? She is far more precious than jewels.

(TNK) What a rare find is a capable wife! Her worth is far beyond that of rubies.

(NJB) The truly capable woman — who can find her? She is far beyond the price of pearls.

(사역) 누가 유능한 여인을 찾겠는가? 그녀의 값어치는 진주들보다 훨씬 더 뛰어나다.

1. 〈에셋-하일〉 (אֵשֶׁת־חַיִל): '여인'을 뜻하는 여성 명사 〈잇샤〉 (אִשָּׁה)의 단수 연계형인 〈에셋〉 (אֵשֶׁת)과 '능력'이나 '힘'을 뜻하는 남성 단수 명사 〈하일〉 (חַיִל)이 합쳐진 말이다.[28] 그래서 직역하면 '능력의 여인' 혹은

---

28 위의 책, 93, 311.

'힘의 여인'이다. 그런데 〈에셋-하일〉은 개역개정판에서는 '현숙한 여인'으로 번역되었다. '현숙'이란 말은 어질 '현'(賢)과 맑을 '숙'(淑)의 한자가 합쳐진 말로 "여자의 마음이 어질고 정숙하다"를 뜻한다.[29] 그래서 '현숙한 여인'이라는 번역은 유교 문화에서 대표되는 여성의 모습, 즉 정갈한 모습의 여인을 떠오르게 한다. 그러나 '현숙한'으로 번역된 히브리어 단어 〈하일〉은 기본적으로 육체적인 힘과 더불어 부, 재물, 능력, 용맹을 의미하기 때문에 우리말의 '현숙'보다 훨씬 더 다양한 의미를 지닌다.[30]

〈에셋-하일〉이 잠언 31장 10-31절에서 경제적인 능력을 가지고 가정과 사업을 잘 돌보는 여인으로 묘사되기 때문에 새번역의 '유능한 아내'(비교. NRSV, TNK, NJB: a capable wife[woman])로 이해하는 것이 〈하일〉의 의미와 잠언 31장 10-31절의 문맥에 더 맞다. 그러나 '현숙한 여인'이라는 개역개정판의 번역이 완전히 잘못됐다고 할 수는 없는데 그 이유는 〈에셋-하일〉이 그러한 경제적인 능력과 더불어 덕행과 선행을 실천하는 여성으로도 묘사되기 때문이다. 또한 〈에셋-하일〉이 룻기 3장 11절("그리고 이제 내 딸아 두려워하지 말라 내가 네 말대로 네게 다 행하리라 네가 현숙한 여자인 줄을 나의 성읍 백성이 다 아느니라")에서도 발견되는데, 마찬가지로 개역개정판은 '현숙한 여자'로 번역하지만 NRSV는 'a worthy woman'으로, TNK는 'a fine woman'으로, NJB는 'a woman of great worth'로 번역한다. 한편, 문법적으로 〈에셋-하일〉은 연계형으로 연결되어 있는데 '일종의 어떤

---

29 "현숙하다," 『표준국어대사전』, https://stdict.korean.go.kr/search/ searchView.do?word_no=373213&searchKeywordTo=3. (2023.7.29. 최종접속)
30 *HALOT*, 311.

자질을 소유하고 있는 것을 표현하는 속격 구문(genitive phrase)'이다.[31] 따라서 힘이나 능력이라는 자질, 즉 〈하일〉을 소유하고 있는 여인을 가리킨다.

2. 〈미 임차〉 (מִי יִמְצָא): '누가'를 뜻하는 의문사 〈미〉(מִי)와 '찾다'를 뜻하는 동사 〈마차〉(מָצָא)의 칼 미완료 3인칭 남성 단수형이 합쳐져 의문문이 되었다.[32] 따라서 〈미 임차〉는 "누가 유능한 아내를 찾겠는가?"라고 번역된다. 이것은 일종의 수사의문으로 "그 누구도 (유능한 아내를) 찾기 힘들다"라는 부정적인 대답을 요구하는데, 그만큼 유능한 아내를 찾아 얻기는 어렵다는 뜻이다.[33] 그러나 동시에 지혜를 갖고서 유능한 아내를 찾아야 한다고 역설하는 것이기도 하다.

3. 〈붸라혹〉 (וְרָחֹק): 접속사 〈붸〉(וְ)와 '거리가 먼'을 뜻하는 형용사 〈라혹〉(רָחֹק)이 함께 사용되었다.[34] 폭스의 주장처럼 〈라혹〉은 문자적으로 '거리가 멀어서 접근이 어려운'을 뜻하면서도 더 나아가 '그래서 가치가 있는'이라는 뜻까지 포함한다.[35]

4. 〈밉페니님〉 (מִפְּנִינִים): 전치사 〈민〉(מִן)과 '진주'를 뜻하는 명사 〈페니님〉(פְּנִינִים)이 합쳐진 말이다.[36] 전치사 〈민〉은 비교를 나타내면서 '~보다'의 뜻으로 사용되었다. 따라서 〈밉페니님〉은 앞에 있는 〈라혹〉과 함께 연결되며 '진주보다 더 가치 있는'으로 번역된다. 잠언 8장 11절에서도 의인화된 지혜는 진주보다 더 귀하다고 언급된다("대저

---

31 Joüon, *A Grammar of Biblical Hebrew*, §129j.

32 *HALOT*, 575, 619–620.

33 Fox, *Proverbs 10-31*, 891.

34 *HALOT*, 1216.

35 Fox, *Proverbs 10-31*, 892.

36 *HALOT*, 946.

지혜는 진주보다 나으므로[כִּי־טוֹבָה חָכְמָה מִפְּנִינִים] 원하는 모든 것을 이에 비교할 수 없음이니라").[37]

5. ⟨믹라흐⟩ (מִכְרָהּ): '값어치'를 뜻하는 명사 ⟨메케르⟩ (מֶכֶר)에 3인칭 여성 단수 대명접미사가 붙어서 '그녀의 값어치'로 번역된다.[38] ⟨메케르⟩는 단순한 가치를 뜻하지 않고 반드시 값을 지불해야만 얻을 수 있는 가치를 뜻하면서 ⟨에셋-하일⟩을 아내로 얻기 위해서 신랑이 신부 가족에게 지불해야 하는 '지참금'(dowry)이나 신부집에 제공하는 귀중품 등의 '신부값'(bride price)을 가리키는 것으로 이해되기도 한다.[39] 즉 ⟨에셋-하일⟩을 아내로 얻기 위해서는 진주보다 더 귀한 것을 지불해야 한다는 것으로, 그만큼 가치가 있다는 뜻이다. 또한 폭스의 제안처럼, ⟨믹라흐⟩는 ⟨에셋-하일⟩의 가치를 돈으로만 매겨서는 안 되며 오히려 값을 매길 수 없어서 돈으로는 살 수 없을 만큼 귀중한 존재로 만든다.[40] 그렇다고 해서 ⟨에셋-하일⟩을 아내로 얻기가 불가능하다고 말하는 것은 아니다. ⟨에셋-하일⟩을 아내로 얻기 위해서는 돈보다는 지혜가 필요하다는 점을 강조하고 있다(비교. 욥 28:12, 28, "그러나 지혜는 어디서 얻으며 명철이 있는 곳은 어디인고… 보라 주를 경외함이 지혜요 악을 떠남이 명철이니라").

---

37 Yoder, *Proverbs*, 293.

38 *HALOT*, 582.

39 Yoder, *Proverbs*, 293.

40 Fox, *Proverbs 10-31*, 892.

〈11절〉

בָּטַח בָּהּ לֵב בַּעְלָהּ וְשָׁלָל לֹא יֶחְסָר:

(개정) 그런 자의 남편의 마음은 그를 믿나니 산업이 핍절하지 아니하겠으며

(새번역) 남편은 진심으로 아내를 믿으며 가난을 모르고 산다.

(공동) 남편은 넉넉히 벌어들이는 아내를 믿고 마음이 든든하다.

(NRSV) The heart of her husband trusts in her, and he will have no lack of gain.

(TNK) Her husband puts his confidence in her, And lacks no good thing.

(NJB) Her husband's heart has confidence in her, from her he will derive no little profit.

(사역) 그녀의 남편의 마음은 그녀를 신뢰하고 그는 이득에 부족함이 없다.

1. 〈바타흐〉(בָּטַח): '신뢰하다'를 뜻하는 동사 〈바타흐〉(בָּטַח)의 칼 완료 3인칭 남성 단수형인데 〈바타흐〉는 대개 전치사 〈베〉(בְּ)와 연결되면서 신뢰하는 대상이 뒤에 언급된다.[41] 여기서는 전치사 〈베〉에 3인칭 여성 단수 대명접미사가 붙은 형태인 〈바흐〉와 함께 '그녀를 신뢰하다'로 번역되는데 〈바흐〉의 3인칭 여성 단수 대명접미사가 가리키는 대상은 10절에 언급된 〈에셋-하일〉이다.

---

41 *HALOT*, 120.

2. 〈레브 발라흐〉(לֵב בַּעְלָהּ): '마음'을 뜻하는 명사 〈레브〉(לֵב)의 연계형과 '남편'을 뜻하는 명사 〈바알〉(בַּעַל)이 결합되었다.[42] 또한 명사 〈바알〉 뒤에 3인칭 여성 단수 대명접미사가 붙어서 '그녀의 남편의 마음'으로 번역된다.

3. 〈샬랄〉(שָׁלָל): '전리품'을 뜻하는 남성 단수 명사인데 여기서는 전쟁의 상황을 고려하지 않으므로 전리품보다는 '재정적 이익'으로 간주한다.[43] 그렇다고 해서 〈샬랄〉을 단순히 재정적 이익으로만 볼 필요는 없다. 왈트키가 주장하듯이 전쟁에서 승리하여 전리품을 얻기 위해서는 적절한 전략과 힘을 필요로 하는 것처럼 재정적인 이익을 얻기 위해서는 계획과 능력이 필요하다.[44] 11절에서 주어는 〈에셋-하일〉의 남편이므로 여기서의 이익 역시 그가 얻는 재정적 이익을 뜻한다. 다만 그가 일해서 얻는 이익이 아니라 그의 〈에셋-하일〉을 통해서 얻는 재정적 이익을 가리킨다.[45] 따라서 〈에셋-하일〉은 계획과 능력을 가지고 재정적인 이익을 얻고 그것으로 남편이 부족함이 없도록 하므로 남편에게서 마음으로 신뢰를 받는다.

4. 〈에흐사르〉(יֶחְסָר): '부족하다'를 뜻하는 동사 〈하세르〉(חָסֵר)의 칼 미완료 3인칭 남성 단수형이다.[46] 앞에 부정어 〈로〉(לֹא)가 있으므로 "그는 부족하지 않다"라고 번역한다(참고. יְהוָה רֹעִי לֹא אֶחְסָר 시 23:1, "주님은 나의 목자이십니다. 내가 부족함이 없습니다"[사역]).

---

42 위의 책, 143, 514.
43 위의 책, 1532.
44 Waltke, *Proverbs 16-31*, 522.
45 Fox, *Proverbs 10-31*, 893.
46 *HALOT*, 338.

2) 잠언 31장 30-31절

〈30절〉

שֶׁקֶר הַחֵן וְהֶבֶל הַיֹּפִי אִשָּׁה יִרְאַת־יְהוָה הִיא תִתְהַלָּל׃

(LXX) ψευδεῖς ἀρέσκειαι καὶ μάταιον κάλλος γυναικός γυνὴ γὰρ συνετὴ εὐλογεῖται φόβον δὲ κυρίου αὕτη αἰνείτω (외적 매력은 거짓되고 여인의 아름다움도 헛되지만, 지혜로운 여인은 칭찬을 받는다. 주님을 경외함으로써 그녀를 칭찬하게 하라)

(개정) 고운 것도 거짓되고 아름다운 것도 헛되나 오직 여호와를 경외하는 여자는 칭찬을 받을 것이라

(새번역) 고운 것도 거짓되고, 아름다운 것도 헛되지만, 주님을 경외하는 여자는 칭찬을 받는다.

(공동) 아름다운 용모는 잠깐 있다 스러지지만 야훼를 경외하는 여인은 칭찬을 듣는다.

(NRSV) Charm is deceitful, and beauty is vain, but a woman who fears the LORD is to be praised.

(TNK) Grace is deceptive, Beauty is illusory; It is for her fear of the LORD That a woman is to be praised.

(NJB) Charm is deceitful, and beauty empty; the woman who fears Yahweh is the one to praise.

(사역) 외적인 매력은 거짓되고 아름다움도 덧없지만, 주님을 경외하는 여인, 바로 그녀는 칭찬받을 것이다.

1. 〈셰케르 하헨〉(שֶׁקֶר הַחֵן): '거짓'을 뜻하는 명사 〈셰케르〉(שֶׁקֶר)와 '외적인 매력'을 뜻하는 명사 〈헨〉(חֵן)이 합쳐져 한 문장이 되었다.[47] "외적인 매력은 거짓이다"로 번역할 수 있다.

2. 〈봬헤벨 하요피〉(וְהֶבֶל הַיֹּפִי): '덧없음'을 뜻하는 명사 〈헤벨〉(הֶבֶל)과 '아름다움'을 뜻하는 명사 〈야피〉(יֹפִי)가 합쳐져 한 문장이 되었다.[48] "아름다움은 덧없다"로 번역할 수 있다. 잠언 31장 30절은 외적인 매력과 아름다움을 가리켜 거짓되고 덧없다고 표현하는데, 이것은 아름다운 외모와 매력을 완전히 부정하는 것은 아니다. 구약성경에서 외적 매력과 아름다움은 남자(창 39:6; 삼상 16:18)에게나 여자(왕상 20:3; 잠 5:19; 에 2:7; 시 45:12)에게나 모두 긍정적으로 평가되는 요소이다.[49] 〈셰케르〉는 겉으로 보기에는 그럴듯하지만 남을 속일 수 있는 특성이 있고 〈헤벨〉은 일시적이고 영원하지 않기 때문에 덧없는 상태를 가리킨다. 따라서 이 구절은 사람이 갖고 있는 아름다운 외모와 매력은 분명히 가치가 있고 귀하지만 언제든지 다른 사람을 속일 수도 있고 또 영원히 지속되지 않는 일시적인 것임을 강조한다. 후반절에서 주님을 경외하는 여인이 언급되기 때문에 전반절에서는 아름다운 외모와 매력을 소유한 여인이 묘사되며 서로 비교되고 있다.

3. 〈이르앗〉(יִרְאַת): '~를 경외하는'을 뜻하는 형용사 〈야레〉(יָרֵא)의 여성 단수 연계형이다.[50] 막켑으로 연결된 〈아도나이〉(יְהוָה)가 목적어가 되면서 앞에 있는 명사 〈잇샤〉(אִשָּׁה)를 수식하므로 '주님을 경외하는

---

47 위의 책, 332, 1648.
48 위의 책, 237, 424.
49 Fox, *Proverbs 10-31*, 898.
50 *HALOT*, 433.

여인'으로 번역될 수 있다. 또한 〈이르앗〉을 '두려움'을 뜻하는 명사 〈이르아〉 (יִרְאָה)의 여성 단수 연계형인 〈이르앗〉 (יִרְאַת)으로도 읽을 수 있는데[51] 이렇게 되면 앞에 있는 〈잇샤〉와 동격으로 이해된다. 따라서 '여인, 즉 주님을 경외함'으로 번역될 수 있다. 그런데 〈이르앗-아도나이〉를 동사의 목적어로 간주하면 "여인, 그녀는 주님을 경외함으로써 칭찬을 받는다"로 해석된다.[52] 폭스는 〈이르앗〉을 '두려워하다'를 뜻하는 동사 〈야레〉 (יָרֵא)의 칼 능동분사 여성 단수 연계형으로 간주하면서 '주님을 두려워하는 여인'으로 해석할 것을 제안한다.[53] 읽기마다 차이는 있지만 공통으로 주님을 경외하는 여인을 말하고 있으며 전반절의 외적인 매력 및 아름다움을 지닌 여인과 대조된다. 한편, 칠십인역은 γυνὴ γὰρ συνετὴ εὐλογεῖται φόβον δὲ κυρίου αὕτη αἰνείτω ("지혜로운 여인은 칭찬을 받는다. 주님을 경외함으로써 그녀를 칭찬하게 하라")로 읽는다.

4. 〈티트할랄〉 (תִּתְהַלָּל): '칭찬하다'를 뜻하는 동사 〈할랄〉 (הָלַל)의 히트파엘 미완료 3인칭 여성 단수형이다.[54] 히트파엘은 기본적으로 어떤 동작의 작용이 주어에게 되돌아오는 재귀의 의미를 나타낼 때 사용되지만 드물게 수동을 뜻하기도 한다.[55] 따라서 "그녀(הִיא)는 칭찬을 받을 것이다"로 해석된다.

51 위의 책, 433-434.
52 Murphy, *Proverbs*, 244.
53 Fox, *Proverbs 10-31*, 899.
54 *HALOT*, 249.
55 Gesenius, *Gesenius' Hebrew Grammar*, §54g; Waltke and O'Connor, *An Introduction to Biblical Hebrew Syntax*, 432.

〈31절〉

תְּנוּ־לָהּ מִפְּרִי יָדֶיהָ וִיהַלְלוּהָ בַשְּׁעָרִים מַעֲשֶׂיהָ׃

(개정) 그 손의 열매가 그에게로 돌아갈 것이요 그 행한 일로 말미암아
성문에서 칭찬을 받으리라

(새번역) 아내가 손수 거둔 결실은 아내에게 돌려라. 아내가 이룬 공로가
성문 어귀 광장에서 인정받게 하여라.

(공동) 그 손이 일한 보답을 안겨주고 그 공을 성문에서 포상해 주어라.

(NRSV) Give her a share in the fruit of her hands, and let her works
praise her in the city gates.

(TNK) Extol her for the fruit of her hand, And let her works praise her
in the gates.

(NJB) Give her a share in what her hands have worked for, and let
her works tell her praises at the city gates.

(사역) 그녀에게 그녀의 손으로 일한 열매를 보답하고 그녀의 수고를 통
하여 그녀가 성문에서 칭찬받게 하라.

1. 〈테누-라흐〉 (תְּנוּ־לָהּ): '주다'를 뜻하는 동사 〈나탄〉 (נָתַן)의 칼 명령 2인
   칭 남성 복수형에 막켑으로 목적어에 해당되는 〈라흐〉가 연결되었
   다.[56] 〈라흐〉는 전치사 〈레〉 (לְ)에 3인칭 여성 단수 대명접미사가 붙
   은 형태로 "그녀에게 주라!"로 번역된다. 이 명령을 들으며 실천해야
   하는 대상은 남자들이며 31장 10-31절을 읽고 듣는, 더 나아가서는

---

56 *HALOT*, 733.

잠언을 배우는 청중이다.

2. 〈밉페리〉(מִפְּרִי): 전치사 〈민〉(מִן)과 '열매'를 뜻하는 명사 〈페리〉(פְּרִי)가 합쳐진 단어이다.[57] 뒤에 〈야데하〉(יָדֶיהָ)가 이어지면서 '그녀의 손의 열매로부터'를 뜻한다. 따라서 전반절은 "그녀에게 그녀의 손의 열매로부터 주어라"로 직역된다. 이 말씀을 듣고 있는 남자들이 주님을 경외하는 여인에게 주어야 할 것은 그녀가 손으로 수고해서 얻은 열매와 더불어 그 수고에 대한 대가로 받아야 하는 보상이나 비용까지도 포함한다. 그러므로 '주라'는 의미보다는 '보답하라'로 이해하는 것이 바람직하다.[58]

3. 〈뷔할렐루하〉(וִיהַלְלוּהָ): 접속사 〈붸〉(ו)와 '칭찬하다'를 뜻하는 동사 〈할랄〉(הָלַל)의 피엘 미완료 3인칭 남성 복수형에 3인칭 여성 단수 대명접미사가 합쳐진 말이다.[59] 그런데 전반절에서 사용된 동사 〈테누〉(תְּנוּ)가 명령으로 사용되면서 후반절의 문맥도 명령을 뜻한다고 이해할 수 있다. 따라서 〈뷔할렐루하〉도 미완료의 형태이지만 지시법으로 이해하는 것이 더 자연스러우므로 "그녀를 칭찬하게 하라"로 번역된다.

4. 〈바쉬아림〉(בַשְּׁעָרִים): 장소를 뜻하는 전치사 〈베〉(בְּ), 정관사 〈하〉(הַ), '성문'을 뜻하는 명사 〈샤아르〉(שַׁעַר)의 남성 복수형이 합쳐진 말이다.[60] 여기서 〈샤아르〉는 사람들이 성에 출입하기 위한 문을 뜻하기도 하지만 '견책하고 재판하기 위한 장소'의 역할을 했던 문을 뜻하기

---

57 위의 책, 967.
58 Fox, *Proverbs 10-31*, 899.
59 *HALOT*, 249.
60 위의 책, 1615-1616.

도 한다.[61] 특별히 잠언에서 성문은 지혜 여인이 외쳤던 광장(1:20; 5:16; 7:12), 시끄러운 길목(1:21), 성문 어귀(1:21; 8:3), 성중(1:21; 9:3) 등과 관련 있다. 지혜 여인이 활동했던 주 무대인 성문에서 주님을 경외하는 여인, 즉 지혜로운 여인이 칭찬받게 하라는 뜻이다.

5. 〈마아세하〉(מעשיה): '일'이나 '수고'를 뜻하는 명사 〈마아세〉(מעשה)에 3인칭 여성 단수 대명접미사가 붙어서 '그녀의 수고'로 번역된다.[62] 〈마아세하〉는 앞서 사용된 지시법 동사 〈뷔할렐루하〉의 목적어가 되면서 "그녀의 수고가 그녀를 칭찬하게 하라"로 이해되는데, 문맥상 "그녀의 수고를 통하여 그녀가 성문에서 칭찬을 받게 하라"로 번역하는 것이 자연스럽다.

4. 설교를 위한 적용점

1) 가정을 세우고 살리는 여인

잠언 31장 10-31절은 '현숙한 여인을 위한 노래'라는 주제로 한 단락을 구성한다. 잠언 31장 10-31절은 현숙한 여인에 대해 크게 세 가지에 초점을 맞추어 묘사한다.

첫째, 현숙한 여인은 가정을 세우고 살리는 여인이다. 현숙한 여인이 가정을 세우고 살린다고 했을 때 단지 그녀가 여성이기 때문에 그 활동 영역이나 영향력이 가정에 국한된다는 뜻은 아니다.

---

61 위의 책, 1616.
62 위의 책, 616.

오히려 현숙한 여인의 영향력은 가정에 기초하고 가정으로부터 출발해서 확대된다. 잠언 31장 11절 전반절은 "그런 자의 남편의 마음은 그를 믿나니"라며 현숙한 여인이 남편으로부터 굳건한 신뢰를 받는다고 강조한다. 남편이 아내를 믿는다고 하지 않고 "남편의 마음은 그를 믿나니"라고 한다. 마음이 믿는다는 것은 남편이 말로만 아내를 믿는 것이 아니라 진심으로 아내를 믿는다는 것이다. 구약성경에서 '마음'을 뜻하는 히브리어 단어 <레브>는 감정뿐만 아니라 생각과 의지도 만들어지는 곳이므로 남편이 마음으로 현숙한 여인을 믿는다는 것은 감정적으로만 아내를 믿는 것이 아니라 생각과 의지와 자신의 모든 것을 다해서 믿는다는 뜻이다.

잠언 31장 11절 후반절은 현숙한 여인이 남편으로부터 어떻게 굳은 신뢰를 받을 수 있는지에 대해 "산업이 핍절하지 아니하겠으며"라고 그 이유를 제시한다. 여기서 산업은 가정을 뜻하므로 현숙한 여인은 가정을 잘 돌보아 결과적으로 가정이 핍절하지 않아서 남편이 마음으로 신뢰한다는 뜻이다.

또한 현숙한 여인은 "살아 있는 동안에 그의 남편에게 선을 행하고 악을 행하지 아니하느니라"(잠 31:12)라고 묘사된다. 현숙한 여인은 남편과 함께하는 인생의 모든 중요한 단계와 과정에서 늘 한결같이 선하게 행동하여 남편에게 해를 입히지 않는다. 단순히 남편에게 잘해주거나 비위를 맞춰준다는 뜻이 아니라, 잠언에서 강조하는 지혜로운 삶의 모습인 선을 행하고 악을 행하지 않는 것이다. 사랑하는 남편을 위해서 하나님께서 보시기에 선한 일을 하고, 하나님께서 싫어하는 일은 하지 않는 것이다. 한결같이 남편에게 선을 행하고 그를 사랑하니 남편은 이런 아내를 그 마음을 다해 신뢰하고 믿을 수밖에 없다. 부부가 서로에게 선을 베풀며 마음으로 서로를 신뢰할 때 그 가정은 바로 세워진다.

2) 이웃을 사랑하고 공동체의 덕을 세우는 여인

현숙한 여인의 둘째 특징은 이웃을 사랑하고 공동체의 덕을 세우는 것이다. 현숙한 여인은 가정을 잘 돌볼 뿐만 아니라 이웃을 사랑하고 자기가 속한 공동체도 든든히 세우는 능력을 갖고 있다. 잠언 31장 13-27절은 대부분 현숙한 여인이 가정의 산업을 얼마나 잘 경영하고 있는지를 묘사한다.

그는 양털과 삼을 구하여 부지런히 손으로 일하며(13절).

그는 베로 옷을 지어 팔며 띠를 만들어 상인들에게 맡기며(24절).

현숙한 여인은 옷을 만드는 재료인 양털, 삼, 베로 옷을 지어 팔고 상인들에게 맡긴다. 이것으로 보아 현숙한 여인은 일종의 의복 사업을 운영한다고 생각할 수 있다. 그런데 현숙한 여인이 운영하는 의복 사업은 철저하게 이 여인의 책임과 경영하에 이루어진다. 남편에게 지시받거나 동업하지 않고 철저히 자신의 책임 아래에서 사업을 운영한다. 그리고 이 현숙한 여인은 사업 운영에 있어서 뛰어난 능력을 보여준다.

밭을 살펴 보고 사며 자기의 손으로 번 것을 가지고 포도원을 일구며(16절).

'자기의 손으로 번 것'이라는 표현은 현숙한 여인이 일을 하고 의복 사업을 잘 운영하여 번 수익을 말한다. 또한 현숙한 여인은 이 수익을 낭비하거나 그대로 놔두지 않고 포도원을 일구는 데 사용한다.

현숙한 여인이 사업을 잘 운영하는 이유는 현숙한 여인이 부지런 하기 때문이다. "부지런히 손으로 일하며"(13절), "밤이 새기 전에 일어나"(15절), "밤에 등불을 끄지 아니하며"(18절). 이 모든 행동은 현숙한 여인이 얼마나 근면하고 성실하게 자신의 사업을 운영하고 있는지 잘 보여준다. 현숙한 여인은 말로만 일하면서 종이나 부하 직원을 시키지 않고 자기부터 솔선수범하여 부지런히 손으로 일한 다. 중요한 것은 현숙한 여인이 본인의 능력을 자기 집안사람들을 위해 사용한다는 점이다.

밤이 새기 전에 일어나서 자기 집안 사람들에게 음식을 나누어 주며 여종들에게 일을 정하여 맡기며(잠 31:15).

현숙한 여인은 밤이 새기 전, 일찍 일어나서 자기 집안사람들, 가족은 물론 집에서 일하는 모든 사람에게 음식을 나누어 준다. 현숙한 여인은 자기 식구의 밥만 챙기지 않고 함께 일하는 사람들과 종들의 밥도 챙겨주며 그들에게 사랑을 베푼다. 더 나아가 현숙한 여인은 이웃에게도 선을 베푼다.

그는 곤고한 자에게 손을 펴며 궁핍한 자를 위하여 손을 내밀며(잠 31:20).

현숙한 여인은 가정을 돌보고 사업을 운영하느라 바쁘지만, 손을 내밀어 곤고한 자를 돕는다. 현숙한 여인의 궁극적인 관심과 목적은 자신의 사업을 잘 운영하는 데 있지 않다. 그리고 사업에서 수익을 내어 자신의 배를 불리기 위한 것에도 있지 않다. 또한 사업에서 이익을 내어 자기 가족들에게만 좋은 것을 주는 데에도 있지 않다. 남편에게 선을 베풀듯이, 가족과 함께 일하는 집안 식구들에게 선을 베풀듯이, 현숙한 여인은 주변에 있는 곤고한 자와 궁핍한 자에게도 선을 베푸는 데 목적을 둔다.

3) 하나님을 경외함으로 칭찬받는 여인

지금까지 살펴보았듯이 현숙한 여인은 유능하고 능력이 많다. 또한 현숙한 여인은 자녀들과 남편으로부터 칭찬을 받는다.

그의 자식들은 일어나 감사하며 그의 남편은 칭찬하기를 덕행 있는 여자가 많으나 그대는 모든 여자보다 뛰어나다 하느니라(잠 31:28-29).

이렇게 자녀와 남편에게 칭찬까지 받는 완벽한 여인이 실제로 있겠느냐고 생각할 수 있다. 그래서 31장 10절에서 "누가 현숙한 여인을 찾아 얻겠느냐"라고 질문한다. 잠언 31장 10-31절은 이 세상에는 실제로 없는, 이상적인 인물로 현숙한 여인을 그린다고 가정할 수 있다. 그런데 이 현숙한 여인이 갖고 있는 능력과 성품은 태어날 때부터 있던 것이 아니다. 또한 현숙한 여인이 좋은 가정과 학교에서 양질의 교육을 받았기 때문이라고 볼 필요도 없다.

현숙한 여인이 갖고 있는 능력과 성품은 하나님께서 주신 것이다.

고운 것도 거짓되고 아름다운 것도 헛되나 오직 여호와를 경외하는 여자는 칭찬을 받을 것이라(잠 31:30).

누군가는 현숙한 여인을 보며 타고난 외모나 재능 때문에 칭찬받는다고 생각할 수 있고, 누군가는 현숙한 여인을 보며 그녀의 재물이나 환경 때문에 인정받는다고 생각할 수 있다. 그러나 현숙한 여인이 칭찬받는 이유는 오직 하나님을 경외하기 때문이다. 하나님께서 칭찬하는 여인, 하나님께서 기뻐하시는 여인은 하나님께서 주시는 능력으로 가정을 돌보고 자기 일을 성실하게 감당하며 이웃에게 사랑을 베풀며 공동체의 덕을 세운다.

잠언 31장 31절은 이점을 강조한다.

그 손의 열매가 그에게로 돌아갈 것이요 그 행한 일로 말미암아 성문에서 칭찬을 받으리라

하나님께서 칭찬하시고 하나님께서 돌보시기 때문에 현숙한 여인이 하는 일의 열매를 그녀에게 돌아가도록 하나님께서 은혜를 주신다. 그 은혜를 경험한 현숙한 여인은 하나님께 받은 능력과 덕을 자기가 아닌 가족, 집안, 이웃을 위해 사용한다. 하나님께 받은 능력과 덕을 이웃을 위해 선하게 사용하니 하나님뿐만 아니라 가족과 사람에게도 칭찬받는다. 현숙한 여인이 가정을 잘 돌보며 이웃을 사랑하고 공동체의 덕을 세우는 것이 가능한 이유는, 하나님을 경외하기 때문에 하나님께서 주시는 은혜와 능력 덕분이다. 이는 잠언의 주제인 1장 7절("여호와를 경외하는 것이 지식의 근본이거늘 미련한 자는 지혜와 훈계를 멸시하느니라")과도 연결된다. 하나님을 경외하지 않으면 결코 하나님께서 주시는 지혜를 얻을 수 없고 의롭고 복된 삶을 살 수 없다. 현숙한 여인이 타고난 재주가 뛰어나서, 좋은 집안에서 태어나서, 남편을 잘 만나서가 아니라 하나님을 경외하고 하나님만을 섬기기 때문에 하나님께서 주시는 능력과 은혜가 그녀의 삶에 풍성하다는 것이다.

참고문헌

국립국어원. 『표준국어대사전 누리집』
    (https://stdict.korean.go.kr/main/main.do).

김정우. 『성서주석 19 잠언』. 서울: 대한기독교서회, 2007.

머피, 롤랜드·엘리자베스 휴와일러/전의우 옮김. 『잠언 전도서 아가』. 서울: 성
    서유니온선교회, 2015.

유선명. 『잠언의 의 개념 연구: 신학적 윤리학적 비교문화적 고찰』. 서울: 새물
    결플러스, 2017.

천사무엘. 『지혜전승과 지혜문학: 지혜문학의 눈으로 다시 보는 성서』. 서울: 동
    연, 2009.

카네기, 데일/임상훈 옮김. 『데일 카네기 인간관계론』. 서울: 현대지성, 2019.

켈러, 팀·캐시 캘러/윤종석 옮김. 『팀 켈러, 오늘을 사는 잠언: 하나님의 지혜로
    인생을 항해하다』. 서울: 두란노, 2018.

하우어워스, 스탠리/홍종락 옮김. 『덕과 성품: 좋은 삶을 일구는 핵심 미덕 14가
    지』. 서울: IVP, 2019.

Bauer, Walter. *A Greek-English Lexicon of the New Testament and Other Early
    Christian Literature*. Edited by William Arndt, Frederick W. Danker,
    and F. Wilbur Gingrich. 3rd ed. Chicago: University of Chicago
    Press, 2000.

Brown, Francis, S. R. Driver, and Charles A. Briggs. *The New Brown, Driver,
    Briggs, Gesenius Hebrew and English Lexicon: With an Appendix
    Containing the Biblical Aramaic*. Peabody: Hendrickson
    Publishers, 1979.

Clifford, Richard J. *Proverbs: A Commentary*. The Old Testament Library.
    Louisville: Westminster John Knox Press, 1999.

Clines, David J. A. ed. *The Dictionary of Classical Hebrew*. Sheffield: Sheffield Academic Press, 1993.

Collins, John J. *Introduction to the Hebrew Bible and Deutero-Canonical Books*. Second Edition. Minneapolis: Fortress Press, 2014.

Cook, Johann. *The Septuagint of Proverbs: Jewish and/or Hellenistic Proverbs?: Concerning the Hellenistic Colouring of LXX Proverbs*. Supplements to Vetus Testamentum 69. Leiden; New York: Brill, 1997.

Dell, Katharine J. "Proverbs." *The Oxford Encyclopedia of the Books of the Bible,* edited by Michael D. Coogan, 2:183–92. New York: Oxford University Press, 2011.

Fox, Michael V. *Proverbs 1-9: A New Translation with Introduction and Commentary*. The Anchor Bible 18A. New York: Doubleday, 2000.

_____. *Proverbs 10-31: A New Translation with Introduction and Commentary*. The Anchor Yale Bible 18B. New Haven: Yale University Press, 2009.

_____. *Proverbs: An Eclectic Edition with Introduction and Textual Commentary*. The Hebrew Bible: A Critical Edition 1. Atlanta: SBL Press, 2015.

Gesenius, Wilhelm. *Gesenius' Hebrew Grammar*. Edited by E. Kautzsch. Translated by A. E. Cowley. Oxford: Clarendon Press, 1910.

Hays, Christopher B. *Hidden Riches: A Sourcebook for the Comparative Study of the Hebrew Bible and Ancient Near East*. First edition. Louisville: Westminster John Knox Press, 2014.

Heaton, Eric W. *Solomon's New Men: The Emergence of Ancient Israel as a National State*. London: Thames and Hudson, 1974.

Joüon, Paul. *A Grammar of Biblical Hebrew*. Translated by T. Muraoka. 1st ed., with Corrections. 1 vols. Subsidia Biblica, 14/I. Roma: Editrice

Pontificio Istituto Biblio, 1993.

Köhler, Ludwig, and Walter Baumgartner. *The Hebrew and Aramaic Lexicon of the Old Testament.* Translated by M. E. J. Richardson. Leiden: Brill, 1994.

Lichtheim, Miriam. *Ancient Egyptian Literature: A Book of Readings.* Vol. 2. Berkeley, Calif.; London: University of California Press, 2006.

Liddell, Henry George, P. G. W. Glare, A. A. Thompson, and Robert Scott. *Greek-English Lexicon. Revised Supplement.* Edited by P.G.W. Glare; with the Assistance of A.A. Thompson. Oxford: Clarendon Press, 1996.

Lust, Johan, Erik Eynikel, and Katrin Hauspie. *Greek-English Lexicon of the Septuagint.* Rev. ed. Stuttgart: Deutsche Bibelgesellschaft, 2003.

McKane, William. *Proverbs: A New Approach.* The Old Testament Library. Philadelphia: Westminster Press, 1970.

Murphy, Roland E. *Proverbs.* Word Biblical Commentary 22. Waco: Word Books, 1998.

Perdue, Leo G. *Proverbs.* Interpretation, A Bible Commentary for Teaching and Preaching. Louisville: John Knox Press, 2000.

Pratico, Gary D., and Miles V. Van Pelt. *Basics of Biblical Hebrew Grammar.* 2nd edition. Grand Rapids: Zondervan, 2014.

Rad, Gerhard von. "The Beginnings of Historical Writing in Ancient Israel." *The Problem of the Hexateuch and Other Essays,* 166–204. New York: McGraw- Hill, 1966.

Scott, R. B. Y. "Solomon and the Beginnings of Wisdom in Israel." *Wisdom in Israel and in the Ancient Near East,* edited by Martin Noth and D. Winton Thomas, 262–79. Supplements to Vetus Testamentum, v. 3. Leiden: Brill, 1955.

Snell, Daniel C. *Twice-Told Proverbs and the Composition of the Book of*

Proverbs. Winona Lake: Eisenbrauns, 1993.

Toy, Crawford H. *A Critical and Exegetical Commentary on the Book of Proverbs*. The International Critical Commentary on the Holy Scriptures of the Old and New Testaments 16. New York: C. Scribner's Sons, 1899.

Van Leeuwen, Raymond C. *The Book of Proverbs: Introduction, Commentary, and Reflections*. 5 vols. The New Interpreter's Bible. Nashville: Abingdon Press, 1997.

Waltke, Bruce K. *The Book of Proverbs: Chapters 1-15*. The New International Commentary on the Old Testament. Grand Rapids: William B. Eerdmans Pub., 2004.

_____. *The Book of Proverbs: Chapters 16-31*. The New International Commentary on the Old Testament. Grand Rapids: William B. Eerdmans Pub., 2004.

Waltke, Bruce K., and Michael P. O'Connor. *An Introduction to Biblical Hebrew Syntax*. Winona Lake: Eisenbrauns, 1990.

Whybray, Roger N. *Proverbs: Based on the Revised Standard Version*. New Century Bible Commentary. Grand Rapids: Wm. B. Eerdmans Pub. Co., 1994.

Williams, Ronald J. *Williams' Hebrew Syntax*. 3rd ed. Toronto: University of Toronto Press, 2007.

Yoder, Christine R. *Proverbs*. Abingdon Old Testament Commentaries. Nashville: Abingdon Press, 2009.